西北民族大学重点学术著作资助项目

类型化广播

的中国发展道路

李欣 著

人民出版社

责任编辑:李 惠

图书在版编目(CIP)数据

类型化广播的中国发展道路/李欣 著. -北京:人民出版社,2015.12
ISBN 978－7－01－015256－1

Ⅰ.①类… Ⅱ.①李… Ⅲ.①广播事业-发展-研究-中国
Ⅳ.①G229.2

中国版本图书馆 CIP 数据核字(2015)第 224332 号

类型化广播的中国发展道路
LEIXINGHUA GUANGBO DE ZHONGGUO FAZHAN DAOLU

李 欣 著

人民出版社 出版发行
(100706 北京市东城区隆福寺街 99 号)

北京毅峰迅捷印刷有限公司印刷 新华书店经销

2015 年 12 月第 1 版 2015 年 12 月北京第 1 次印刷
开本:710 毫米×1000 毫米 1/16 印张:21.75
字数:300 千字

ISBN 978－7－01－015256－1 定价:52.00 元

邮购地址 100706 北京市东城区隆福寺街 99 号
人民东方图书销售中心 电话 (010)65250042 65289539

序　言

　　类型化广播较长一段时间是研究的热点，但这些研究大多以论文或者编著的成果形式体现，真正从学理高度系统论述的不多见。2013年李欣同学刚进入博士生二年级学习时，给我谈到她关于类型化广播的一些观点。当时我觉得博士生学习才一年，能够对这一问题有如此深刻的认识，难能可贵！我鼓励她对类型化广播进行深入系统的学理性探索。果然，李欣不负所望，一年以后一部30万字的学术著作《类型化广播发展的中国道路》完稿，读后令人欣慰！

　　类型化广播的实质是建立在某一类传媒消费人群基础上的产品专业化模式。对于类型化广播的内涵界定，主要有两个方面作为依据，第一、特殊风格与准确的市场细分定位。第二、格式化循环的节目编排，其中第一条是界定类型化广播的核心标准。

　　从理论研究的层面着眼，类型通常指种类或者形式，媒介的类型是由传播者和受众所共同感知的形象。英国大众传播学者麦奎尔指出，媒介的类型是一种实用的设备，有助于大众媒介进行连续和有效的内容生产，并使得传媒产品符合受众的预期。媒介类型可以被看成是一种用来控制生产者和消费者关系的文化装置，媒介类型因自身的逻辑、格式和语言体现出自身特征，在传受双方的共通意义空间内，对传者的文本编码与受众的解码均具备模式化的意义。

　　从研究的实践层面审视，类型化广播的文化和娱乐价值突出了市场细分的显著特征，在规模庞大和纷繁复杂的受众总体中，类型化广播瞄准的目标受众群体，一般是共享某些特别的兴趣偏好，或者具有若干共同社会属性的小众化人群。中国广播在传播理念和节目策略方面，自 20 世纪 80 年代中期以来，清晰沿着一条从系列化、专业化到类型化的转型轨迹，这是为了更好地适应不同竞争阶段的明智选择。

当前无论广播"分众化"或者"小众化"的传播策略，归根到底终将走向与互联网业务的融合，未来新的"聚众"将会大势所趋。广播 APP 平台将会聚合大量有着类似生活方式与文化特征的众多个体，探讨类型化广播的文化和娱乐价值，是为了当下和未来更好地理解广播"分"与"聚"的辩证发展过程，先细分再归聚，构建有机分工并实现整体收益。

虽然类型化广播的中国发展之路不过十余年之久，尚属初步发展的阶段，远未达到成熟和完善的阶段，但是我们可以预见它未来的宏观前景和可持续发展方向在于，转向多媒体平台的多样化呈现，实现与新媒体内容形态的融合，分享传播者与受众之间互动的整合，推进新旧接收终端的联合。无论前路如何漫漫，类型化广播的历史定位和运营都已经证实，网络数字时代它依然会成为广播竞争力培育的一个重要载体。在媒介融合发展的竞争之中，类型化广播将会以其特有的优势发挥着重要作用。

李欣博士专业基础扎实，既有在广播电台担任主持人和编辑的丰富实践，又有在高校从事教学和科研的工作经历，是一个对理论研究有学术激情、学术理想和学术追求且执着的人。问题意识、思维敏捷而又富于理性这些做学问的基本素养表现了她的学术潜力和学术实力。在四川大学攻读博士学位期间，其刻苦的学习精神和严谨求实的学习态度给我留下了深刻的印象。她除了修读博士学位课程和撰写毕业论文之外，还很好地完成了导师安排的学术训练计划，参加了导师组织一系列课题研究。她还结合自身专业的新闻史论方向研究领域，致力于新媒体与广播史论研究方向，完成了《类型化广播的中国发展道路》的著述。这项研究成果，既体现了她对广播媒介实践与理论研究的执著和兴趣，也是她长期认真治学和勤勉思考的结晶。

　　该项研究成果从追溯类型化广播在美国的起源与变化入手，始终立足于中国类型化广播发展的来龙去脉，并着力探讨中国广播媒介融合与转型之道。研究思路从中国本土化的问题切入，借鉴了全球化广播的节目模式和产业运营的应用意义，并且与中国社会政治、经济、文化发展语境相互结合起来。

　　本选题具有较高理论和应用意义，特别在目前媒介融合的背景下，赋予了它更特殊的价值。研究中作者占有与论题相关的资料丰富，文献综述提炼充分，分析问题的视野宽阔，研究思路清晰，理论框架建构合理，对问题的挖掘深入，案例分析别开生面，学术规范，具有系统性、理论性、应用性、指导性特征。该项研究成果具有较强的创新意义和特色优势，是针对21世纪中国广播实践与理论研究的一项前沿之作，相信著作对当前媒介融合背景下广播的发展创新具有实实在在的指导性作用。当然该著作也有一些还需进一步完善的地方，有的章节阐述有待进一步完善深化。尽管如此，这还是一部值得推荐的有创新意义的学术著作。祝贺该著作的出版，更有理由期待李欣对更多传媒前沿理论的思考，新的成果的出现！

欧阳宏生

2015年仲秋时节于北京天时名苑

目　录

绪　论

　　广播是第一个进入人类家庭，最富有情感表现特征的电子媒介。加拿大传播学者马歇尔·麦克卢汉在《理解媒介》一书中，曾经把广播形象地比喻为"部落鼓"，广播的深处饱含着部落号角和悠远鼓声那种响亮的声音，这是一个具有魔力、能扣动心弦的媒介，它有力量把心灵和社会转换成共鸣箱，这一段话是对广播性质充满深情的诗意描述与精辟概括。

　　想象一下，如果我们坐在黑暗的屋子里听广播，话语可能会获得新的意义和异常的质感，这样的质感在晚上最鲜明。由此可以联想到，罗斯福总统的"炉边谈话"，如果是在白天或者在电视上发表，很可能不会对二战时期的美国民众产生那么显著的传播效果。

　　追溯广播的媒介发展历史，从20世纪20年代产生直到第一次世界大战之后，世界各国开始意识到这种大众传播媒介的威力，它在二战期间居于鼎盛的"国家媒体"位置，当时美国和英国对广播所采取的组织形式和财政措施，与其针对报刊和电影的政策相比显得尤为突出。美国采取了尽可能多的措施使广播与报刊结盟，英国创立了相关的税收制度，以此确保处于垄断地位的英国广播无需广告收入来维持生计。其他欧洲的大部分国家，在两次世界大战期间选择了介于美式自由竞争和英式公共垄断之间的第三条道路。

　　20世纪60年代后，广播不得不让位于迅速崛起的电视，退而其次以谋求"地方媒体"策略，在区域范围内集中发挥优势传播资源，为特定受众群体提供伴随式的信息与娱乐。值得一提的是在 20 世纪 60 年代初期出现的晶体管技术，这项技术使得收音机微型化、独立化，在此之后传媒技术的发展加速了广播受众的分化，导致了传统大众的解体。1955 年，首先在美国中西部地区，广播节目按照格式化、流程化编排出现了早期成功的尝试。1959 年，被称为广播节目编排之父的戈登·麦克兰顿（Gordon Mclendon）在旧金山 KABL 创办了一档音乐节目《最流行 40 首》（Top 40），这是最早的音乐类型化电台，由此宣告了类型化广播一个新时代的到来，意味着广播从大众化转向分众化的竞争目标，"锁定各种属性一致的公众，选择内容的界限并划分明确的主题，凝聚力可以少一些，吸引力一定要多一点"。① 20 世纪 60 年代之后，广播媒介利用迅速普及的 FM 波段，节目和频率的类型日益多样化，但是针对受众的范围却日益缩小。

截至 20 世纪 70 年代中期之后，世界上广播媒介最为发达的美国，绝大部分电台都采取了格式化编排。格式化电台——"Format Radio"或者"Format Station"是节目内容按照一至两小时的"时钟"式循环编排，节目设置流程化、固定化，内容均一同质化的广播频率。格式化电台的概念被引入我国后，又被笼而统之地称之为类型化广播。

查询《朗文当代英语辞典》，"Format"一词的涵义是格式、形式、版式等，与"类型"在英文中的对译词（type、form、category），以及法语里的类型（genre），意指"种类"或者"类别"，指称具有特定风格或公式的文本种类，两者的含义显然存在一定程度的区别。

借鉴一般的文化产品分析研究，类型通常指种类或者形式，比如，英国传播学者丹尼斯·麦奎尔（Denis McQuail）对媒介类型的界定包含了下列范畴："类型是由传媒生产者和受众共同感知的形象，

---

① ［法］佛朗西斯·巴勒：《传媒》，张迎旋译，中国传媒大学出版社 2007 年版，第 32 页。

这种形象的特征与媒介产品的形式，包括内容长度、节奏结构、语言表述以及传播意义对现实的反映等方面相关。"①

受众对于媒介类型产生的认知是经过一段时间建立的，并且从中可能发现了较为相似的类型。媒介特定的类型基本遵循一种预期的叙事结构或行动顺序，运用可预测出的图景，存在一个固定主题及其变体的系统。由此可见，媒介的类型是一种实用的设备，能够帮助任何一种大众媒介进行连续和有效的内容生产，并使它的产品符合受众的期望。同时媒介的类型有益于受众做出个人选择，因此媒介的类型也被看成是一种用来协调生产者和消费者关系的装置。

从传播的广义角度看，大众传媒的类型是由媒介内容的生产者与受众之间的关系所定义，从狭义角度理解，每一种媒介的具体类型由该媒介的功能、形式和内容决定，也就是由"媒介逻辑"决定。"媒介逻辑"作为内在的规范与准则，它控制着如何最大程度呈现媒介的优势传播特征，怎样符合媒介的组织把关需要，满足受众的多样化信息需求。媒介类型因自身的逻辑、格式和语言体现出自身特征，在传受双方限定的传播共通意义空间内，对传者的文本编码与受众的解码均具备有益之处。

最初的媒介类型分析是由美国社会文化研究者斯图尔特·M. 卡明斯基（Stuart Kaminsky）针对电影所提出的，他认为电影类型研究是基于通俗叙事形式，同时具有文化性和普遍性根源的认知基础。比如，"西部片""警匪片""硬汉侦探片""疯狂喜剧片""歌舞片"和"家庭通俗剧"，成为"好莱坞类型电影"研究中的六大组成部分。因此，当今的美国媒介图景往往与其过去 200 年之内的历史故事、民族精神与神话传说有关。

英国传播学者霍尔也将类型的观念应用在西部片电影中，他的

---

① ［英］丹尼斯·麦奎尔：《麦奎尔大众传播理论》，崔保国等译，清华大学出版社 2010 年版，第 302 页。

分析中类型有赖于特定"符码"或者意义系统的运用，在这个系统中所有符码的使用者，无论是编码者或译码者对于在一个给定的文化环境中的意义都具有一致认识。根据霍尔的说法，也就是说在媒介同一种类型文本中，编码和译码要具有相近的文化经验与理解意义。举例来说，在美国西部片中就有一些特定的公式性的元素，比如，骑兵、牛仔、旷野中的小客店等，当特定的符号影像出现时，观众可以毫不费力地正确解读内容并预知后面的情节。

综上所述，影片的类型分析中包含着次类型，类型的特征通过种种明确的公式化元素而出现，比如时间、空间、情节、服装、英雄等等公式化的典型组成要素，媒介产品均因为类型不同而具备相异的针对性。

电视节目的分类也存在很多标准，以电视剧为例，如果按照产地分，可以分为国内剧、引进剧；按照时代划分为古装剧、民国剧、现代剧；按照题材与剧情分类，分为侠义公案剧、武打剧、历史正剧、传奇剧、涉案剧、改革剧、军事革命剧、青春偶像剧、都市生活剧、普通百姓剧、动作剧、言情剧、情景喜剧与方言剧、神怪剧、少儿剧、时代变迁剧等等。

"所有的电视产品可以根据两个维度划分为四种基本类型，这两个维度是情感和客观的程度。"① 具体分类是第一，竞争类节目：牵涉真实的玩家竞争节目，包括竞赛、益智与体育节目等，有意地加入了真实性和情感性。第二，时事类节目：包括所有的新闻、纪录片，这些节目在原则上是客观性的。第三，劝说类节目：在客观和情感两个层面都比较薄弱，反映出传播者进行说服的意图，尤其是通过广告或者某种形式鼓吹、宣传。第四，戏剧类节目：包括所有的虚构故事以及更广泛的类型。

---

① ［英］丹尼斯·麦奎尔：《麦奎尔大众传播理论》，崔保国等译，清华大学出版社2010年版，第302页。

无论是哪一种媒介的类型划分，类型都是有助于划分和描述内容的重要分析工具，但是划分类型本身的标准会因为新兴的或者混合类型不断出现而变得日益复杂。此外，广播与电影或电视的类型分析有着完全不同的受众接触行为和媒介产业标准，如果将电影电视类型理论引入广播的类型化研究，还需要充分的借鉴与合理转换。

具体而言，格式化电台与类型化广播在我国广播实践发展与研究的语境中，是既有区别又相互联系的一组近似概念。当前，对于类型化广播的定义存在两种形式划分：第一种从节目编排狭义的角度界定，类型化广播就是淡化栏目品牌效应，节目采用格式化编排，追求整个频率统一风格的广播电台。这种狭义的界定，仅仅突出了类型化广播的一个外显的鲜明特征，并非包容其媒介价值的全部内涵。

第二种观点主要从受众人群广义的角度界定，"指电台通过市场调查研究，明确区分具有不同社会价值、生活品味、行为特征的受众，符合不同受众群体的人口学特征以及不同广告商诉求目标的同时，促进节目本身系列性的专业化大生产"。①

综合上述两种定义，我们对于类型化广播的定义是：指以单个广播频率为基本单元，针对特定的区域人口学特征，依据听众的信息偏好，用分众化的策略精确定位目标受众，播出具有特殊风格特征的一整套广播节目，这类电台并非追求"品牌栏目"或"黄金时段"，而是通过准确的媒介市场细分与定位，打造频率的整体风格形象，针对目标受众播放他们喜爱的固定节目。

对类型化广播的界定标准主要有两个方面：第一，特殊风格与准确的市场细分定位。第二，格式化循环的节目编排。上述第一条是界定类型化广播的核心标准。概括地讲，类型化广播的实质是建立在针对某一类传媒消费人群基础上的产品专业化模式。

类型化广播的产生过程源于媒介实践，并且始终伴随着一个变

---

① 　林晖：《类型化——中国广播电视发展的必由之路》，《新闻记者》2001 年第 9 期。

革的动态过程，某些广播频率在遵循既有的类型共性基础之上，建构与众不同的创意，通过反复实践从而产生较大的综合传播效果，得到社会各方广泛认可，新的广播类型就会由此诞生，如此反复演变，类型化广播对应着社会背景、媒介技术变革、频率资源、受众需求等因素的变化而不断推陈出新。

　　综上所述，对于类型化广播的研究并非仅仅出于分类的单一目标，它的实质是一套文化传播的程式。话语理论的视域将文本看作类型的主要载体，但是单一的广播文本是不能界定从属类型的，而是要将其放置于更大的社会文化语境之中。作为一种兼具稳定与流变程式的文化实践，一方面，广播的类型化处于活跃变动的范畴，但是它所包含的"公式化"要素都是明确固定的。另一方面，同一广播类型在社会历史阶段或者文化语境中产生着活跃的程式变化，所以我们对类型化广播的发展变化存在重新描述的可能性与必要性。

　　历史和逻辑兼顾的类型分析理论，将类型界定为体现个性的一般者。类型作为文化实践具有历史动态的具体精神结构，"不能在抽象的、固定的概念中进行思考，但它终究又需要伴随某种程度上的逻辑抽象去把握"。① 广播的类型化作为中间体存在于普遍性与特殊性之间，相对于个体而言，类型具有普遍的一般性，反之相对于整体以及其他类型比较，它又具有特殊的个性。因此，我们对于类型化广播的研究需要展开于历时与共时的双向维度，指向逻辑性质与历史范畴的辩证思维方式。

一、研究背景及目的意义

　　进入 20 世纪 90 年代的后大众传播时代，在网络、电视、报纸、杂志等其他各大媒体的强烈冲击下，一部分广播听众已经流失到其他

---

① 　彭文祥、郝蓉:《论影视剧的"类型"观念与"类型化"生产机制》,《现代传播》2007 年第 5 期。

媒体，但与此同时，广播的移动收听及网上在线收听的传播差异优势，又吸引着一部分城市人群、网民等不断回流，广播媒介在世界范围内的传播呈现跨越时空和地域以及收听个体化的主要发展趋向。

另一方面，由于新媒体技术与广播的迅速结合与普及，大众传播呈现出个性化、互动性，因而进一步促进了广播的"窄播"趋势，针对受众的性别、年龄、民族、语言分别开办节目的电台开始更多地出现，如"全新闻"电台和各类音乐、谈话电台以及故事电台、女性电台、青少年电台、体育电台、戏曲电台等等。类型化广播代表着现代广播发展的一种创新的具体策略模式，2002年中央电台"音乐之声"的创办标志着类型化广播在我国的诞生。

从媒介发展历史的角度考察，类型化广播媒介形态的演变过程，表现为一定的多重结构与社会联系广泛的系统活动，这个系统既具有相对的独立性，又与社会其他系统处于普遍联系和相互制约之中。它的每一种传播形态、传播变革，除了受到其内部特质规律的制约之外，还受到外部社会环境和条件的广泛影响。类型化广播产生的背景有以下几个方面：

首先，从社会发展背景着眼，进入后工业社会，阶层分化导致受众需求的日益多元化，科技推动汽车工业的繁荣带来大量移动受众，后现代社会大众传媒催生的娱乐风潮与大众文化形态走向感性化、碎片化等因素，促使类型化广播所依赖的社会传播情境孕育成熟，在我国北京、上海、天津、广东等特大型广播市场，广播媒介的市场饱和度与竞争力充分发展，在广播专业化阶段粗略划分受众的基础之上，已经具备了对媒介市场进一步细分的可行性，也就是说，受众对媒介信息的选择与使用具备了市场区隔的价值意义，这是类型化广播发展最为直接深刻的推动力。

其次，在传媒新技术的推动下，以网络媒介、数字技术为代表的新媒体与传统媒体的竞争融合发展，媒体格局多样化的现实促使传统意义上的大众传播不断走向分众化、小众化。"多元化和多层次的受众需求与媒介技术提供的可能性结合在一起，加速形成一种类似蜂房结构的多种小众化传播构成的结合体，这些一个个的小众化传播体就是族群。"[1] 类型化广播在一定程度上相应地体现了"族群"传播理念的发展趋势。

再次，从媒介本体的角度审视，处于多媒体格局之中广播所面临的激烈竞争，广播媒介融合中对受众市场的细分，广播多元化产业经营战略，广播节目不断改版，传播理念不断更新等内在的驱动力量，强化了进入 21 世纪以来广播改革的成效，中国广播呈现稳中求变和锐意创新的态势，为中国类型化广播的实践与研究提供了强劲动力。

引入类型化广播研究的视域，我们要通过对广播实践创新的密切关注与广播本体的理论研究，力求广播媒介在实践与理论的双重层面研究达到基础性、本体性、规律性的系统化拆解与重构。研究前提有两个方面：第一，本书的研究在历史、现实与未来的变动性、开放性，以及社会外在环境因素互动的格局之下展开。第二，社会外部环境条件的因素必须要纳入广播媒介自身的发展规律中考察，只有在这些前提下，广播研究不仅得以吸纳外在因素的影响，而且广播媒介范围内的任何研究，都必须在广播媒介相关发展的特定语境下建构起来。

对于类型化广播研究目的和意义具体指向：

第一，借鉴世界类型化广播的先进文明成果与科学理念。

进入 21 世纪以来，我国广播媒介的整体发展状况依然极不均衡，类型化广播主要集中在北京、上海等东部沿海地区以及一部分中城市。在类型化广播的研究中，通过吸收采纳国外类型化广播的合理化做法，把相关的研究成果运用于实践，有益于我们国内广播细分受众

---

[1]　孟伟：《声音传播——多媒介传播时代的听觉文本》，中国传媒大学出版社 2006 年版，第 195 页。

与广告市场，加快针对特定受众群体的类型化广播建设，进而整体促进广播媒介多层次、多样化、多方面的进步，推进中国广播强国建设。

本文强调的是，以美国为代表的世界类型化广播大国是在传媒私有制体制下，或者公私兼营的体制下运营的。在社会主义传媒制度与媒介研究的实际情况下，我们既要吸收世界广播发展的文明科学成果，同时又要强调广播的公益性与宣传喉舌功能，不能一味照搬国外的模式。

第二，研究类型化广播积累的一整套声音传播与新媒体融合的经验模式。

探索媒介融合背景下人们接触广播媒介新的目的与方式，尝试延展声音传播新的空间与更多的可能性，比如类型化广播与手机广播、微博、播客等新媒体传播方式的共同演进等问题，探寻类型化广播更加多样化的收听方式。

第三，尝试探索广播媒介批评的关注领域。

长期以来在媒介批评繁荣发展的背后，广播媒介批评却一直没有得到应有的关注，我国广播媒介批评仍然没有充分开展，广播媒介内部节目标准、信息生产与传播机制等相关规范不够完善，由于广播媒介批评体系的长期缺失，在某种程度上使得广播节目质量长期无法得到重视和有效提升，直接影响了广播整体的公信力与美誉度。

以广播媒体的前沿发展形态——类型化广播作为重要切入点，加强对广播媒体批评的充分研究，准确认识到我国广播行业面临的一些问题，推动广播媒体批评研究进程，进而促进广播媒体的整体快速发展。

第四，梳理21世纪以来我国类型化广播发展第一个10年历程的现状，深化21世纪以来广播史论的研究。

"美国广播史研究者善于将错综复杂的发展历程清晰生动地展示给普通受众，他们努力挖掘那些能够激发读者对广播产生兴趣的因素。"① 研究类型化广播的中国式发展进程，也应该尽可能包括更多的个案研究，较为完整地呈现中国类型化广播的发展全景，为其在21世纪中国广播媒介发展史中界定清晰、准确的坐标。

综上所述，惟有在合理准确的认知前提下，建立具有理论前瞻性的保障体系，才能夯实广播理论研究的根基，实现对广播实践变革的指导意义，较好地完成类型化广播中国式道路的前沿研究。

本项研究所提出类型化广播的发展理念，研究创优的保障体制与竞争策略，在无数复杂的态势中探究广播发展规律，创建有益于类型化广播中国发展道路的合理预见，是对当下中国广播现实图景的积极写照。

二、研究现状及文献综述

2002 年我国第一家类型化电台——中央人民广播电台"音乐之声"成立之后，虽然媒介类型化的实践变革已经先行一步，但是"类型化广播"的概念本身，在业界实践中并未产生广泛影响。

2003 年上海财经广播与上海有线电视台财经频道合并，成为集广播、电视、报纸、杂志、互联网和研究院为一体的全媒体财经新闻平台。2004 年在省级电台之中，云南人民广播电台最早开始实施类型化电台的改革与研究。2005 年 9 月 28 日，我国内地第一家类型化、全直播、全天候的纯资讯频率——环球资讯广播（CRI News Radio）正式开播。2006 年上海东广新闻台每天推出 15 个小时的大容量滚动新闻板块。随着我国类型化电台的逐步普及，直到 2005 年左右，类型化电台的概念才开始明确地跃入研究者的研究范畴。

国内首部关于类型化广播较为全面、深入的学术著作，当属 2010 年武汉大学博士研究生王丽撰写的毕业论文——《中国大陆类型化广播发展策略研究》，此项研究成果在我国大众传媒的社会语境

---

① 高金萍：《简述美国广播研究之新进展》，《中国广播》2011 年第 3 期。

背景下展开，分析类型化广播的涵义与特征，发展的瓶颈与对策，探讨其未来的趋势与前景，具有一定的实践与理论研究创新意义，受到较多的关注与肯定。

最早涉及"类型化"概念的学术论文始于 2001 年，复旦大学新闻学院博士研究生林晖，于当年《新闻记者》第 9 期发表了"类型化——中国广播电视发展的必由之路"一文。其中主要论点是：类型化是市场经济发展成熟的产物，受众分化与广告经营分化的一致性从根本上决定了媒介的分化，市场细分与风格制胜是中国广播电视竞争发展的必由之路。该文还具体分析了中国广播电视类型化发展道路的主要特征：频道专业化、节目栏目化、经营地方化，并提出中国广播电视类型化发展的实施策略。回溯十余年前中国广播电视发展状况，这篇论文无论在理论与实践层面都具有较为精深的前沿探索与应用借鉴意义，研究内涵侧重了以传播内容为划分依据的广播电视专业化阶段，与现今提到的"类型化电台"，即针对特定市场和受众需求进行整体设计和运营的广播细化模式，在概念的内涵层面存在一定的区分之处。

直到 2008 年之后，关于类型化广播的研究才开始集中、大量地涌现，成为近年来广播研究新涌现的热点问题之一。以中央电台"音乐之声"为旗舰的类型化电台不断地深入发展与普及，在广播业界产生了深刻影响，进而在广播行业发挥了显著的引领示范作用。

2008 年 11 月 21 日全国第一届"类型化广播与品牌定位研讨会"，由中央人民广播电台《中国广播》杂志社与云南人民广播电台联合举办。同年 11 月 28 日，中国广播电视协会广播电视（广播）文艺工作委员会与湖北省广播电视总台在武汉举办全国类型化广播高峰论坛。

2011 年 10 月 31 日由湖北广电总局主办，第二届类型化广播高峰论坛在武汉举行，《中国广播》杂志与湖北音乐广播共同承办。三年之内国内所举办的三次类型化广播研讨会与论坛极大地促进了实践的交流与推广，有力地提升了对类型化广播实践与理论研究的高度。

上述类型化广播高峰论坛的与会代表，针对某些观点存在一定的争论，一部分研究者以北京、上海等直辖市和沿海广播媒介较为发达地区的实践发展为依据，积极评价广播受众市场进一步细分的传播模式与创新的方向，认同类型化广播是现代广播创新与发展的一种主要趋势。

但是，也有某些研究者表现审慎反对的态度，针对我国中西部广播媒介欠发达地区，强调必须综合考虑中西部地区发展的实际局限，坚持类型化定位的科学评估与渐进改革的观点，认为类型化广播的发展不可能快速推进，"必须充分考虑频率资源管理、节目交易市场、宏观体制的制约等局限因素"。[1] 还有一些研究者认为"一味效仿西方的类型台模式而忽视本土的先天条件，只能存在于臆想之中而脱离了广阔的受众土壤"。[2]

综观类型化广播研究现状，目前的研究成果可具体概括为以下五个方面：

第一，宏观层面的整体系统化研究。

云南广播电视台台长覃信刚是这方面研究的先驱者之一，他较为全面、系统地涉及类型化广播的理念、定位、市场区隔、节目内容、受众推广、广告营销等研究领域，推动中国与美国等世界类型化广播发达地区的交流活动，在《中国广播电视学刊》等刊物先后发表《类型化电台的解析》《类型化电台产生的媒介背景》《类型化电台的推广模式》《类型化电台的子群体》《类型化电台的研究与实践》《两岸媒体关于全新闻电台的对话》《类型化电台的中美媒体对话》等一系列研究论文。

这方面其他具体研究成果包括，中央电台的刘浩三、徐军立对类型化广播在我国发展现状进行全面客观梳理，剖析当前存在"频率

---

① 孔建民：《广播节目类型与类型化广播》，《视听界》2005 年第 5 期。
② 张多奇、张渤：《类型化电台的本土发展空间探究》，《新闻知识》2010 年第 2 期。

资源不足、频率定位重复，人事管理制度不健全、缺乏专业人才，资源整合程度过低、集约化程度较弱等问题，尝试提出类型化广播未来发展的基本战略"。① 刘明俊则通过对滇、沪、京三地类型化电台考察，总体概括并且预测"类型化电台改革及发展趋势"。②

第二，中观层面的分类实施策略研究。

类型化广播实践的需要极大地推进了它的研究进程，这方面主要以来自业界的研究者最多，他们的切身经验和实践思索能够更深入推进类型化广播的研究。比如，覃信刚具体分析新闻资讯类型化电台的定位及节目编排；张云详细探讨了类型化新闻广播的主要模式；邱慧以湖南经济广播为例，探索城市类型化广播运作策略；叶利以中国国际广播电台环球资讯频率为个案，分析类型化广播的优势与不足；路军以东广新闻台为个案，阐述其独特类型的成功与突破；李青则通过对浙江绍兴电台戏曲音乐频率运营策略的总结，强调在主持人个性、新媒体应用、本土化策略、节目设置、文化活动等几方面寻求创新之路。

第三，微观层面的各类多元化视角研究

旨趣各异的研究视角极大拓展了类型化广播研究的广度，尤其是理论层面研究的提升值得重视。黄学平、刘晓晖以媒介形态变迁为视角，明确区分类型化与专业化的界限并关注其市场表现，结论的科学性与合理性令人信服。阚平、刘子慧分析类型化电台改版前的受众调查，这篇论文具体分析中央电台"音乐之声"开播六周年之际，受众的收听现状、对节目的期待、对主持人评价等调查数据，这是截至2013年有所展现类型化广播受众反馈的重要研究成果，其研究价值主要在于从受众的角度，弥补了以传者为本位研究的不足。

覃继红从市场营销的角度探讨类型化广播的定位、市场细分、

① 刘浩三、徐军立：《国内类型化电台的现状及发展战略》，《中国广播》2011年第9期。

② 刘明俊：《类型化电台改革及发展趋势》，《新闻窗》2009年第6期。

品牌营销经验等。此外，关颖华从主持人角度论证类型化传播与专家化主持的独到观点，提出高端的新闻评论节目、专业性较强的财经节目以及艺术鉴赏节目，主持人的作用仍需得到加强。周伟、安康根据类型化定位依据，探讨广播频率类型化过程中的定位方法。

第四，港台及国外类型化广播发展的引介研究。

这方面的主要研究成果有，覃信刚探讨了类型化电台的子群体，详尽介绍并且分析美国类型化广播的具体分类组成；方颂先的论文《纽约市广播电台的类型化和节目构成——兼议上海广电业的发展空间》①；谷雨、景瑞的论文《浅析类型化音乐广播——台北之音的整合经营策略》②；谢飞的论文《俄罗斯商业广播的类型化发展》③ 等研究者的阐述，有益于从多国别、多侧面角度深入认知国外类型化广播的发展状况。

第五，数字网络技术与传统广播的媒介融合研究。

敏锐捕捉当今数字网络技术给传统类型化电台带来新的机遇与发展模式，从手机广播、新兴网络电台等传统媒体与新媒体衍生的新领域着眼，意味着对类型化广播传统研究范畴的创新突破。李淼认为："数字模式下的创新型类型化电台，丰富了类型化的应用内涵，满足受众的个性化需求，规避各类传统类型化电台的资源建设障碍，代表了今后我国类型化电台的真正发展方向。"④

但是在此相关领域，其他研究成果尚不多见，仍然处于较为薄弱的状态。

---

① 方颂先：《纽约市广播电台的节目类型化和节目构成》，《新闻记者》2006 年第 1 期。
② 谷雨、景瑞：《浅析类型化音乐广播台北之音的整合营销策略》，《大众文艺》2009 年第 15 期。
③ 谢飞：《俄罗斯商业广播的类型化发展》，《青年记者》2010 年第 11 期。
④ 李淼：《类型化电台的困局与新模式》，《传媒》2011 年第 5 期。

三、研究思路方法及内容

（一）研究思路方法

关于传播科学，世界著名传播学者丹尼斯·麦奎尔认为"一定得在几种学科得出的理论和证明体系的基础上构建"。① 因此，对于任何一种传播媒介的研究都有必要采用跨学科的多元化研究方法，本书遵循了对媒介研究的四种基本的分析传统：结构分析方法、行为分析方法、文化分析方法与经济分析方法。

来源于社会学的结构分析方法，它的出发点是"社会中心"论，而不是"媒介中心"论，主要关注媒介系统组织与社会的关系。这种研究方法的逻辑在于媒介发展的基本动力存在于传播的政治经济控制以及技术的社会应用。结构分析方法所探讨的问题，集中在社会结构和媒介系统对内容类型的影响上，借鉴这种方法，类型化广播的研究乃至在世界范围，具体到整个中国社会变迁影响媒介转型的研究框架之下展开。

来源于心理学与社会心理学的行为方法，也是认知受众群体并推测传播效果的一种有效方法。受众个体对传播信息的选择、接受、理解与记忆本身就是一种理性而有目标的心理行为。对类型化广播组织所采用的参与观察研究方法，对广播文本的内容分析方法，着重于特定情况、事件、节目或者现象的个案研究方法，都是依据对类型化广播实践的归纳，并推导类型化广播理论研究而具有启发意义的重要方法。

根植于人类学与语言学等人文学科的文化方法，倾向于对社会和人类的意义建构行为进行定性分析与文本的阐释。媒介的研究属于文化研究领域之一，针对传媒文化的研究，从不同的研究视角、研究

---

① ［英］丹尼斯·麦奎尔：《麦奎尔大众传播理论》，崔宝国等译，清华大学出版社2010年版，第16页。

范式和研究方法都会得出不同的结论。关注类型化广播的文化品质，就是研究如何让代表民族、国家、社会核心价值观的主流文化在营造和谐社会中发挥主导作用，避免不良文化的滋生，以探寻类型化广播内容中代表现代人的精神、心态的能动性与创造性的诸多意义体现，进而科学客观地看待广播文化中现存的一些不合理之处。

正如有学者所指出的，传媒文化研究者应有的姿态是批判的姿态，"新的媒介形式及其文化在不断地重构着我们的生活，当一种社会交往或信息方式被另一种社会交往和信息方式替代时，整个文化也在发生转型，传媒文化研究者不能简单地对新生文化下结论，或是为新生文化欢呼，或者墨守成规，僵化地理解文化，这两种方式都是不足取的"。[①] 上述观点理应成为研究类型化广播文化分析方法坚持的原则。

来源于经济学的传媒经济研究方法，认为媒介产品是一种特殊的文化精神商品，媒介产品的符号化所创造的"拟态环境"越来越演变为现实环境的一部分，只有符合受众的精神需要，才能赢得市场。"商品化"是认识媒介产业属性的一个十分重要的切入点，传媒产业经济已经成为世界发达国家最具活力的经济，传播的商品形式主要有内容的商品和受众商品。前者关注"讯息如何被转化为可在市场买卖的产品"，后者关注"受众是大众媒介的主要商品"。[②] 媒介的内容生产与经营活动主要围绕媒介产品展开，媒介产品的社会效益与经济效益并非完全由自身决定，而是由市场、受众、媒介所处的社会经济文化环境等多方面因素决定。

（二）研究主要内容

总体来看，本书主要研究的范畴以类型化频率为核心发散广泛展开，既包括节目编排单一"格式化"的电台，也包括节目编排"格

---

① 陈龙：《传媒文化研究》，中国人民大学出版社 2009 年版，第 35 页。
② ［加］文森特·莫斯可：《传播政治经济学》，胡正荣等译，华夏出版社 2000 年版，第 141 页。

式化"与"综合化"融合交叉电台，以及各种大量网络新兴类型化电台等。

本书采用系统论的论证步骤，分析问题遵循先整体、后局部，再把局部放进整体，透视各个局部效果的方法。

各个章节具体研究的问题如下：

第一章：追根溯源世界上最早的类型化广播在美国兴起的过程，分析美国电台"碎片化"的市场细分类型，以及美国传媒私有制的产业格局与类型化电台生成的社会背景。

第二章：分析我国广播媒介从系列台到专业台，再到类型台的特殊历史发展脉络，比照世界上广播媒介最为发达国家——美国与中国的实际发展情况，总结概括了我国类型化广播形成的原因和规律，提出我国未来广播媒介发展的主要趋势是分众化、细分化、类型化与时段化。

第三章：区分节目类型与类型化广播，专业化广播与类型化广播两组不同概念，详细全面界定类型化广播的特征，剖析类型化广播传播功能的优势与实施难点，为全面认知类型化广播提供简洁清晰的认知途径。

第四章：分析广播文本的基础要素，具体针对微观文本的类型成规和中观文本的类型模式，以及类型化广播的宏观架构形态探讨广播文本的类型化特征。

第五章：从媒介类型化属性的视角入手，探讨类型化广播的实践运营与文化维度空间。

第六章：从信息传播领域的具体类别入手，选定新闻广播和农村广播作为观察分析对象，着重剖析研究对象重要侧面，附以"中国之声"典型案例作为镜像观照。

第七章：从内容消遣娱乐的具体类别入手，选定音乐广播、故事广播、体育广播、戏曲广播作为观察分析对象，着重剖析这些特定类型化广播的独特组成要素，附以"合肥故事广播"、"上海戏曲广播"

等典型案例作为镜像观照。

第八章：从受众专门化群体的特定类别入手，选定青春调频、女性频率作为观察分析对象，着重剖析青春调频和女性频率的独特构成内容，附以"余杭丽人广播"、"龙广高校广播"典型案例作为镜像观照。

第九章：着重研究多媒体融合背景下，类型化广播的网络融合问题。探讨网络类型化广播的新特点，类型化广播与网络信息资源整合增值，网络电台与手机广播等媒体融合发展的趋势与应用策略。

第一章 类型化广播起源演进

第一节 类型化广播起源

美国是世界上最早进行无线电广播的国家，也是世界上广播业最发达的国家，类型化广播在美国的起源与以下几个历史发展阶段有着密切关联，其间广播与窄播、大众化与分众化再到小众化，综合台与类型台反映了广播媒介自 1920 年诞生以来，近九十多年在媒体市场上的沉浮轨迹。

一、格式化节目开端

1948 至 1970 年期间，美国广播和录音产业都发生了巨大变化，尤其是电视的发展推迟了 FM 广播的发展，改变了广播网的性质，迫使广播产业依靠唱片产业成为新的节目策略中的重要部分。到 1948 年，电视已经显然取代广播网曾经所提供的大众娱乐功能，尽管有许多人认为广播产业收入大幅减少，但事实上，"广播产业收入自 1948 年到 1952 年稳定增长，1953 年至 1956 年短暂下降之后，又继续上涨"。[1]

当时，广播网电台受到电视影响最大而危机重重步履维艰，因

---

① ［美］约瑟夫·R. 多米尼克：《大众传播动力学》，蔡骐译，中国人民大学出版社2004 年版，第 218 页。

为它所凭借的卓有声誉的主持明星都随着广告预算转到电视网去了，这样一组数字能够形象地说明这个问题，"全国性广播电台网的时段销售额从 1948 年的 1.33 亿美元至 1960 年狂跌到 3500 万美元"。① 实际上到 1956 年，全美广播电台网明显已经不再是丰富而具有吸引力的节目来源，最后到 1960 年，所有曾经由全美广播电台网提供的日间和晚间节目都停止了，仅限于提供新闻和短时间的专题节目，每天提供的节目时长不超过两至三小时。就在这一时期，美国地方电台被迫适应了这种变化，既然它的大量节目不再受制于广播网，就只能另辟蹊径而出人意料地拥有了发展自身个性的自由，类型化广播正是在这一时期初现端倪。

其实早在 1949 年，美国的托德·斯托茨（Todd Storz）偶然受到酒吧音乐的启发，发明了类型化广播循环的格式化做法。有一次，他和朋友到酒吧喝酒，注意到投币唱机里面只有几首同样的歌曲被人反复点播，他灵机一动地想到："为什么收音机不能像自动电唱机一样，一遍又一遍地播放人们最爱听的歌呢？紧接着，他在所工作的 KOWH 电台进行了试验，创造了广播的个性化和音乐格式。

1955 年早期类型化广播最成功的尝试出现在美国中西部地区，那儿的一家电台开始监督唱片和乐谱的销售，只播放唱片销售排行榜上的前 40 首歌曲，从此诞生了"40 首最佳歌曲模式（Top 40）"。② 这种模式以欢快、持续、乐观为特色，通过时钟（Clock Hour）编排，确定了节目计划的每一个要素。其后戈登·麦克伦登于 1959 年在旧金山的 KABL 电台创办了"40 首最佳歌曲"电台，这家电台的运行模式是将音乐榜单前 40 首歌曲循环播出，按排行榜位次的高低决定歌曲播出的频率，因每天流行歌曲榜单都会不断更新而呈现出

① ［美］迈克尔·埃默里等：《美国新闻史——大众传播媒介解释史》，展江译，中国人民大学出版社 2004 年版，第 471 页。

② ［美］约瑟夫·R. 多米尼克：《大众传播动力学》，蔡骐译，中国人民大学出版社 2004 年版，第 218 页。

不同的播放歌单，戈登·麦克伦登使得音乐电台的类型化和格式化更为精确与多样化，他与托德·斯托茨一起被公认为格式化广播的先驱。

"40 首最佳歌曲模式"不仅在 20 世纪 50 年代到 70 年代早期，一直是美国最主要的广播节目模式之一，而且这种做法成功鼓舞了广播电台尝试其他的节目模式，到 1964 年，在美国从乡村到古典，又出现了摇滚、通俗、节奏布鲁斯等十几种不同的模式。

这方面有一个不容忽视的动因，20 世纪 60 年代美国早期 FM 获得了初步发展，条件获得充分改善，更多个人有可能购买 FM 电台，当时获得 AM 许可证更难。1965 年美国联邦通讯委员会（FCC）通过了非复制条例（Nonduplication Rule），禁止 AM—FM 联合电台将 AM 的内容复制到 FM 的时长超过 50%。面对这种管制，FM 电台必须开发自办节目，而广播专业化模式的优势，尤其是摇滚等音乐模式也更好利用了 FM 更好的技术品质。从 1960 年到 1970 年，FM 电台数量增长大约 3 倍并且扭亏为盈。

除了广播的音乐类型化，广播网的新闻报道自 20 世纪 30 年代以来，尤其对重大新闻事件与人物的报道，已经大为提升了广播新闻报道的社会影响力。罗斯福总统是最懂得也最擅长利用广播的情感化传播潜能，来实现全美同仇敌忾赢得二战胜利的人，在大萧条和二战期间他一共发表了 28 次"炉边谈话"。爱德华·默罗"这里是伦敦的报道"，对于战争期间收听广播的几百万美国人来说是再熟悉不过了，美国总统竞选、英王爱德华八世的逊位讲话、德国"兴登堡"号飞艇被烧毁等新闻事件大量的现场报道使得电台作为新闻媒体初现端倪。到 1965 年，1010WINS 成为美国"全新闻台"模式，实现新闻信息的 24 小时滚动播出，在全美上下确立了类型化新闻广播的标准格式。

回顾美国类型化电台初期的发展，对于数量越来越多的小规模电台来说，采用"音乐、新闻和体育"这一模式证明是成功的。"格式（Format）"被认为是管理电台的最有意义的方法，即设计用来吸引某一部分听众的一种连贯的节目类型，格式赋予了一家电台与众不同的个性，如果一家电台找到仅仅吸引 2% 到 3% 的听众模式，这家电台就可能赢利。此外，追求本地化的听众策略也是当时电视媒体尚未做到的事情，电台的经营者把播出时间划拨出来，用于播放那些受众青睐的音乐类型，与制作喜剧或者其他冒险节目相比，播放唱片公司提供的唱片是一项低成本的廉价付出。

二、"婴儿潮"与电视影响

从社会大背景看，美国广播电台类型化战略变迁同时和二战之后"婴儿潮"① 一代人关系密切，到 20 世纪 50 年代，美国广告商想瞄准出生于'婴儿潮'时期的听众群体，许多广播电台的节目主持人，专门针对这一部分的特定人群播放摇滚音乐。其他电台也通过音乐节目主持人，锁定不同年龄组的听众人群，这种侧重于特定音乐类型的电台开始流行。

此外随着电视的崛起，曾经风光无限的广播网作为向其附属机构提供节目发行商的作用大大消减，取代广播网地位的是那些经过受众市场细分，针对无线电台需求的内容发行组织。美国广播公司在 1968 年就奠定了这种传播模式，那一时期美国广播公司整合了四种服务——当前服务、信息服务、娱乐服务和调频服务，根据不同格式设计每小时的新闻报道。20 世纪 70 年代，随着卫星传输节目成为可能，美国越来越多的电台网络服务开始出现，从而能够为电台提供所需的一切内容，从昼夜播放的音乐格式，到与它们的格式相匹配的特殊音乐会。到 20 世纪 90 年代后期，美国有 20 多家广播网对于他们的业务模式又做出了相应调整。

---

① 指出生于 1946—1964 年间美国人口高峰时期的一代人。

三、技术的更新换代

20 世纪 50 年代中期，便携式小型半导体收音机的开发，使广播从集体收听步入个人持有阶段，汽车制作商在这一时期也将电台的接收装置作为汽车的标准附件。到 20 世纪 60 年代，调频广播以其优于调幅广播的收听质量迅速发展起来，"调频收音机的销售量从 1960 年的 200 万台上升到 1968 年的 2100 万台。"[①] 由于调幅和调频两种不同特性，两种电台开始承载不同的播出内容，广播市场再次细分，FM 台专门播出乡村、摇滚、古典音乐，成为音乐爱好者的选择；AM 台则选择对音质要求不高的谈话、新闻、信息等节目内容。

20 世纪 70 年代之后，美国广播听众最大的变化大概是 FM 电台的听众稳定增长，尤其是在十几岁的青少年中 FM 电台的听众数量增长得最快。这个期间随着调频电台数量的大幅度增长，受众人群被分流到更多的广播频率，有一部分电台盈利非常困难。从这一时期开始，电台的媒介市场定位取决于特定受众群体的社会属性，包括年龄、民族、性别、收入、教育程度等与特定的音乐类型，让搜索电台的听众感觉到某家电台适合他们的口味。

20 世纪 80 年代以后，卫星广播、互联网电脑、iPod、MP3、移动电话等琳琅满目的各类数字化个人音频接收设备，进入了人们的生活，改变了长期以来人们只能通过收音机收听音频内容的情况。

20 世纪 90 年代之后，广播传播技术经历了调幅、调频两代技术之后，终于也走入了数字广播的新境界。数字音频广播（DAB）以其音质好、抗干扰能力强、高速移动接收、丰富的多媒体服务性能优势，极大地改变了现存广播系统的技术运作环境，提高了系统的整体技术性能指标，达到现存模拟技术无法实现的运作质量和要求。数字音频广播受到收费价格问题、相关法规的完善、频谱的分配以及网络

---

① 张彩：《世界广播发展研究》，中国传媒大学出版社 2007 年版，第 7 页。

广播、网络电台的快速发展等问题制约，传统的调频调幅电台依然保持固有稳定的发展趋势。

　　广播在 20 世纪 90 年代的另一个重大突破就是与网络融合，1995 年 4 月，位于美国西雅图的"进步网络"（Progressive Network）在其网页上放置了一个 Real Audio System 的使用软件，以提供"随机音效"服务，标志着网络广播的诞生。

　　进入 21 世纪，2001 年美国开始运营数字卫星广播为无线电接收行业开创了划时代的意义，XM 数字卫星广播是一项"从卫星直达汽车广播"的数字服务，这类数字广播服务没有广告，订户每月花费 10 美元，可以收听到多达 100 个频道的音乐、体育、谈话节目，能够满足受众对歌剧、室内音乐会、电影音乐等更加多元化的细分需求。卫星数字广播的节目直接由卫星传送到用户的汽车中，拥有 CD 唱片般的音效，音乐频道种类丰富，广告内容非常少，以在美国全境任何一地收听同一频率的优势赢得众多受众，通用汽车公司与福特汽车公司都是 XM 项目的主要投资者。到 2007 年，与 XM 竞争的另外一家卫星广播 Sirius 公司的注册用户数大幅增长，一场大规模整合势在必行。两家数字卫星广播公司合并之后，共同开发了同时兼容各家信号的接收设备，这样原来公司的用户总共可以收到超过 200 个频道广播节目，超过一半是类型化音乐台，剩下的频率是新闻、资讯、体育等其他内容类型。

　　早期美国广播通过与互联网业务融合的蓄势待发，到如今传统广播与新媒体并行的高歌猛进，媒体融合的趋势不仅强化了各种类型化电台的个性，而且使得跨地域、跨媒体的大量用户都参与到这种个性的互动之中。Power99FM 是美国清晰频道在费城的 5 家广播电台之一的网络电台。这家电台的主要内容是"希普霍普音乐和节奏与布鲁斯音乐"，大量提供能够反映这个电台主题的音频和视频内容。一个用户不仅可以通过流媒体传输，获得特定的歌曲甚至专辑，而且网站提供的许多内容都可以免费下载，根据用户在他们的个人网站上偏好的特定音乐风格，Power99Fm 会提供一个免费的、可以发送相关歌曲的播客，从这个网站上还可以听到一些不知名歌手的作品。

与其他互联网音乐网站一样，网站访客可以从网站购买互联网专辑，而该公司可以从中得到一笔交易佣金。比如，当清晰频道同唱片公司和艺术家进行交易，使之可以获得在清晰频道的许多网站上公布作品的权利时，能够为它在其他业务谈判方面增加更多的砝码。围绕这些音乐的是大规模的广告促销，借助于引导消费者购买互联网音乐和广播音乐的理念，清晰频道巩固了它本身作为新数字环境一个重要组成部分的传播策略。

清晰频道在公司网站上指出，听众可以通过多种途径听到节目内容，比如通过调幅电台和调频电台、高清数字收音机频道、互联网、iPod、摩托罗拉的 I Radio，以及高明通讯、建伍音响和其他公司的移动导航设备。哥伦比亚公司也在实施各种策略竞相融入互联网广播业务，为适应飞速发展的传媒技术环境，多媒体融合发展战略已经成为推动美国广播飞跃的强大动力，进而推动传统广播由地方性的播出机构向多媒体内容生产与传播主体转型。

综上所述，类型化广播在美国的最早起源过程，本质原因在于广播媒介生态不断变迁之中的一种节目调适策略。广播从面向社会大众的"核心媒体"转向社会分众化、小众化的"边缘媒体"，主要针对因年龄和生活方式不同的社会亚群体，广播内容日渐被改变以适应特定社会群体的需求，听众接受的媒体文化以尽可能被用于反映他们在特定时期的兴趣和态度，类型化的节目风格与艺术形态显示了听众的世界观和自我形象特性，而不是偏离他们的世界观和自我文化形象认同。

第二节　类型化广播演进

一、类型台的主要形式

美国有超过 5 亿台收音机在工作，平均每人大约两台。直至目前，"广播是美国人在一天之中，仅次于智能手机但领先于电视与个人电脑位列第二重要的东西，据阿比创媒介调查机构数据表明，每周大约有 2.4 亿美国人收听广播，人们每周几乎花 7 小时收听最喜爱的广播电台，占到全部收听时间的 63%"。①

1920 年至 1948 年广播发展的早期争取大多数听众的喜爱，到 1948 年之后受到电视崛起影响而面临的强有力的竞争，广播在美国的市场细分模式，已经偏离了大众传播的中心而转向特定群体服务，完成了从"广播"到"窄播"的转型。美国的电台几乎全部是类型化广播电台，包括种类繁多的新闻台、音乐台、谈话台、体育台、宗教台、少数民族语言电台等等，截至 2011 年 4 月，作为美国最权威的广播收听测量监测组织，美国阿比创测量过的全部电台类型包括：

表 1–1　阿比创测量的美国主要电台格式

名　称	名　称
1. 80 年代热门金曲	6. 成人混合音乐（AAA）
2. 激烈摇滚	7. 摇滚专辑（AOR）
3. 成人当代（AC）	8. 全新闻
4. 成人热门	9. 全体育
5. 成人标准 / 柔和	10. 另类

① www.arbitron.com，2012 年 7 月 30 日。

名　称	名　称
11. 蓝调	36. 其他
12. 儿童电台	37. 流行当代热门电台
13. 基督成人当代音乐	38. 宗教
14. 古典	39. 节奏感（AC）
15. 乡村古典	40. 节奏感当代热门电台
16. 古典热门	41. 节奏感老歌
17. 古典摇滚	42. 流畅（AC）
18. 喜剧	43. 柔和（AC）
19. 当代基督	44. 南部（宗教）福音电台
20. 当代励志	45. 西班牙语成人热门
21. 适意收听	46. 西班牙语当代
22. 教育	47. 西班牙语当代基督
23. 家庭热门	48. 西班牙语热门（AC）
24. （宗教）福音电台	49. 西班牙语新闻谈话
25. 热门成人当代	50. 西班牙语老歌
26. 爵士	51. 西班牙语宗教
27. 都市拉丁	52. 西班牙语体育
28. 主流摇滚	53. 西班牙语热情
29. 区域墨西哥人	54. 西班牙语各类
30. 现代 AC	55. 谈话 / 个人
31. 新（AC）/ 流畅爵士	56. 都市（AC）
32. 新乡村	57. 都市当代
33. 新闻 / 谈话 / 信息	58. 都市老歌
34. 怀旧	59. 各类（体育运动多样化格式）
35. 老歌	60. 世界民族

上表中可见美国类型化广播电台绝大多数属于各类音乐电台以及新闻谈话电台、体育电台等。以类型的细化模式范畴统计，美国各

类电台数量多少依次为："乡村音乐电台有 2049 家，新闻谈话 2025 家，宗教台 1231 家，当代基督 920 家，西班牙语电台 917 家，成人当代 670 家，体育台 574 家，热门古典 505 家，Top40 496 家，成人标准 379 家，爵士 150 家，等等。"① 详见下图：

表 1–2　2007 年 12 月美国电台模式及调频调幅数量构成

名称	电台总数	调幅数量	调频数量
Adult Contemporary（成人当代）	670	88	581
Adult Standards（成人标准）	379	323	49
Alternative Rock（混合摇滚）	384	12	357
Black Gospel（黑人福音）	269	209	58
ClassicHits（古典热门）	505	35	467
Classic Rock（古典摇滚）	459	9	447
Classical	176	2	171
Contemporary Christian（当代基督）	920	52	827
Country（乡村）	2049	537	1508
Easy Listening（适宜收听）	27	3	22
Ethnic（民族）	132	94	32
Gospel（福音）	42	25	16
Hot AC（热门 AC）	386	7	378
Jazz（爵士）	151	8	137
Modern Ac（现代 AC）	20	0	19
Modern Rock（现代摇滚）	177	4	173
News/Talk（新闻／谈话）	2025	1281	703
Oldies（怀旧）	738	295	430
Pre-teen（青少年）	57	54	3

① ［美］约瑟夫·塔洛：《今日传媒——大众传播学导论》，于海生译，华夏出版社 2011 年版，第 465 页。

名称	电台总数	调幅数量	调频数量
R & B（当代都市）	160	10	140
R & B Adult/oldies（当代都市怀旧）	39	19	20
Religion（宗教）	1231	364	513
Rhythmic AC（节奏感 AC）	27	2	25
Rock（摇滚）	302	2	298
Soft AC（软摇滚）	244	43	201
Southern Gospel（乡村福音）	314	166	136
Spanish（西班牙）	917	478	414
Sports（运动）	574	517	57
Top-40（热门 40 首）	496	2	492
Urban AC（都市 AC）	165	32	132
Variety（各类体育）	672	43	367

（注：调频与调幅两项数量相加与总数不符的，可能有其他有线广播等情况）

（一）音乐模式

音乐是最大的类型化种类，2000 年收听最多的两种音乐模式是成人当代音乐（AC）与乡村音乐。以成人当代音乐（AC）为例，主要采用 FM 以及少量的 AM 播出，它由一些老歌与当时流行的软摇滚热门金曲混合而成，（AC）可细化为四种子类型，第一种是软（AC），主要播出以往柔和的声乐作品。第二种是怀旧（AC），主要播放 20 世纪 60 年代、70 年代、80 年代流行金曲。第三种是流行（AC），播放时下流行金曲，可能以"40 首最佳歌曲"中出现的几位音乐家为主要特色。第四是全服务 AC，强调新闻、体育、天气和名人"DJ"。

乡村音乐主要播放乡村和西部音乐的热门单曲，由淳朴、热情又熟悉当地乡村音乐的 DJ 主持。主要细分为两个子类型：第一，乡村古典（也称为传统乡村音乐），主要播放主流古典的、拨弦的乡村音乐。第二，新乡村（也称为青年乡村音乐），更多播放运用合成器和其他现代声音的当代音乐家的作品。

都市当代音乐和现代摇滚是目前在美国发展比较快的两种音乐模式，都市当代音乐混合了说唱乐、舞曲、黑人音乐以及西班牙音乐，对居住在城市 18 岁至 35 岁的人具有吸引力。现代摇滚混合了40 首最佳热门歌曲与过去常常只能在另类电台或大学广播电台才有表现机会的音乐家。

（二）新闻谈话 / 信息模式

全天候周期滚动播放国际、国内、地区新闻报道，包括体育、交通、天气、社论、公共事务，以及不定期的新闻特写节目，主持人的睿智、幽默、风趣等个性魅力是吸引听众的关键因素，在上下班开车时间新闻谈话片段安排的要相对短一些，而且灵活穿插新闻、天气与交通信息。上午 10 点到下午 4 点讨论的话题可能要顾及赋闲在家群体的收听需要。

正如音乐广播有模式分类一样，传统谈话节目已经被细分为包括热点类、资讯类、商业类、体育类、成功类等其他类型。如此众多类型的谈话广播节目根据方式、声音、态度的不同进行区分以适应千差万别的听众群。

表 1–3　美国前十类电台谈话模式①

序号	名称	内容
1	传统谈话	新闻、体育、健康、金融
2	政治主题	全球全美和当地政治事件
3	体育谈话	讨论男人喜欢的体育项目
4	成功谈话	金钱和商业谈话
5	热辣谈话	年轻人适合的性话题

① ［美］苏珊·泰勒·伊斯特曼等：《媒介内容策划与运营——战略与实践》，刘涛等译，清华大学出版社 2011 年版，第 510 页。

序号	名称	内容
6	城市谈话	面向城市黑人
7	信仰谈话	专门为基督徒，有所扩展
8	西班牙 / 外语	讲西班牙与其它外语人群
9	健康帮助	健康金融和家庭关系改善
10	技术谈话	基于网络主题，有所扩展

侧重信息模式的电台，强调新闻现场报道、市场动态、交通信息、天气预报等各类信息内容，这类模式电台在突发事件一旦发生时能够发挥紧急指挥、救援与联络作用。

（三）全新闻模式

"全新闻电台"采用模式轮循环滚动播报新闻摘要、天气、新闻消息、广告信息。这种模式最难制作，需要众多的工作人员以及新闻信息搜集、编制等雄厚资源平台支撑，必要装置包括无线电通讯服务、体育通讯、天气通讯、移动设备、灾害预警扫描仪等。

新闻台的节目成本比音乐台要高，需要高投入，但是高投入却未必能够带来高产出。美国目前大概有"全新闻电台"十家左右，都集中于纽约、洛杉矶、芝加哥、旧金山、波士顿、匹兹堡、盐湖城、费城等地。在美国所有的全新闻台中，影响最大、效益最好的是纽约的 1010WINS，它被称为"全美最大的新闻台"，无论是听众还是广告商，都承认它是"全新闻广播的先驱"，在全世界推广全新闻电台的格式标准，每周大概听众规模大概达到二百万人。

（四）种族模式

主要针对以种族和国籍定义的特殊听众，比如有一百多家电台为黑人听众制作节目，大约有两百多家电台服务于西班牙语听众，另外还有 60 多家电台模式针对法国人、意大利人、希腊人、波兰人、中国人、德国人等等。

概括地讲，美国广播根据受众的人口学特征与社会群体特征进行细分，受众人群更加分散，规模趋于小型化，这类新的"传—受"关系更突出维系着与受众的情感纽带，一定程度上还原现实生活中"面对面交流"的亲切感与个性化，同时，受众拥有更多样化和更有特色的电台选择空间。

表 1–4　美国主要电台格式化收听指南①

序号	标识符	格式名称	内容风格	听众类型
1	AC	Adult Contemporary	面向成年人的流行/摇滚站，不包含硬摇滚，更注重非当前音乐	25—54 岁女性
2	AH	Hot AC	节奏更快的当代人们音乐格式	25—34 岁成
3	AA	Adult Alternative	融合各种摇滚，广泛变化的音乐风格	25—44 岁
4	AR	Album Rock	主流摇滚与重金属音乐	25—44 岁
5	AS	Adult Standards	20 世纪 40 年代到 80 年代的老式标准乐和流行乐	35 岁以上
6	BG	Black Gospel	福音歌曲和说教音乐	35 岁以上
7	CH	Contemporary Hit Radio	当下流行的各种音乐	青少年和 20—24 岁
8	CR	Classic Hits	摇滚老歌	25—44 岁
9	CW	Country	当代和传统风格乡村音乐	25 岁以上
10	CZ	Classic Hits	20 世纪 70 年代的摇滚老歌	25—44 岁

---

① ［美］约瑟夫·塔洛：《今日传媒——大众传播学导论》，于海生译，华夏出版社 2011 年版，第 466 页。

序号	标识符	格式名称	内容风格	听众类型
11	EZ	Easy listening	柔和的原创摇滚乐和节奏更快、富于变化的流行歌曲的器乐版本	35 岁以上
12	ET	Ethnic	非英语语言节目	所有年龄
13	FA	Fine Arts	经典音乐	35 岁以上
14	FX	Farm News Talk	农场新闻天气信息	25 岁以上男性
15	JZ	jazz	柔和 AC，传统轻柔爵士	25 岁以上
16	MA	Modern AC	年代更近摇滚	25—44 岁女性
17	MT	Financial Talk	金融或"货币"话题	25 岁以上各个年龄人群
18	NR	New Rock	当前摇滚主流"另类"以及重金属音乐	青少年 20—35 岁成年人
19	NX	News	新闻谈话	35 岁以上
20	OL	Oldies	非当前音乐	25—55 岁成年人
21	PT	Pre-teen	针对少年儿童的音乐、广播剧、朗诵	12 岁以下的孩子
22	RB	Urban	当代都市音乐	青少年和 20—24 岁成年人
23	RC	Religious Contemporary	现代和摇滚为基础的宗教音乐	所有年龄
24	RG	Religious Gospel	传统的宗教音乐	25 岁以上
25	RL	Religion	宗教和音乐节目	20 岁以上成年人
26	SA	Soft Adult Contemporary	非流行原创摇滚	25 岁以上女性
27	SB	Soft Urban Contemporary	柔和节奏与布鲁斯音乐	35 岁以上

序号	标识符	格式名称	内容风格	听众类型
28	SG	Southern Gospel	乡村风味的福音音乐	25 岁以上
29	SS	Spanish	西班牙语节目	所有年龄
30	SX	Sports	体育新闻、实况报道	25 岁以上男性
31	TK	Talk	各种谈话信息	25 岁以上
32	VA	Sports	多样化格式体育	所有年龄

二、分化中的集合模式

美国电台由于集中和垄断的影响，利用相同节目内容开发全国范围内不同地域市场，在多层面扩展了受众数量，另一方面，由于媒介渠道多样化和专业化的影响，受众并非在既定的地域中出现，而是在大体一致的欣赏品味和生活方式基础上产生。媒介进一步分化的过程是为了更好地符合受众对于信息娱乐等消费需求的变化，而这种过程又是建立在受众所能够拥有的众多可以选择的基础上。美国电台类型化的模式既存在新闻谈话、音乐等核心模式，也存在为数不多各种另类的边缘模式，受众收听的选择模式存在核心与边缘分化，同时这种分化并非绝对的差异化，而是仍存在大体集合的发展趋向。

也有研究者把美国电台众多模式以及受众市场细分称之为"碎片化"现象，如果严谨地依照麦奎尔的受众分裂模式（破碎模式）来分析，分裂模式表明受众群体更广泛的分化以及对于核心的疏离，受众以不固定的方式，分散到许多不同的频道中，只是偶尔才会出现受众共享媒介意义，而破碎模式则意味着受众媒介接触的传播效果，将会随着媒介使用个人化更加分散，受众和媒介紧紧捆绑在一起的纽带逐渐松弛，受众的社会共识认同感也将会丧失了原有意义。

尽管近年来在美国广播独特的小众化受众数量有一定增长，受众可以收听到与大多数人的喜好，与主流趣味迥然不同的广播节目，但是音乐、新闻、谈话、信息等十几种主要模式仍然支配着听众的收听行为，听众对于广播的主流内容诉求大致相同，还有沿袭已久的社会文化心理与生活习惯使然，广播媒体自身的变化仍然不足以分化共同的媒介文化消费模式。

因此应充分认为，美国电台的"碎片化"模式仅仅是一种形象化的比喻，目前它真正的类型化广播模式进程仍然处于"核心—边缘模式"阶段，受众进一步分化的过程组成人数较少，而且形成了更为同质化的人群，有时类型化广播的听众甚至会比畅销商品的消费者拥有更多的相近之处。

三、产业格局与类型化

随着政治经济发展以及广播技术跨越变革，美国政府主导下的广播产业历经了重大变化历程。

第一阶段：美国早期的通讯法案《1912年广播法》问世，是美国历史上第一部对广播加以全面规制的法律，这部法律授权商务和劳工部处置无线电台特定频率的使用。1927年美国广播法将管制的权力授予联邦广播委员会，要求电台播出的内容必须以公共利益为归依。《1934年电信法》的颁布，规定电台必须播出非商业性的教育内容，1934年的电信法照搬了1927年广播法中确立的公共利益标准，从1912年到1934年这一时期，是美国广播产业政策的萌芽阶段，广播产业历经从混乱无序到规范化、法制化的过程。

第二阶段：从《1934年通讯法》到20世纪80年代，美国对广播电视行业的结构规模进行管控，确保广播电视频谱资源作为公共资源为社会公众利益服务。

第三阶段：从20世纪80年代后期至今，自《1996年的电信法案》出台，标志美国政府对传媒结构规制的大规模放松，使得广播电视业进入市场自由竞争的阶段，这在很大程度上促使了电台的兼并风潮，改变了电台的所有权状况。

20 世纪 90 年代影响美国广播媒介发展的最关键事件就是《1996 年电信法案》的通过，该法案主要鼓励媒体自由兼并竞争，关键的一条规定彻底取消了对一家公司所能拥有的电台数量的限制，并且把一家公司在单一市场中所能拥有的电台数量增加到 8 家。新的法案引发了大量购买和销售广播资产的活动，广播产业的垄断和集中程度更为统一。据统计在法案通过之前，"通常一年大约有 20 亿美元花费在广播的购买和合并上，1996 年这个数字达到 144 亿，1997 年数字直抵 153 亿美元，少数几个大集团控制了广播产业"。[①] 随着广播产业中的大公司越来越大以及小公司被吞并，到 2000 年时兼并与收购的步伐放慢了，原因是已经没有那么多广播大中型市场还没有被大公司所控制。美国三大广播网中，美国广播公司 ABC、哥伦比亚广播公司（CBS）、全国广播公司（NBC）都拥有从几百乃至上千个数量不等的电台，特别是"清晰频道传播（Clear Channel Communication）和调频调幅公司（AMFM Incorporated）之间的一项 235 亿美元的合作，产生了美国历史上最大的广播公司。清晰频道传播集团目前大约拥有 1200 多家电台，占全美电台总数的十分之一，经营收入占到全美电台总收入的 20%。

表 1–5　2006 年美国排名前十位广播公司拥有电台数量[②]

排名	电台拥有者	电台数量
1	Clear Channel Communication	1190
2	Cumulus Broadcasting Corp	303
3	Citadel Broadcasting Corp	225

---

① ［美］约瑟夫·R.多米尼克：《大众传播动力学》，蔡骐译，中国人民大学出版社 2004 年版，第 218 页。

② ［美］约瑟夫·塔洛：《今日传媒——大众传播学导论》，于海生译，华夏出版社 2011 年版，第 483 页。

排名	电台拥有者	电台数量
4	Infinity Broadcasting	178
5	Educational Media Foundation	143
6	American Family Association	120
7	Salem Communication	104
8	Entercom	103
9	Saga Communication	86
10	Cox Broadcasting	78

美国电台大量兼并的浪潮，对于频率节目总监职责所带来的变化，就是由以往过去负责几个电台频率变为负责一个"频道集群"，他们必须全方位从"频道集群"的战略目标出发，致力于争夺某一类型节目或者某一类型电台听众的收视率。几大主要广播集团都开发并推出了一种或者几种节目的类型，例如，美国广播业大鳄清晰频道牢牢占据了"当代流行音乐电台"的市场，而 Citadel 电台则成为乡村音乐的领导者，Radio One 成为全美最大的都市广播电台的运营商。看似巨大的变革中，节目内容实质并未产生新颖改变。

这一阶段广播集团的兼并浪潮由于内容重复缺乏创新，充斥大量商业广告也招致许多媒介批评，类型化广播繁荣多样的模式背后依然存在明显的同质化潮流，背后的原因是：第一，许多电台归属于大型媒介集团，集团在各个媒介市场运营相同的节目内容。第二，卫星发送音乐节目内容更加普遍，这就意味着遍布全国的电台都播送同样的音乐。第三，小众化、低成本运营的类型化电台宁可去模仿听众喜爱的相对"安全"模式，大多不会冒风险运营一个从未经过受众市场检验的新模式。

总体来看，美国传统电台由于低成本投资与经营，目前依然保持良好的发展势头。从 20 世纪八九十年代一直到 21 世纪初，广播产业收入持续上升，"2011 年美国电台插播广告占广播产业收入份额的

81%，仍然是广播产业收入的主要来源"。① 广告营销模式主要包括广告、会员费、网络点击收听费以及联邦和各州拨款等，电台的大部分收入来自当地广告。

传媒垄断大集团所辖的附属协约体制内，广播产业兼并为电台的类型化所带来的好处是：第一，介入较大广播产业连锁范畴内，能够更多获得品牌、内容、资金、技术等各种资源的保障，能够规避兼并之前电台经营不善导致破产的市场风险。第二，协作经济带来的广告营销收入与传播效果更好，因为广告客户也受益于兼并，只要在一家广播大公司投放广告就可到达多个目标群体市场，不仅能够增强广告传播的针对性，而且小型电台也可从广告客户更大的媒介投放范围中受益。第三，依托广播大公司规模经济的优势，整合销售广告降低管理成本，集中优势资源开发产品链，扩展更广泛的市场经营空间。

兼并对类型化电台所带来的弊端是：第一，信息传播的控制权集中在少数几个大公司里，公司文化对广播文化不可避免地侵蚀加剧电台同质化的倾向。第二，当地社区团体、教育机构、吸引少量听众等另类广播模式被排除在合并之外，引发相关社会公共资源分配不公的争斗与冲突。

2000 年美国广播行业发生了一件引人关注的事件，联邦通讯委员会（FCC）以威廉·肯纳德为首的支持者，批准了一项发放新的低功率（FM）电台的许可证计划，肯纳德等该计划的支持者把该计划看作是增加广播差异化的手段，但是由全国广播协会（National Association of Broadcasters，NAB）领导的大公司却极力反对这项计划，认为新电台将导致与现存 FM 电台之间的干扰。正当国会争论这项计划之时，广播大公司利用院外游说强加干涉并限制这项计划，结果是国会在预算中大量消减可能建设的低功率电台的数量。

这个案例比较典型说明了美国社会中利益集团等势力对政府决策的

---

① 宋青：《2011 年美国广播市场盘点》，《中国广播》2012 年第 10 期。

影响，社会中包含许多相互冲突以及同政府官员有联系的群体，这些势力集团竞相对政府决策施加影响，它们彼此之间讨价还价，也同政府讨价还价，经过讨价还价达成的妥协就成为美国公开的政策。可以预见，未来随着广播产业所有权的高度集中，不同类型的广播模式所面临的发展机遇，所依托的资源与平台可能差距悬殊，一部分另类广播模式被大广播公司的利益目标排除在外，因为缺乏社会强势力量的支持而势单力薄，发展式微。总体来看，美国类型化广播堪称现代广播"分众化"和"细分化"发展趋势一支最为强劲、最为鲜明的力量。

全世界范围内类型化广播的发展潮流也可谓风起云涌，英国BBC 5 个频率都有鲜明的内容细分侧重，BBC（Radio 1）以现代音乐为主兼顾新闻报道，（Radio 2）以流行音乐为主兼顾艺术、通俗娱乐，（Radio 3）以爵士乐、民乐、乡村音乐和推荐新人音乐作品、举办音乐比赛为主，（Radio 4）是一个综合频率，（Radio 5）主要播出实况新闻、体育直播等。

俄罗斯商业广播细分为多种个性化风格的音乐电台、舞曲广播、汽车广播、文艺广播、宗教广播、调频幽默台，等等。

法国主要商业广播也有 NRJ（活力音乐广播电台）、Skyrock（空中摇滚广播电台）、Nostalgie（怀旧广播电台），等等。

德国的广播频率细分形成了高度专业化的格局，德国公共台的WDR 共有五套节目，WDR–1 为流行音乐频率，WDR–2 为时事新闻频率，WDR–3 为古典音乐频率，WDR–4 为民族音乐频率，WDR–5 为专题节目频率，德国商业台大部分是类型化电台。

亚洲韩国 KBS 的 7 个频率也进行了细分："第一广播"是 24 小时播出新闻资讯的专业台，"第二广播"面向家庭的娱乐广播，"爱之声"面向残障人士和老年人广播，"社会教育广播"面向东北亚地区同胞广播等。

上述大量事例表明，进入 21 世纪初期全球传播媒介环境发生巨大变化，广播媒介非但没有黯淡消亡，反而加速进入更高发展阶段，从大众化、综合化向分众化、类型化转型。

第二章　类型化广播的中国轨迹

第一节　系列台与专业台

一、珠江模式系列台

20 世纪 70 年代末期改革开放以来，中国广播最大的变化就是结束了各地只有一家综合广播电台的单一结构，1983 年按照"第十一次全国广播电视工作会议"的精神，实施"四级办广播、四级混合覆盖"的建设方针，形成三横四纵的基本格局。纵向中央、省、地（市）、县（市）四级办台，横向综合台、经济台、系列台发展多样化格局。与此同时，报纸、电视等其他新闻媒介规模大量发展，数量大幅增加，结构多元变化。大众传媒的经济属性得到重新认定，开始从单一的"事业单位"向"企业化经营转变"，重视广告开展多种经营，传播内容力图贴近受众、贴近生活、贴近社会，一改过去"自上而下"的宣教腔调，彰显颇具亲和力的情调。

中国广播界改革源自 1986 年 12 月 15 日以广东人民广播电台珠江经济台开播为代表的系列台改革，标志着中国广播改革由局部向整体过渡，广播的传播方式由单向灌输转为双向交流。"珠江模式"的特点是，主持人直播与热线电话参与，以受众的兴趣和参与作为广播活动的中心，更进一步来看，"珠江模式"改革的形式大于内容，它的重要意义在于以受众为中心，提升了受众的主体地位，是多年以后广播受众市场细分演化的开端。

1992年以上海东方电台为代表的都市化改革，节目编排注重信息与服务的特点，东方电台不仅在节目样式、播出机制、运作机制进行了改革，而且使广播的经济属性与产业属性更加明显。

自20世纪90年代以来，我国广播进入了一个迅速发展之后的缓慢上升阶段。这一时期广播发展的后劲不足，阻力逐渐明显，发展方向日益模糊。广播如何在新的媒介环境中寻求一种更适合自身发展的道路？以北京、上海为代表的经济文化发达地区，广播受众市场分化的各种条件逐渐成熟，以"珠江模式""东方模式"为基础的广播改革开始转向专业化发展。

二、广播专业化改革

以北京电台为代表的我国广播专业化改革开始于1992年年底。1993年3月，北京新闻广播、音乐广播先后开播，同年12月18日交通广播开播，音乐广播、交通广播的出现是广播专业化的开始。

"专业化"的含义就是"市场的细分化，是按照市场规律进行市场分工，是一种资源整合，广播专业化的定义是对广播频率所承载的内容进行分工，实行频率资源整合，避免内容同质"。[①] 广播专业化的核心是"目标受众群"和"专门内容"，这是划分广播专业化的两种不同标准。广播内容专门化与受众专门化的内涵实质相同，一致强调受众的对象化，面向各自特定的受众群。不同之处是，受众专门化电台在传播内容方面并没有严格取舍界限，表现出"小而全"的综合化特征，而内容专门化电台的传播内容则相对单一。无论是基于内容标准的内容专业化，还是基于受众标准的受众专门化，都具有像"专

---

① 降巩民：《服务意识的体现是广播专业化的本质》，《中国广播电视学刊》2003年第2期。

卖店"一样吸引受众的鲜明特征，其最大的优势在于把每个专业化广播频率整合之后，形成一个统一、整体性的媒介资源。

从 20 世纪 90 年代初期至今，近二十多年中国广播专业化改革已经取得显著成果，根据 CSM 媒介研究掌握的 2010 年全国 33 个重点城市可接收的广播频率数量分布资料，"在不包括境外频率的 403 个广播频率中，音乐类 66 个，交通类 58 个，新闻类 58 个为最多，与 2009 年相比交通生活类频率增加了 4 个，农村频率增加了 3 个"。[1] 节目内容与受众群体的细分趋势已经成为广播发展的显著趋势。

第二节　类型化渐进过程

我国类型化广播的试行与演变最初开始于音乐类广播，众所周知，第一个类型化广播是 2002 年中央人民广播电台推出的"音乐之声"频率，以华语流行音乐为主要内容，按照二至三小时大时段播出全天节目，各时段的栏目之间并未严格区分，强调打造频率统一风格，限制每小时主持人讲话时长不超过 7 分钟。

2004 年上海文广新闻传媒集团对所属东方广播电台新闻综合频率进行全新整合，推出了首个纯新闻类型化电台——东广新闻资讯频率，即"东广新闻台"。

2005 年 9 月中国国际广播电台环球资讯广播 CRI News Radio 开播是我国内地第一家类型化、全天候、全直播的纯资讯频率，全天即时滚动播出新闻资讯——涵盖国际、国内、财经、科技、体育、新闻英语等内容。

2005 年我国第一家类型化故事频率——合肥故事广播开播之后，辽宁、陕西、北京等地纷纷成立了故事频率广播，据统计全国现在有

---

[1]　王兰柱主编：《2011 中国广播收听年鉴》，中国传媒大学出版社 2012 年版。

四五十家故事广播，是继音乐广播、新闻广播之后在各地普及率较高的一种新的类型。

2005 年之后，我国类型化广播进入快速发展的活跃时期，尤其是在互联网流媒体技术日新月异的变革中，近年来网络广播中的风格化、个性化的新类型也令人耳目一新，比如 CRI 怀旧金曲频率、CRI 都市流行频率、CRI 写意民谣频率、青檬音乐台、凤凰优悦广播、广东青少年网络电台等都是类型化电台中新出现的佼佼者。

总之，中国类型化广播演进的过程，折射出 21 世纪以来中国广播积攒实力、蓄势待发，一路高歌猛进寻求创新突破的历程，主要和以下几个循序渐进的发展阶段密不可分：

一、特色潮流化阶段

21 世纪初的第一个发展阶段，以科技为先导面向未来广播，尝试建构中国广播的基本走向，明确地域优势定位，把握特色化潮流化发展阶段。广播媒介定位于以城市特定受众群体为服务对象，把社区广播作为未来城市电台的发展方向之一。这种观点与日后广播专业化改革，向类型化广播转型有一些相近之处。

广播在城市的竞争处于更加激烈的媒介竞争环境之中，准确的定位决定广播的媒介生态与发展战略。首先广播具有地域化优势，彰显独特的本地化定位，围绕地域经济和文化核心内容，办好服务节目，充分发挥广播双向沟通交流的功能，以差异化的节目特色实现媒介竞争与交流优势。

地方化特色只有与潮流互动才有可能保持活力，以潮流为导向，以地方为依托，经营与发展就能与时俱进。潮流化包括两个方面：以年轻人审美趣味为主的国际流行大众文化潮流，以及面向都市快节奏、信息大容量，人们求真求新求实的社会潮流。

二、频率专业化推进

进入 21 世纪以来的第二个发展阶段，广播发展已经上升到主要针对城市受众频率定位的特色化、专业化层面。频率定位专业化和特色化的传播理念深化推进，专业化涵括节目内容的专业化以及受众层面的专门化两个层面。特色化是专业化、对象化、风格化、个性化的综合与升华，同一地方的省市电台可能存在同类型的专业频率的情况，特色化可以解决专业化不能解决的差异化、个性化问题。

大约从 2003 年至 2005 年这一阶段，各地广播普遍处于较好的发展态势，尤其是广告经营增幅较大，但也存在着一些不容忽视的问题：广播频率资源的开发将成为亟待解决问题，需要从管理层面对省级台和城市电台进行适当区隔，使二者在受众范围和节目内容上有相对的区分，避免造成广播在组建广电集团化内部的弱势地位；对节目内容和听众两个环节的开发远远不够，围绕广播产业链做文章，需要资本运营的意识。

2005 年 4 月，第五届全国城市电台发展研讨会在云南红河哈尼族彝族自治州举行。与会代表提出"广播网—加盟台"内部纵向整合方式，广播网通过覆盖面的扩大，增加受众群体与广告主，加盟台通过借助广播网的高质量节目品牌形象吸引听众。同年 5 月 18 日，中国城市广播联盟在北京宣告成立，这一活动极大地推动了城市电台概念的确立与各台之间合作，在中国城市广播发展历史中具有里程碑的重要意义。

三、类型化与广播联盟

第三个发展阶段，从 2006 年以来是中国广播进入飞速发展的另一个新阶段，全国广播媒介发展非常不均衡，尤其是广告经营业绩体现出明显的"马太效应"，各地区的经济发达程度大大作用于广播产业。广告营销模式的独家代理、多家代理、内代理等方式更多被采用，跨区域联合进入较为成熟的发展阶段。

各地的新闻频率、音乐频率、交通频率、经济频率占据主导地位，其他创新类型如都市生活频率、故事频率、女性频率、青少年频率、体育广播、老年频率、少数民族语言频率等与日俱增，频率内容再细分的趋势清晰可见，类型细分的趋势逐步转向国内的二三线城市，2009 年嘉兴对农广播、2010 年温州对农广播都验证了二三线城市对细分听众群体及频率再细分化的兴起。

广播频率细分的改革进程中，有些比较突出的问题不容忽视。比如，新闻资源和节目形态是广播新闻加快专业化进程必须突破的瓶颈，最大限度开发新闻频率的信息资源，要强化连续报道、现场报道和新闻谈话节目，选择各种类型的新闻，满足不同时段和不同听众对新闻的差异要求，补充形形色色的生活资讯。但是，新闻频率由于受到地域限制，采访编制新闻的资源和能力薄弱而困难重重。

全国各地城市"一枝独秀"的交通广播，其中发展的隐忧也不容乐观，交通信息及相关服务已经不再是交通广播频率的独占资源，交通频率只能从市场定位、资源开发、品牌确立、广告营销等方面创造新的增长点。

另一方面，有研究者指出类型化的制约性在于过分强调内容和受众细分，可能会限制城市台某些频率的进一步发展，中国广播的类型化之路在结合各自地域与资源优势以及突出特点的同时，主要借助交通＋音乐等复合内容模式，以扩大节目的内容和电台的影响力。

加强区域合作被许多广播电台广泛采纳，证明是行之有效的途径。2008 年，中央电台牵手全国百家城市电台共同启动《圣火照耀城市》奥运报道，时间跨度长达半年，百家电台共同参与，北京与世界，以及全国各大城市互动，这种报道规模和报道形式在中国广播史上是第一次。归纳起来，电台合作的基本模式有：第一，以城市的经济活动为契机，开展短期阶段合作；第二，以地缘为主要特征，结合现有的经济板块、城市圈、城市板块组建城市广播联盟；第三，以频率的相同定位为特征，组建更广泛的电台联盟；第四，按照明确、长期、固定选题进行电台单一节目合作。"在跨地域联合中探索差异化的制播模式、广告经营、信息服务、战略联盟，构建区域性主题广播网，实现产业集聚，形成强劲持久的竞争力。"①

总之，通过梳理中国广播从"珠江模式"、专业化模式以及类型化模式发展阶段，发现每一阶段模式的突破在国内广播界都产生了广泛的引领示范意义。根据《中国广播电视年鉴》（2011）的最新统计，截至到 2011 年底，全国共有广播电台 227 座，中短波广播发射台 822 座，调频发射台 11604 座。如此众多电台分别处在各自不同的综合化、专业化或者类型化运行轨道，无论哪种模式电台的节目播出与产业运营都各有优劣，各类电台只有找准自身的发展方向才能实现创新突破。

四、全媒体融合战略

进入 21 世纪以来的第四个发展阶段，凸显传统媒体与新媒体融合的实践与研究趋势，类型化广播的全媒体战略转型新思路成为重要改革方向，探索传播体制与政治经济、文化以及媒介产业之间新的协调方式，已经成为广播全媒体融合战略中必须应对新的挑战。

国际先进传媒的全媒体战略转型已经日臻成熟，以 BBC 为例，"2007 年 12 月 25 日，BBC 发布了 iplayer 播放器，利用 iplaer 播放器，英国的用户不但能够在线实时收听、收看 BBC 的广播电视节目，还能通过播放器直接检索自己需要的 BBC 节目，在节目首播一周之后直接下载 BBC 广播台、电视台、网站上的所有音频、视频，然后使用收音机、电视机、电脑、手机或者其他移动终端观看"。② 自此，BBC 第一次从技术上融合了各个不同的媒介，实现了广播、电视、

---

① 欧阳宏生：《坚持中国广播产业的可持续发展》，《中国广播》2008 年第 1 期。
② 高铁军：《从 BBC 的新媒体发展看中央电台的新媒体战略》，《中国广播》2010 年第 9 期。

网站、移动终端等全媒体传播渠道的融合。

在国内强势报纸、电视等传统媒体加快进行全媒体战略布局和积极探索的大背景之下，广播媒介如果错失这一发展机遇，将会处于被动状态。实现战略布局转型：第一，从新闻宣传阵地向适应新型传播格局的舆论阵地转型；第二，以自制自播为主向适应多媒体播出需求的内容提供商和运营商转型；第三，从传统的事业体制向适应事业与产业全面协调可持续发展的现代传媒管理体制转型。

全媒体转型中当前制播分离还不能朝着规范、良性的道路发展，无法使播出机构与制作公司形成共赢的局面。需要引起重视的问题是：广播电视业政策法规对制播模式改革的影响，制播机构之间的衔接问题。现有运行机制无法适应开放平台的需要，有必要建立一个后台敞开供应模式，以方便抓取各种媒体题材的资料库，建立一个制作简便、能生产适合各种传播方式产品的制作平台，不同形态产品能够迅速发布并及时获得用户反馈，同时能够迅速、大量接纳用户的自制产品。

梳理上述中国广播近 10 年的若干发展阶段，我国广播媒介在特色化、专业化、类型化发展过程中存在着一些不容忽视的问题，涉及电台的城市化倾向日益明显，过分强调以主持人为核心，大量削弱广播靠现场声音和一线采访等节目的音响报道功能，各地电台的节目配置日趋同质化，亟待提升节目质量以吸引听众的关注等问题。

回顾 21 世纪以来，中国广播理论与实践深入探讨过程，我们发现中国广播的传播理念从 21 世纪初潮流化、特色化向专业化、类型化逐渐转变的明确趋向，这四个关键概念词的内涵既有区别又相互联系，外延则体现出逐渐增大的趋势，即类型化＞专业化＞特色化＞潮流化。研究思维并非从起点到终点的直线单向模式，而是在理论与实践相结合的过程之中不断迂回叠加、反复印证的曲线研究过程，最终指引科学合理发展趋向，与世界广播发展接轨的当代中国广播的发展范式。

第三节　类型化广播成因

追溯媒介形态变迁是研究类型化广播坐标的一种有效视点，众所周知，人类传播的历史经历了口语传播时代、文字传播时代、印刷传播时代和电子传播时代，分别对应口语媒介、文字媒介、印刷媒介和电子媒介占据主导地位的社会阶段。麦克卢汉提出的著名观点"媒介即信息"，认为媒介是推动社会发展的基本动力，媒介不仅作为我们生活环境组成的一部分外化存在，而且具备内在运行的本质客观规律，并且以自身独特的方式反过来制约和影响人类社会的发展，带来社会结构的变化，改变人类的观念和生活方式。

贝尔在《后工业社会的来临》一书中，把人类社会的进程分为"前工业社会"（农业社会）"工业社会"和"后工业社会"三大阶段，融入"后工业社会"高度信息化洪流之中，就媒介的认知过程而言，传统大众传播从"中心—边缘"[1]的传播模式、从传播者和受众双方的分离未知形态转向信息传播的分享互动、传受双方"注意力的主动关注"、人际传播与大众传播的双重结合，不仅秉承大众传播的诸多传统因素，又是在大众传播基础上转变超越为一种全新的传播形态，即后大众传播形态。后大众传播形态在许多方面构成对大众传播的瓦解、颠覆与重构。类型化广播作为一种特定媒体与听众之间关系的变化，这种特定媒体与其他媒体之间关系的变化，都受到下列诸多社会系统性成因的影响。

---

[1]　[英] 丹尼斯·麦奎尔：《受众分析》，刘燕南译，中国人民大学出版社2006年版，第49页。

一、内在根本的动因

追求信息属性与利益属性扩张是类型化广播发展的内在动因，宣传目标、经营目标以及公共性与公益性是大众传媒活动的基本组织目标，这些组织目标从根本上决定了大众传媒具备的信息属性、利益属性与社会控制属性。"信息属性联系着整个社会信息的发展，包括整个社会、受众对信息的需求，并且呈现出不同的信息传播形态；利益属性联系着整个社会经济的发展，从而媒介谋求生存的行为也出现历史性的变化和不同经济体制的分野；社会控制属性同时联系着生存空间中的另外多种体制，从而与整个社会系统的其他体制相协调而不是相背离。"①

大众传媒的三重属性中，信息属性是最根本也是最具有决定性的特征，只有体现信息传播的基本属性，才可能追求经营目标、宣传目标以及体现公共性与公益性。改革开放以来，我国广播从"单一的宣传机构"逐渐发展成为与社会其他系统联系密切的信息传播机构，从国家全额拨款、非赢利的事业单位向企业化运作方式、向完成经营指标任务的赢利机构转变。与新媒体竞争融合以及向全媒体战略转型中，追求信息属性的发展和利益属性的扩张，这是中国类型化广播改革的内部动因。

二、外部社会的条件

受众与广告市场分化是类型化广播的关键外部条件。随着人们在社会分工中的地位改变，对生产资料占有关系的变化，收入差距的拉开，加剧了我国社会分层的形成，经济体制改革促使我国社会结构向"分群化"转变，正在进行的信息数字革命再一次给人们的生活和

---

① 黄升民等主编：《媒介经营与产业化研究》，北京广播学院出版社 1997 年版，第 13 页。

工作方式带来新的变革，社会分工越来越细，社会"分群化"的趋势加剧。

对于广播媒介来说，面对社会"分群化"的趋势，面对受众市场多样化与细分化的变革，"大而全"并不是竞争优势，只有突出节目内容的专业化，注重节目内容指向的明确性，才能赢得特定的受众群体。当广播媒介跨越综合化、专业化的发展阶段进入更高层面的竞争阶段，它满足受众某一类的需求而不断扩大传媒内容生产的规模数量时，最终形成了针对特定需求的独立传媒产品，中国类型化广播的诞生，代表着中国广播领域内的强势媒介开拓新市场的主要方式之一。

传媒经济外生型的特点决定了其产业发展状况由外部经济环境决定，在大众化的市场竞争中，大众化的产品面对大众化的传媒视听消费者，注意力水平和促销效果呈现必然的正相关系，这一阶段的传媒经济本质被界定为"注意力经济"。

随着市场经济成熟与深入发展，人们的生活形态与消费行为都发生了极大的转变，个性化消费形成了一种不可忽视、新兴的消费趋向，这也就意味着，维系大众的注意力和受众的购买行为往往存在分离，如何使广告对受众购买行为的变化保持正向的关联？一个有效的途径就是由传媒向广告客户提供与广告产品的目标消费者大体一致的受众群体。由此一来，传媒的目标受众群与广告消费群体呈现大致重合的范畴，受众对广告商品的购买率显著提高，广告传播的有效到达率大大提升，商品市场差异化竞争背景下的这类传媒经济现象称为"影响力经济"。

现代企业的销售者已经不怎么使用广泛营销策略和产品多样化营销策略，而着重使用目标营销策略。通过这种策略，公司能够较为容易发现市场契机，开发有效的产品和营销组合。企业营销策略变化与消费者个性需求的凸显，体现了广播面对的两个最主要的市场——广告市场和受众市场，二者呈现出分化的特点，正是这种分化从根本上决定了我国广播开始走向节目内容专业化、受众市场细分的类型化道路。

三、传播理念的嬗变

类型化广播的发展范式是为了满足受众需求，彰显广播传播理念的嬗变。各种社会信息系统的技术控制，家庭信息技术的普及，使人们在生活层次上的传播活动发生了很大变化，人们接触信息的方式，信息对于人们的意义，利用信息的方法等都发生了显著改变，这种倾向可概括为，受众为实现自己的目标而进行的信息接触行为，这种倾向性大量增加。有选择地进行信息消费是信息社会的主要特征之一，现代社会人们的生活节奏日益加快，广播频率即使再多，节目播出的时间再长，受众也只能在有限的时间、空间内选择收听节目，受众的注意力资源是有限的，所以必须把满足受众需求，作为决定传播内容和形式的出发点。

类型化广播的前提应该在于正确理解广播媒介时效性强，信息性与情感性兼具的独有特质，不能把广播的类型化改革单一狭隘地理解为被媒介市场竞争所迫，从而展开一场为争夺生存领域所进行的变革。进一步增强对受众的服务意识，一两档好的广播栏目尽管能够提升收听率，但是不可能促成一个品牌频率，因而，对广播频率整体布局和整合资源，这应该是广播人思想观念的必然嬗变。

四、受众群体的分化

听众规模与结构的变化决定"分化"趋势不可逆转。报纸、电视、广播、杂志作为四大传统媒体，与新媒体竞争融合发展中衍化所产生的分众媒体、小众媒体甚至个人媒体。随着各类媒体不断发展在竞争格局的此消彼长，互联网越来越成为大众媒体，而杂志、广播，甚至包括报纸，将来也会转向分众媒体，而不再是大众媒体，所以从世界广播媒介发达国家以及中国广播转向细分市场趋向，大众转向分众是广播媒介不可逆转的趋势。

根据 CSM2009 全国基础研究，针对不同媒体的受众占有率调查数据来看，电视仍是第一媒体，目前仍然具有大众媒体特征，受众规模处于领先地位，广播的受众占有率排位在报纸、杂志、互联网之后，在四大媒体之中排在最后一位，广播听众结构的调整和规模变化，意味着广播大众属性特征逐渐丧失，越来越具有分众特征。

表 2–1   不同媒体的受众占有率[①]

媒　体	受众占有率
电视	98.85%
户外广告	60.46%
报纸	38.67%
互联网	28.05%
杂志	24.88%
广播	21.96%
车载电视	18.77%
户外电视	15.59%
楼宇电视	11.45%
去电影院看电影	3.93%
手机电视	1.33%

传统意义上的广播老年人收听群体有所减少，25 岁以下的年轻群体由于受互联网等新媒体吸引对广播的关注不断降低，但是车载收听率不断增加，尤其早晚上下班路途中是一天之中两个收听高峰。尽管电台播出是全天候的，但听众的收听行为越来越突出了时段性特征，户外和车载收听所带来的结构增长与此直接相关。与电视、互联网受众群越来越大众化，整体受众构成、受教育程度越来越扁平化的

---

① 王兰柱主编：《2011 中国广播收听年鉴》，中国传媒大学出版社 2012 年版。

趋向相比，广播听众规模结构越来越分众化、时段化。

广播移动受众群体日趋稳定也是促进类型化广播发展最直接的推动力之一，据 CSM 调查统计全国交通音乐频率双重定位达到 5 个，生活交通频率双重定位达到 4 个。广播媒介节目类型、受众类型、频率资源细分等提供的细分可能性与受众的多元化需求结合在一起，"会形成一种类似蜂房结构的多种小众化传播构成的结合体，而这些一个个的小众化传播体——就是族群"。①

未来"族群"传播理念的应用体现出类型化广播范式，意味着传受双方"共通意义"空间包括文化背景、生活价值观等范畴的构建，只有通过"共通意义"空间的畅行无阻，传受双方相互认同、相互理解的程度越高，传播的意义与互动才能够产生预期效果。全国各地诸多类型化广播在收听市场份额中一路领先，充分验证了"族群"的传播理念体现实效。在广播受众市场比较成熟的时期，各个广播频率应该合理细分内容与受众市场，发展针对不同听众群体的多元化传播理念，而非以同一种内容试图满足所有受众群体的各类需求。

与"族群"相类似的一个概念，要涉及 20 世纪 80 年代，英国媒介研究者莫利在对电视节目的研究中首次提出的"人种学"（Ethnography）概念，此处的涵义与民族、种族无关，并不带有歧视的倾向，而是特指在大都市中的人群，具有大致相同的文化背景、生活消费方式，兴趣爱好需求、欣赏审美口味等。媒介融合竞争发展的时代，传统媒介与新媒介的融合趋势与受众细分并非矛盾，通过跨越不同介质传媒的多样组合，实现媒体的专业化分工目标，才能够获得大量受众资源。

---

① 孟伟：《声音传播——多媒介传播时代的广播听觉文本》，中国传媒大学出版社2006 年版，第 194 页。

五、传播技术的创新

传播技术是媒介生产力相对独立的要素，毋庸置疑也是媒介生产力中的主导要素。美国传播学者罗杰斯把技术创新扩散的时间先后和影响性质的不同分为两个阶段：一是技术本身的"创新扩散"，即新技术逐步成熟，得到社会普遍认可，广泛使用；二是技术向非技术领域渗透的"影响扩散"，对人类现有生活方式和社会组织结构产生影响。创新扩散的关键因素是创新的相容性、传播渠道、时间和社会环境，影响扩散的过程中政治、经济、文化等因素的影响越来越突出。

新的传播技术悄然进入传播领域，广播媒介范围内网络媒介、数字技术的不断应用创新，对广播媒体从业人员、节目编播流程和受众收听效果产生诸多深远的社会传播意义。广播媒介具备比以往任何社会阶段都能够为个体的信息需求提供优质服务的更多途径，从技术层面讲更多的频率资源可能被开发，从而意味着媒介内容和媒介类型的分化首当其冲。

比如继调幅和调频之后全球第三代广播是 DAB，是英文 Digital Audio Broadcasting 的缩写，是 30MHz 以上的广播，在其开发之初只能传递音频信号。但是随着整个数字广播技术的发展，Eureka–147 数字广播系统也具备了多媒体功能，被称为"DMB"，是 Digital Media Broadcasting 的简写。DAB 数字音频广播的传播技术优势：接受音质好、抗干扰能力强，优越的高速移动接收能力，接收机操作简便，丰富的多媒体服务，很高的功率效率大幅度降低了建台费用，扩充频道资源同时增加多个频道数量，单频网构造，电台覆盖面积可无限大，较佳的频谱使用效率。

DSB 数字卫星声音广播（Digital Satellite Broadcasting）指用卫星来传送 DAB 数字声音广播。20 世纪末，经国际电信联盟认可的世广卫星集团 World Space 推出的卫星数字音频广播系统已登场亮相。

优点是：覆盖范围极大，广播基础建设和运行费用低，每套节目可以独立上行线路，不需要多套节目复合，高质量的声音广播和数据服务等。

网络广播代表未来广播发展的方向之一，受众可以突破时空局限在任何时候任何地点点击音频、文字、视频，不受传统广播线性传播时间限制，电子邮件、电子论坛、聊天室等方式参与节目互动，广播与网络融合所带来的丰富多元的音频资源是其他任何网站不能企及的。一点接入，全网服务；一点认证，全网通行；一点结算，全网收益的技术模式已经在网络广播建设上形成。

共同推广数字收音接收设备，发展相关产业政策联动是实施数字广播发展的有效之道，广播电台能够在收听工具的划时代变革之中开发新的受众资源，未来广播的地域化局限模式终于可能被 DAB、DSB、网络广播冲破限制，这将决定广播媒介如何在更大覆盖范围内、更多的受众资源、更大量的受众群体内，衡量细分既有共性又有个性的多元化受众需求，毫无疑问这种大范围的思考不可能脱离类型化的传播理念。

传播技术的创新广泛应用必然经历一个与人们的传统文化观念、价值取向、行为习惯产生碰撞互动的过程。技术推动的传播方式悄然进入社会生活领域，与旧的传播方式竞争融合发展，对于传播技术的研究，涉及一种社会行为形式与另一种社会行为形式之间复杂的、互为因果的关联，"建构一种传播技术的研究模式，就是建构一种社会经济联合体，创造一种新的为满足社会关联的规制，为文化发展提供强有力新的载体"。[①] 从这个意义来看，传播技术对类型化广播模式的出现起到关键推动作用，并将逐渐改变人们对于广播信息感知的形态和尺度。

迄今为止，通过回顾我国广播媒介所经历的系列化、专业化、

---

① 李建刚：《技术变革与广播媒介转型》，中国传媒大学出版社 2011 年版，第 16 页。

类型化改革历程，尝试以"模式化"简洁清晰的认知角度，勾勒其潮流化、特色化向专业化、类型化逐渐转变的明确趋向。广播媒介历经了不断加剧的激烈的媒介竞争环境，不断建构围绕以城市为重心的基本走向，明确提出各个频率定位的特色化专业化，在频率专业化过程中不断深入剖析制约问题，广告营销方式与跨区域联合实现创新突破，在新媒体与传统媒体融合视角下正在进行全媒体战略转型，类型化已经成为重要改革方向。

综上所述，类型化广播作为体现现代广播优势的发展方向之一，只能建立在潮流化、特色化以及专业化发展成熟的业态基础上，并与三网融合、制播分离等广播节目社会化生产与市场化营销一系列变革密切关联，总体依据广播产业布局、传媒产业法律法规等机制宏观协调推进。

第三章　类型化广播的特征功能

第一节　类型化广播与节目

一、当代广播节目分类

就"节目"概念而言，首先指的是广播电视播出的项目名称，有必要与"栏目"概念相区分。"栏目是按照一定的宗旨和目的，把一些或一组题材、内容、功能或形态相近的小节目纳入一个定期、一定时长的某时段中播出，并将这一定期、一定时长播出的某时段冠以名称，这一冠名播出时段的节目我们习惯称之为栏目。"[1] 栏目强调"定期""定时""定量"，即有固定的栏目头、播出时间，以及相对固定的节目长度和包装形式。

我国早期广播理论没有"栏目"的概念，不论是挂牌的名称还是播出的内容，都统称为节目。实际上我国广播电视实践经过近十年来"栏目化制作"的发展，已经形成了"栏目"大而"节目"小的约定俗成认识，一切挂牌的名称均统称为"栏目"，而其中播出的具体内容才是"节目"。

---

① 　熊忠辉主编：《广播电视节目形态解析》，化学工业出版社 2010 年版，第 18 页。

（一）按照内容性质分类

目前，按照我国广播电台节目内容性质与规律特点不同，栏目通常分为四大类，即新闻节目、服务节目、文艺节目和教育节目。

1. 新闻节目

近年来，"新闻立台"的观点经常被业界提及，并被越来越多的人所接受，媒介的竞争主要体现于新闻节目的竞争，因为对新闻信息的采集、加工制作、传播报道水平往往体现出一个电台的传播力、影响力与竞争力。

从播出内容的角度具体可分为"消息总汇"类节目、深度报道节目、热线投诉节目；从播出形式的角度具体可分为新闻综合与专题节目、连续报道与系列报道；新闻评论分为口播评论、新闻述评、新闻谈话节目；从制作播出的方式角度可分为收转节目、录播节目、演播室节目、现场直播节目。户外现场直播形式可分为：单点同步直播，即在某一个报道点进行直播；多点单音同步直播，在同一事件中从不同地点发回报道进行直播；多点多音同步直播是同一事件在不同报道点、每一报道点多个话筒发回报道进行直播。

CSM 媒介研究将广播节目分为 42 个小类，涵盖了当今广播媒介各种节目类型，数据显示 2008 年全国 32 个重点城市，16 岁以上的听众中，新闻类节目普遍最受欢迎。

2. 服务节目

主要为受众提供各类实用信息与咨询解答的节目，现代广播节目的内容与受众分类的趋势将会更加细化。以播出内容角度划分比如房产、保健、家装、求职、汽车、美容等等；以受众分类角度划分有少儿节目、青年人节目、老年节目、女性节目、对农节目等等。服务节目还原与再现人与人之间"面对面"交流的亲切与便捷，是发挥与扩大广播声音传播优势的节目类型之一。

3. 文艺节目

主要承载体现传播文化娱乐的功能，是各类电台节目内容的主要支撑部分，也是各个广播频率节目同质化程度最高的部分。按照内容划分可以划分为音乐节目、文学节目、曲艺节目、游戏益智、广播剧、电影电视录音剪辑节目等等。

4. 教育节目

主要体现传播科学文化知识等功能，早期从内容角度划分主要有教学、理论、科技节目等。目前这类节目在大部分电台的节目安排中大幅减少，原本意义上的教育节目较为少见。

参照 CSM 媒介研究将广播节目按照内容划分为 10 个类型标准，具体分为新闻 / 时事、音乐、生活服务、文艺、法制、财经、体育、其他、社教、外语。

表 3–1　CSM 统计 2010 年全国 33 个城市听众最喜爱的节目类型前五位[①]

城市	1	2	3	4	5
北京	新闻 / 时事	生活服务	音乐	文艺	体育
长春	新闻 / 时事	生活服务	音乐	法制	体育
长沙	新闻 / 时事	音乐	生活服务	法制	财经
常州	新闻 / 时事	音乐	生活服务	文艺	财经
成都	新闻 / 时事	生活服务	音乐	文艺	法制
重庆	新闻 / 时事类	音乐	生活服务	文艺	财经
大连	新闻 / 时事	生活服务	音乐	文艺	体育
佛山	音乐	新闻 / 时事	文艺	生活服务	财经
福州	音乐	新闻 / 时事	文艺	生活服务	财经
广州	新闻 / 时事	音乐	生活服务	文艺	财经
杭州	新闻 / 时事	生活服务	音乐	文艺	法制
哈尔滨	生活服务类	新闻 / 时事	文艺	音乐	法制
合肥	音乐类	新闻 / 时事	生活服务	文艺	法制

---

① 王兰柱主编：《2011 年中国广播收听年鉴》，中国传媒大学出版社 2012 年版，第 25 页。

城市	1	2	3	4	5
济南	新闻／时事类	生活服务	音乐	文艺	法制
南京	新闻／时事	音乐	生活服务	文艺	其他
青岛	新闻／时事	生活服务	音乐	文艺	法制
郑州	音乐	新闻／时事	生活服务	文艺	法制
上海	新闻／时事	音乐	生活服务	法制	文艺
沈阳	新闻／时事	文艺	生活服务	音乐	法制
深圳	音乐	新闻／时事	生活服务	文艺	财经
石家庄	新闻／时事	音乐	生活服务	文艺	财经
西安	新闻／时事	音乐	生活服务	文艺	法制
乌鲁木齐	新闻／时事	生活服务	音乐	法制	文艺
武汉	新闻／时事	音乐	生活服务	文艺	法制
宁波	新闻时事	音乐	生活服务	财经体育	文艺
清远	新闻／时事	文艺	音乐	财经	生活服务
韶关	新闻时事	音乐	生活服务	文艺	财经
苏州	新闻时事	生活服务	音乐	法制	财经
天津	文艺	新闻时事	生活服务	音乐	财经
无锡	新闻／时事	音乐	生活服务	文艺	体育
厦门	音乐	新闻／时事	生活服务	文艺	财经

　　根据上表总体来看，广播听众喜爱的节目类型的收听比例依次是："新闻／资讯类（57.7%），音乐类（43.5%），生活服务类（36.8%），文艺类（25.8%），法制类（9.8%），财经类（8.4%），体育类（7.5%），其他类（1.7%），社教类（1.5%），外语类（1.3%）。"①

　　（二）奖项设置角度划分

　　按照国家以及各省市相关机构对于广播作品的分类评选，广播

---

① 王兰柱主编：《2011 中国广播收听年鉴》，中国传媒大学出版社 2012 年 2 第 1 版，第 24 页。

节目的分类一般是：广播新闻、广播社教、广播剧和广播文艺。中国新闻奖对于广播新闻类别设置按照体裁划分，包括消息、评论、专题、系列、访谈、直播、编排等。

广播新闻包括：短消息（时间长度在 1 分 30 秒之内）、长消息（时间在 1 分 30 秒到 4 分钟之内）、连续报道与系列报道（每集时间在 5 分钟以内）、评论（时间在 8 分钟以内）、现场直播等。

广播社教包括：对象性节目，即以特定收听群体为目标受众的节目，包括少儿节目、青年节目、妇女节目、老年节目、残疾人节目等；公众节目，即以社会某一方面、某一领域为报道内容，面向多层次受众的节目；特别节目，即大型综合节目、特别节目、系列节目和广播优秀社教栏目等。

广播文艺包括：音乐节目、文学节目、戏曲曲艺节目、长篇联播、综艺节目和广播文艺优秀栏目等。

广播剧包括：单本剧、连续剧和儿童剧。

二、专业化与节目编排

我国广播频率专业化的改革发展，通过打造知名品牌节目引领整个频率是一个极为重要的策略，实现"人无我有、人有我优"的差异化竞争优势，品牌节目内容与整个频率传播定位相对应。

广播频率专业化发展的两个标准是：一是节目内容的"专业化"；二是面向特定受众群体的"专门化"。这种对传播内容与受众市场的粗略划分形态，在广播专业化发展理念语境下，栏目的类型要符合"大专业"与"小综合"的内在要求。

首先，在节目内容的专业化层面，节目内容要符合频率较为宽泛的定位。比如，综合音乐频率由流行、经典、民族等多样化的音乐节目内容构成，面向年龄广泛化的受众群体；经济频率以"大财经"为传播理念展现经济生活、投资理财、证券资讯等三大类节目；文艺频率以"文学"、"曲艺"等为主打内容，有别于综合化广播的一般文艺节目。

从 20 世纪 90 年代开始的我国广播专业化改革，起初节目内容及类型的设置较为宽泛。与现在央广的"音乐之声"相比较而言，那时国内许多音乐广播频率，节目的多样化体现频率品牌定位较为泛化的目标，不仅以流行音乐为主要内容，还要加入古典、民族音乐等其他音乐类型，甚至还杂糅了新闻、体育等综合性内容。当时北京音乐台就拥有全国最多的音乐名牌栏目，如《中国歌曲排行榜》《全球华语歌曲排行榜》《974 爱车音乐时间》《彩铃乐翻天》《校园民谣》《古典也流行》等，涉及风格各异的音乐种类，在听众之间拥有极高的人气。但是，以央广"音乐之声"为代表的类型化音乐广播的内容设置，栏目之间的区隔反而并不明显，节目设置流程化、固定化，内容均一同质化，单一节目的品牌化核心作用并不突出。

其次，在受众群体需求的"小综合"层面，频率的专业化形态要求节目设置要尽量充分满足特定受众群体的多元需求。比如，交通频率主要针对移动人群，主要播报交通路况等信息，兼顾新闻、音乐、娱乐、谈话等节目类型。有些地区创办"金色频率"主要面对青少年与老年群体，开办知识、游戏、养生、保健等类型，并拓展了课外辅导、论坛演讲、非学历教育等特色节目类型。专业化广播强调通过名牌精品栏目带动提升收听率，并且辅之以符合频率定位的多样化节目构成，节目与节目之间各自独立，听众需要记住时间表收听节目。

总之，品牌节目的设置与培育是频率专业化形态的关键问题，它所发挥的重要意义好似媒介"专卖店"一样的品牌吸引力。通过适量增加满足多层次受众需求的"适配产品"，即分众与大众的"共赏"节目，既消除由于频率受众定位过窄可能引发的运营风险，从而增加差异化竞争优势，又能够通过总体的巧妙编排策略减少同质化竞争，提高节目传播的有效到达率，逐步过渡到收听市场进一步精细划分的类型化广播。

三、类型化与节目编排

如果说频率专业化形态实现从"大众"转向"分众"传播，那么频率类型化形态则进一步对广播"分众"市场进行再细分与重构，它代表广播媒介竞争从中低端市场向中高端市场演进的方向。这个发展阶段，节目的品牌不再凸显重要意义，打造频率一致协调的整体风格才是核心变化的关键，节目设置均质性与流畅接合的重要作用，就好似每天内容生产流水线上一道道不可缺少的环节，整体加工程序的有机组合最终形成一件件完美的成品。频率类型化的发展形态，反映节目的编排具有内容"小专业"和符合目标受众群体"某一类"需求的关键特征。

第一，节目内容的"小专业"层面，意味着节目类型必须符合较为细致的内容划分，按照个性化、风格化格式播出。音乐广播在全世界类型化广播中占据了最大比例，原因在于世界各国博大精深的音乐宝藏，各民族极具特色的音乐门类提供了丰厚的电台播出资源。众所周知，美国的音乐类型化电台的内容划分呈现出"碎片"的特征，分为古典音乐广播、乡村音乐广播、流行金曲广播、黑人音乐广播、西班牙音乐广播、华语音乐广播、动感摇滚音乐广播、怀旧音乐广播等等，俄罗斯、澳大利亚、法国、日本等国家的音乐广播也有类似划分，但是我国的类型化音乐广播还远远未达到如此精细划分的程度。

第二，满足适应受众的"某一需求"层面，节目类型被限定于内容的精细同质化标准之内，中央电台的"音乐之声"全天播出时间按照两至三小时大时段区隔，节目之间的界限模糊，整体设计以18小时同一种节目风格呈现，契合18至45岁人群对华语流行音乐和时尚娱乐资讯的收听期待。类型化广播通常以1至3小时大区为一个单元，采用表盘式（也称为时钟），按照时序滚动循环播出，各个部分之间存在较为完整的统一性与连贯性。

类型化广播的表盘（也称为时钟）格式的功能在于长时期吸引

听众收听，确保在特定的时间里提供关键的服务内容。例如，一家广播电台可能会把它的新闻安排在时钟的顶端，其次是一首热门歌曲与天气路况。为了帮助听众记住他们正在收听的是哪个电台，这种时钟式编排会经常提醒音乐节目主持人播报该电台的呼号字母和频率。电台可能也会精心制作"形象片花"，来巩固听众对于电台名称定位的印象，同时也会提醒主持人什么时候播放广告。

格式时钟还会有利于清晰呈现音乐节目安排的框架，许多电台使用音乐编排节目单，让特定的歌曲之间有适当的间隔，由此确保播放次数的均衡性。保证最受欢迎的唱片更多地重复播放，受欢迎程度较低的唱片，则要减少播放次数，这样做的目的是为了满足特定听众群体收听某一类音乐内容的需求。

总之，频率类型化发展的节目特征必须契合受众的市场定位，如果节目的内容与频率的定位之间产生较大偏差或陷入误区，在节目内容与目标群体无序的更迭调适中，频率必然降低社会影响力与经济效益。

第二节　类型化广播的特征

人类漫长的传播历史昭示我们，媒介形态变化的过程并不是新媒介取代旧媒介，它展开的是一个横向连接、交叉往复，盘根错节，不断增长、不断转化的媒介格局。罗杰·菲德勒认为，"媒介形态变化的核心通常是由于可感知的需要、竞争和政治压力，以及社会和技术革新的复杂相互作用引起的"。[①] 后大众传播时代带来交互式信息传播、个性化信息定制、跨时空的信息选择、即时性的信息反馈、多媒体的信息开发等。与传统媒体占据主导地位的社会时代相比，后大

---

① 　罗杰·菲德勒：《媒介形态变化——认识新媒介》，刘继南译，华夏出版社 2000 年版，第 19 页。

众传播时代包括网络媒体和移动媒体在内，新媒体在信源、传播渠道以及信息接收等传播链条中显示出传统大众传媒无法比拟的优势。

新的媒介形式出现时，比较旧的形式通常不会消失——它们会继续演进和适应。美国调频广播漫长的成功和调幅广播从一种大众媒介转变为小众媒介的例证，可以用来说明媒介形态变化的这一关键原则。对于广播媒介形态变化的研究方向，是关注存在于过去、现在和新出现的各种形式之间的相互关联与差异。具体而言，综合化广播、专业化广播与类型化广播都是基于广播媒介形态演变沿袭并创新而来，表现为从"大众"到"分众"再到"精细分众"的三个不同发展阶段。

专业化与类型化广播在传播理念、受众视角与市场运营等方面颠覆超越了综合化广播，类型化广播是对专业化广播内容与受众的再次深化细分。除了在本章第一节所探讨的专业化与类型化在节目设置编排方面的主要差异之外，通过辨析两者其他方面的差异，有利于我们更加深入、准确梳理类型化广播的诸多特征。

一、针对受众之理念

从受众角度看，专业化与类型化广播更深层次的区别与联系：

（一）受众多样化与"某一"需求

综合化广播进行专业化广播改革之初，曾有许多研究者争论专业化的标准究竟是什么的问题，最终得出的两个结论是：专业化的内容或者面向专门受众，只要符合其中一条标准的电台即专业化电台。今天看来这后一条标准包含的前提，即"满足特定专门受众的多样化需求"，所以专业化广播的受众视角先有分类的目标"受众"，通过节目内容满足这类受众更多的需求，这一"需求从本质上说具有异质性，因而其理念是受众本位"。[①]

[①]　黄学平、刘晓晖：《媒介形态变迁视角下的类型化广播》，《中国广播电视学刊》2009 年第 11 期。

"类型化广播的推进将造成某一区域内频率资源整合与重新配置，形成各类型化频率对受众交叉覆盖的局面。类型化广播目标受众视角的逻辑起点在于先有'需求'，着眼点在于满足多类受众的'某一需求'，这一'需求'从本质上说具有同质性，因而其理念是功能本位的。"[1]

（二）需求与受众的先后关联

进一步来讲，专业化广播专注于分类目标受众的多样化需求，是先对受众进行分类而后根据受众需求设置节目的，与之相反，类型化广播专注于某类受众的同质需求，进而关注能够辐射到的受众群体，是先捕捉收听需求而后对受众进行覆盖。

美国最具有代表性的音乐类型化电台，往往先根据广告商对于产品消费群体的需求，进行受众市场调查，再通过恰当的音乐类型为广告商聚合培养最感兴趣的人群，最后将受众资源销售给广告商，由此看出美国类型化广播的运营核心是广告商需求在先，节目设计播出在后。

国内专业化广播的发展理念与上述做法截然不同，比如我国的交通广播竞争策略采取先分众式针对司机和移动人群，然后根据这一部分受众的各类需求创办节目，最后有了节目之后再去寻求广告投入。这种策略的不足之处在于，只能被动地用听众群体的规模来吸引广告客户，一言以蔽之，综合化与专业化电台在国内传统的产业运作方式的关键还在于听众数量的大小，从这个角度分析我国交通广播频率，它属于较为典型的广播专业化发展阶段产物。

当今媒体之间的竞争越发激烈，在新媒体大量涌入媒介变革的背景之下，广播广告的赢利确实存在诸多制约因素，整个受众群体不断细分与融合的动态趋势，使得广播维系与拓展新的听众群体日益面

---

[1] 黄学平、刘晓晖：《媒介形态变迁视角下的类型化广播》，《中国广播电视学刊》2009 年第 11 期。

临强大的挑战。在媒体竞争多样化格局之中，类型化电台的经营技巧和策略在于，有效契合听众群体的人口学特征和广告主的诉求目标，相当于电台按照广告商的销售需要为其"量身定做"尽可能多的消费者，这是类型化广播功能理念最鲜明的特征之一。

二、主持人把关机制

一方面专业化广播强调主持人在节目中"采、编、播"为一体的中心作用，但另一方面类型化广播循环播出同质化节目，通过格式化、表盘化的竖式编排，淡化主持人的作用，有些类型化音乐广播的主持人完全依靠 RCS 音乐排程软件编排歌曲。有些类型化音乐广播推出"只听音乐不说话"的节目类型，可以不需要主持人串联节目，还有些电台规定主持人讲话时间长度，这实际上是对主持人驾驭节目更高的能力要求。

三、信息生产的渠道

专业化广播较为倚重主持人个体的核心职业能力，但是对某些信息容量有极高要求的类型化广播而言，则必须有一整套的专业采编团队与高效的运作机制才能够实施。例如，东广新闻台是国内第一家纯类型化新闻广播，其雄厚的采编播力量来源于 20 名一线编播人员，以及共享广播新闻中心和其他频率的 30 多名一线记者的采访资源，同时拥有上海、国内、国际一百多家主要新闻媒体，800 多名长期合作的记者构成的强大采编队伍。

四、广告的插播方式

以堆砌栏目为特征的综合化与专业化电台，往往在栏目的间隙，或者在整点、半整点之前短暂插播广告信息，广告信息是按照小段"块式"集中呈现的传播特征，其弊端在于容易受到听众拒斥引发的逆反心理。

类型化广播在栏目之间的区隔并不明显，整体频率按照统一风格"流式"传播的情境，将广告内容隐秘穿插、融入节目中，在听众毫无察觉的状态下，悄然提供给听众，避免听众可能的逆反心理导致广告传播无效的情形，即在广告营销中将产品或品牌及其代表性符号，或者服务内容融入到节目中的"植入式广告"，"植入式广告"有利于节目在轮盘循环模式中广告的多次重复，有效提高了广告到达率，有效规避常规时段对广告播放时段和时长总量的限制，真可谓"一举多得"。

最后，作为一组具有分析力的概念，区分专业化与类型化广播的意义在于描述和划分广播媒介形态变迁的不同阶段，概括广播媒介在不同发展背景之下的竞争调适策略，深入认知类型化广播的特征功能，有助于我们在新技术前提下，深入探索媒介融合与受众细分背景下广播媒介的功能、内容和形式，也为将来更为新兴复杂的广播媒介形态奠定研究的基础。

第三节　类型化广播的功能

一、"结构—功能"视域

宏观社会学的"结构—功能"理论模式是研究大众传播媒介在社会系统中发展进程和生存状态的经典学说之一，大众传播媒介是在社会中以一定结构存在并且发挥一定功能的社会系统。传播学的奠基人拉斯韦尔首次提出大众传播的社会功能是：环境监测、社会协调以及文化传承，美国社会学家赖特后来补充传播的第四功能——消遣和娱乐功能。此后，施拉姆也提出大众传播的政治、经济和一般社会功能，拉扎斯菲尔德与默顿进一步指出大众传播的社会地位赋予功能与社会规范强制功能，以及"麻醉作用"的负面功能。

　　"结构—功能"理论学说对大众传播媒介功能的阐释活动即在下列定义的基础上产生：

　　社会系统："系统是与将经验性研究对象抽象化方法相联系的概念，社会系统具有结构，在社会系统中，无论群体、组织或地域社会，其行动都通过一定的机构结合起来，社会系统必须在适应环境而存续的过程中进行满足必要的功能活动。"① 大众媒介作为一种系统生存下来，是因为它为社会提供了如此重要的传播功能。

　　社会结构："指社会系统的构成要素间相对稳定关系，这种关系使得社会系统具有形态特征。"②

　　功能："将系统的要素和作为多个要素集合体的子系统，或者说整个系统所担负的活动、作用、职能、解释为与系统实现目标和系统适应环境所必需满足的必要性条件相关时，对这些活动、作用所赋予的意义。"③

　　该学说的理论逻辑是："一个社会系统在某一结构之下具有一定水平的满足功能性必要条件的能力，人们为了提高系统满足功能性必要条件的能力，追求新的结构而放弃现行机构。"④

　　借鉴上述内容将广播媒介视为"社会系统"的一部分，发现综合化广播的内部结构、外部结构转向类型化、小众化的发展规律清晰了然。20世纪五六十年代，广播遭遇电视崛起的挑战，原有的传播功能受到威胁之时，首先内在的节目结构随之初步分化，通过满足特定群体收听偏好以延续自身生存，从而适应社会媒介环境变化。

　　20世纪90年代以来，欧洲传媒格局新秩序产生了巨大变化，西方国家政府放弃以往大力支持公共垄断性广播电视的体系政策，转而支持媒介市场化运营以整体提高媒介产业经营收入，另外受众对有限

---

① ［日］富永健一：《社会学原理》，社会科学文献出版社1992年版，第57页。
② ［美］梅尔文·德佛勒等：《大众传播学诸论》，新华出版社1990年版，第69页。
③ ［日］富永健一：《社会学原理》，社会科学文献出版社1992年版，第123页。
④ ［日］富永健一：《社会学原理》，社会科学文献出版社1992年版，第123页。

广播电视节目的质量不满，加之境外有限电视、卫星电视入侵等因素，使得欧洲以英国、法国为代表的国家不得不调整广播电视管控政策，英国出台广播白皮书《90 年代的广播——竞争、选择及其质量》，美国《1996 年电信法案》的颁布同样出于类似的情形。麦奎尔等学者将频道增加、受众选择机会增加、受众群体细分、新的投资机会、新的通信工具运用等现象归结为"断裂和多元化现象"。① 这种断裂和多元化现象昭示广播媒介面对电视与其他新媒体强劲的发展势头，传统广播的固有节目形态面临解构，因而有必要重新整合各方资源，首先催生了类型化广播蓬勃发展的外部结构，进而又出现了广播媒介内部大量兼并的现象。

广播传播功能的显著特征看似处于相对立的"变化"与"稳定"的态势，实则并存于广播演变的历史进程之中，内部与外部结构的"变化"昭示广播传播手段、传播形式和生存状态等方面不断转型，而"稳定"的特征则体现了广播在社会系统中的固有的角色与传播功能，这是通过结构的转化达到并提升传播功能性必要条件而实现的，倘若广播的演变没有进行包括类型化在内的结构转型，广播传播功能的发挥一定受抑于媒介的激烈竞争，当然不足以满足社会需求的变化，那么这一媒介系统是否能够存留至今并且发展良好，这是留给人们一个很大的困惑。

二、类型化广播的优势

（一）内容差异化、个性化

单个频率以独特的同质内容服务于受众的偏好需求，多个频率组合有针对性地满足受众的多样化需求，不对受众的同类需求构成注意力资源的争夺。强调多个广播频率之间差异的同时，恰恰通过自身内部的均一同质化内容突出各个频率的个性特色。

---

① 黄升民等：《媒介经营与产业化研究》，北京广播学院出版社 1997 年版，第 9 页。

（二）标准生产流程

与传统栏目化运作采编播合一的自主简约生产流程不同，类型化广播借助电脑软件实现流程化、标准化生产流程。比如央广"音乐之声"频率拥有全中国唯一的一套数字化广播系统，模块化音乐数据库，完整搜集了 20 世纪 70 年代至今中国内地，港台最受欢迎的流行音乐作品，为避免主持人依据个人偏好对播放歌曲选择，"音乐之声"播出的歌曲都是在电脑软件排出的歌曲基础之上再做筛选。

（三）滚动循环固定格式

个性化、风格化的表盘循环格式播放，有利于吸引某一类别的听众群体，受众对类型化广播播出的内容有明确了解，收听无需节目表，可以在需要时随时开机，基本确定可以收听到自己所期待的节目。

（四）分众化受众群体

精准定位目标受众群体，有利于听众群体的人口特征与广告客户目标群体契合，有利于广告的销售。

（五）不可或缺的应急机制

类型化广播同步报道新闻事件并且及时跟踪滚动播出，极大增强了广播新闻的时效性，它最显著和最难以替代的传播功能，就是在重大突发事件中快速参与救援行动，广播具有传播速度最快、传播范围最广的优长之处，因而广播在我国重大突发事件应急救援机制中，已经成为不可或缺的重要组成部分。2013 年 5 月，国家应急广播芦山抗震救灾应急电台开播后，立即受到新华社、中央电视台、经济日报，以及新华网、人民网等其他媒体的高度关注，这是建立国家广播应急体系的有益尝试，也是我国在传媒决策领域的重大举措。

（六）低成本运作

内容的同质化与播出的格式化，降低人员以及媒介的运营成本，在同等收益而投入成本更为经济的情况下，类型化电台的额外收益将会更高。

三、类型化广播挑战

（一）倚重丰富内容的支持

定位于某类听众群体，循环播出同质化节目内容的类型化广播，如果节目的信息资源供给不足，缺乏丰富异质多元的节目内容所带来的收听新鲜感，很容易造成内容单调重复的枯燥感。此外，信息的碎片化和快节奏周期组合，若不能较好地编排把握，则会流于内容传播的肤浅化，不利于形成流畅有深度的传播影响力。

在广播制播分离尚未完善之际，市场经济与广播产业链条之间缺乏积极活跃促动的背景下，相当数量的广播节目制作机构的兴起还存在一定制约因素，除了超大型传媒集团拥有突出的节目编播和制作优势以外，大量地方广播媒介受困于内容资源的贫乏，无法为格式化循环播出的节目设置提供大量有价值的内容。

（二）人际传播魅力受到削弱

为降低人员使用成本以及突出频率品牌的整体效应，格式化的表盘竖式编排不可避免地淡化了栏目，在一定程度上限制主持人的作用，也在一定程度上降低人际传播的感染力。"音乐之声"的节目主持人，一度每小时被限制只有7分钟的讲话时间，时间的限制迫使主持人只能对播放歌曲略作说明。此外，广播新闻事件报道中，记者或主持人的解说＋实况音响的报道形式，也因为时间受限而不得不大量减少。

（三）市场细分的变局

建立在受众市场再细分核心理念基础上的类型化广播，如何全面看待市场细分的问题至关重要。尽管类型化广播代表现代广播前沿发展趋势，具有上述较多的传播竞争优势，但是我们不可绝对神化市场细分所带来的可能性优势。因为，受众细分的市场空间好比适合某类媒介生存的微观环境，在整体媒介竞争格局的不断演变进程之中，诸多不稳定的市场状况必须审慎面对：

第一，细分市场萎缩甚至消失的状况。20 世纪 80 年代后期到 90 年代前期，随着一波又一波的"公关热"，全国办起了 40 多种公共关系报纸。到 90 年代后期，"公关热"迅速降温，各地的公关报纸纷纷停办，就连在公关界享有盛誉、被称为"两报一刊"的在全国公开发行的——浙江《公共关系报》、《青岛的公共关系导报》也不得不停办。市场的极度乏力，无法支撑一张在全国公开发行的公关报纸，也可以说，那个时候全国性的公关类内容细分市场已经不复存在。此外，报业的市场细分实践中，还可以列举出，比如经济生活类、广播电视报等市场细分空间不断缩小的实例。

第二，竞争加剧导致媒介利润"微利"的状况。细分市场扩大，但竞争者过多，效益的回报日益"微利化"，20 世纪 90 年代早期，各地的都市报"一枝独秀"，基本占据城市受众最大的细分市场，但是成功的受众市场定位招致了更多的模仿者，越是有利可图的市场空间越是"挤入"太多的逐利者，到 20 世纪 90 年代中后期各地都市报转变为"一城多报"的格局，都市报业的利润被摊薄了。

回顾报业的市场细分实践变化，说明类型化广播选择某一细分市场的决策必须随时监控调整，需要综合衡量媒介竞争格局的外部条件、受众偏好的不断变化和广播内部优势特长等因素，有时锁定某一细分市场并不意味着恒定不变，如何应对市场细分的变局存在不可预期的诸多挑战。

（四）产业运营风险

与受众资源和市场容量较大的综合化电台相比，受众市场的继续分割、受众构成的进一步分流，为类型化广播在推广与运营方面带来一定的产业经营风险，所以，类型化广播只适宜于受众人口规模较大，还有市场再细分可行性强的大都市区域，尽管在受众规模较小的地区也存在这方面成功的尝试，但是毕竟在国内广播的这类前沿实践尚不多见。

对于某些省级电台，尤其是经济欠发达、幅员辽阔、频率资源并不丰富的地区，类型化广播的进程中需要调适和应对的各种因素更加复杂，这也是类型化广播在全国推广的难点所在。

综上所述，类型化广播的传播功能具有优势与挑战并存的双重性，优势功能是潜在的，只是提供某种可能而不是必然。挑战所带来的难度系数则是实实在在的，若是遭遇的困难不能加以攻克，就可能导致某种传播障碍，甚至可能抑制优势功能的发挥，影响以致削弱传播效果。类型化广播的未来发展要把注意力放在不断拓展并发扬优势功能，谁能够超越类型化广播发展中的诸多挑战，谁能够赢得类型化电台的创新先机，谁就将会成功抢占下一轮广播竞争的先机！

第四章　类型化广播的文本

　　曾有西方学者概括类型研究的三个不同取向，"美学取向试图运用那些准许艺术表现的成规体系来定义类型，仪式取向把类型视为媒体产业与受众之间的交流，正是通过这种交流产生某种特定文化"。[①] 我们对类型文本研究借用后一种观点，关注文本对社会现实的再现，文本怎样构建意义，以及受众解读与传播效果之间联系等。

　　从狭义角度看媒介的研究，如果依据"文本"（Text）这一概念的字面含义，就应当只包括书面形式的材料，从广义角度看，随着传媒技术不断进步，当今人们早已经拥有了诉诸听觉、视觉的的多媒体形态，特别是随着新媒体以及传统媒体与新媒体之间的融合共同演进，文本不仅实现了电子音像化，更以一种非线性的超文本形态出现（Hypertext）。因而，文本既可以由文字符号，也可以由影像符号、声音符号、行为表情符号，甚至包括仪式活动等等各类象征符号组成。

　　与符号研究紧密相连的结构主义（Structuralism）的研究方法，"通常把语言和图像文本视为按照规则组织起来的一整套符号，这些符号包括口头语言中的单词或电影中的单个镜头，符号的组合产生了被生产者和受众所共享的意义，媒体文本也就成为由媒体机构的生产

---

① ［英］格雷姆·伯顿：《媒体与社会批判的视角》，史安斌译，清华大学出版社2007年版，第70页。

者和受众共同组成的一个界面"。①

借用罗兰·巴尔特关于"读者文本"与"作者文本"的分析概念，广播文本的类型化属于典型的"读者文本"，这类文本一般不具有挑战性，传播者通过类型化的材料和鲜明的叙事模式，预设受众解读文本的种种可能，在文本当中运用了受众比较熟悉的叙事特征，使得受众比较容易理解所播出的内容。类型化文本能够巧妙地把媒体机构，以及受众与"文本"联系在一起，具体来讲，类型化文本既符合了媒体机构利益，又满足了受众个体的兴趣偏好，依据反复出现的"流程化"、"标准化"规则模式来运作节目，这显然与西方社会以个人为中心的精英文化创作艺术是相悖的。类型化广播文本必须不断花样翻新以适应受众不断变化的收听需求，其中得以运行的基础是遵循广播听觉文本要素。

第一节　广播文本的要素

一、声音符号的组成

符号在人类传播过程中扮演着非常重要的角色，它是"信息的外在形式或物质载体，是信息表达和传播中不可缺少的一种基本要素"。② 符号可以分为语言符号和非语言符号两大类，语言符号是人类所特有的也是最为重要的符号系统，是人类在社会中约定俗成的，以语音和字形为物质外壳，以词汇为建筑材料，以语法为结构规律的符号系统。非语言符号是指不以人工创制的自然语言（如汉语、英语）为语言符号，而以其他视觉、听觉等符号为信息载体的符号系

---

① ［英］格雷姆·伯顿：《媒体与社会批判的视角》，史安斌译，清华大学出版社2007年版，第70页。

② 郭庆光：《传播学教程》，中国人民大学出版社1999年版，第43页。

统，如人的面部表情、动作、外貌衣着以及声音的语音语调等。

不同的传播媒介拥有各自独特的传播符号系统。以报纸、杂志为代表的印刷媒介主要运用文字、图片、图表等静态符号来传递信息，电视媒介运用声音、文字以及图像等视听符号来传播信息，广播媒介运用有声语言、音乐以及音响等声音符号来传播信息。

（一）声音符号

声音符号是人类社会中最重要的符号系统，是人们传播信息和交流思想的工具。人声语言，即广播中人物说话的言语部分，处于整个广播符号系统的核心地位，主要包括播音员、主持人的播音语言，记者采录的现场语言等。主持人的播音语言是指广播节目中主持人在演播间里的口述语言；记者采录的现场语言是指在事件发生现场所录制的人声语言，包括记者的口播报道以及采访对象的言语等。

与印刷媒介的文字符号相比，声音符号是广播媒介传播信息的唯一通道。因此，在表情达意时广播需要将抽象的文字材料经由词汇、语法、语调重新塑造，转化为容易被听觉所接受的声音符号并呈现给听众，新闻、体育、娱乐、服务等信息都是通过人声语言传递给受众的，人声语言在这一过程中主要起告知的作用。

（二）非语言符号

广播的非语言符号系统由音乐、音响以及有声语言的非言语部分构成。与理性化的语言符号不同，非语言符号所承载的信息主要诉诸于受众的情感，它所表达的内容十分广泛，主要作为人类表情达意的辅助手段，用来弥补语言符号在情感方面表现的不足。

1. 音乐

音乐是人类的第二语言，是一门以声音为表现手段的艺术形式。通过旋律、节奏、音色等多种元素的律动组合，音乐将人类细腻多变的情感诉诸于听众。通常情况下，音乐语言不是现实世界的客观再现，而是具有写意性。在情感的表现力上，往往比理性的人声语言更深邃，也更有韵味，是广播节目中不可缺少的组成部分。根据广播节目中音乐所起的不同作用，我们可以将音乐划分为标识音乐、间隔音乐、补充音乐、背景音乐等不同类型。

2. 音响

音响是指除了人声语言、音乐之外的其他声响，包括自然环境、动物、机器工具以及人的行为动作等发出的各种声响。与音乐的写意性不同，音响注重写实，例如海浪拍打堤岸的响声、清晨公鸡的鸣叫声、婴儿的啼哭声等，这些声响都是大自然或者现实生活中真实存在的。广播文本中的音响可以分为实况音响和音响效果两大类。

实况音响是新闻事件中事物或人物实际的声音，实况音响必须确实是新闻事物、人物所发出的真实的声音，运用在报道中必须能够鲜明表现新闻主题、有助于展现事物的典型形象特征，传达现场气氛的体现新闻价值的声音。广播节目中，运用实况音响往往能够真实地还原出事情发生时的现场环境，增强信息的真实感与可信性。例如，在广播新闻节目中，记者现场采访的实况录音往往比主持人的语言表述更具说服力，在还原事件发生时真实现场的那一瞬间，给听众身临其境的感受，实况音响的环境写实效果是任何文字、语言、音乐等符号所不具备的。

实况音响对于叙事也有一定的帮助。人类某些生活状态往往会伴随着一定的声响，典型的实况音响可以代替言语来进行叙事。例如，公鸡的报鸣声意味着清晨的到来，汽车往来的马达声与鸣笛声意味着主人公正身处喧闹的街头，电闪雷鸣的声音意味着大雨将至。除了具有叙事功能，实况音响还增强了广播叙事的画面感与故事性，如听见火车的鸣笛声我们眼前会浮现出火车在铁轨上缓缓通过的画面，听见鸟鸣声我们会联想到茂密的森林、斑驳的光影。

实况音响还具有很强的立体感，包含了背景环境中的空间信息与方位信息，体现了声音的全方位性。合理地运用实况音响可以帮助听众加强听觉的"景深感"，给人一种空间幻觉，如听众可以从脚步声中判断出与人物距离的远近。

3. 音响效果

音响效果是戏剧、电影或其他舞台演出常用的创作手段之一。它主要是指通过专用的器具和技法，模拟或再现各种自然界真实存在的声响，如风声、雨声、枪炮声等，以烘托环境气氛，增强艺术感染。与实况音响不同，音响效果不是真实的现场声音再现，而是传播者制作出来或者转借过来的声音。它只具有真实感，不具备客观的真实性，主要起到强化节目的表现力、夸张人物的情感、渲染氛围等功效，被广泛的运用在文艺性广播节目、娱乐性广播节目以及广播剧中。

4. 有声语言的副语言部分

副语言是指超出言语交际和分析范围，并伴随语言的声音。副语言主要有两种类型：一种是功能性发声，如笑声、哭声、叹息声、咳嗽声以及因惊恐而发出的喊叫声等；另一种是伴随有声语言出现的语音特征，如语音、语调、语速、语顿、音质、音高、停顿等。第一种属于音响范畴，第二种属于有声语言的副语言部分。

声音在本质上是一种波动，物体振动空气就形成了声波，声波传播出去，刺激人的听觉器官，使人对声音有了感知，这种感知就包括有声语言的副语言部分——音量、音调、音色。音量，也称"响度"、"声量"，指声音的大小；"音调"也称"音高"，指声音的尖利或低沉，与"音调"高低有关；"音色"也称"音品"，指声音的悦耳或嘈杂。声音的音量、音调、音色的不同组合，作用于人们的心理，就有了丰富的内涵。因此，有声语言的副语言部分常被作为强化说话人言语信息以及情感表达的一种手段，增强了声音感知性与表现力。例如，通过音色与音质的不同，听众可以判断出说话人的性别、年龄、性格特点等信息。音高与语调的不同传达了说话人的情感信息，语顿与静默往往用于表达特定的含义与情感。因此，同样的声音，不同的人听来往往会产生不同的感受，对喜爱的声音，会百听不厌，对厌恶的声音，则会拒之千里。广播是声音的艺术，所谓以声取胜，以声感人，声音的各种特性为广播利用声音传达信息提供了基础，广播只有充分发挥声音的特色和优势，才会有生命力。

上述声音符号特性制约了广播文本的传播形式，美国传播学者梅罗维茨认为，在某种程度上媒介的传播形式具有"容器般"[①] 的效用，决定其中承载的内容；具有"语法般"[②] 的效用，决定了表述的风格；具有"环境般"[③] 效用，主要涉及舆论层面、心理层面等"拟态环境"层面。借鉴梅罗维茨的"传播三喻"，有助于深度认识广播媒介本质是非影像的，非书面化的，它的声音符号制约着内容特点并支配语体风格，渗透在受众收听体验语境之中。

二、交流状态的语体

广播文本的语体特征并非从其诞生之初就天生具备，而是经历一个发展成熟时期，在这个过程之中广播声音的传播优势不断被突出放大，在确立传播媒介传播个性的过程中，明确地体现着摆脱书面媒体的表述特征。

早期广播新闻单一依赖报纸新闻或者主要为报纸提供稿源的新闻社，所以大量移植借用了报纸新闻的表述方式和编排手法。比如，以英国为例，这种情形的原因不仅由于广播处在诞生发展初期，也是因为报纸对广播施加压力的结果，当时广播传递新闻广泛快捷的优势，令报纸媒介感受到未曾有过的挑战与冲击。英国报界曾经联合起来施压政府，要求每晚七点之前不能播出报纸还没有报道的内容。在20 世纪二三十年代，英国公众对广播新闻"报纸有声版"收听习惯的改变，一直到 1923 年英国工人总罢工爆发，以及 1936 年英国"水晶宫"火灾两个重大事件的报道之后，广播新闻才真正体现了解说＋音响报道的逼真魅力，受众对广播新闻报道的重视与喜爱不断加深

---

① 陈龙：《大众传媒文化研究》，中国人民大学出版社 2009 年版，第 5 页。
② 陈龙：《大众传媒文化研究》，中国人民大学出版社 2009 年版，第 5 页。
③ 陈龙：《大众传媒文化研究》，中国人民大学出版社 2009 年版，第 5 页。

之后，从而在客观上促进广播加快摆脱以报纸为代表的书面语体的限制。

广播的文本是处于口语与书面语之间的一种语体，词语的选择运用，尽量使用通俗易懂、生动活泼的的词语，有必要把书面词或文言词改写成口头词语，尽量运用使人一听就懂的双音节词，少用引起歧意的单音节词。

语音的选择使用，注意调整单音节、双音节词，多用象声词，适当选用叠声词，注意音律协调优美朗朗上口，可以很好地借鉴诗歌、相声、评书等语言艺术形式。

句式的选择多用简单常用句，少用倒装书面句，多用短句少用长句，增强艺术地使用广播语言的能动性，展现更多具有激发听众想像潜能的内容，上述要求是为了有意识地消除广播的声音传播稍纵即逝而且不宜存留的劣势，强调使用简单清晰的表达以消除传播的歧义性与传播障碍，突出展现广播鲜明生动的情感倾向功能，这成为广播被赋予主动与受众沟通交流的决定因素，营造传者与受众即时亲切平等沟通的气氛，打破念稿子式的疏离陌生感，有助于传播者在没有音响符号吸引受众，受众的注意力可能偏离的情况下随时唤起并且保持他们对节目的持续关注，文本强调提示电台类型、节目内容、主持人名称以及节目中交流沟通状态的描述特征。

三、环境体验的语境

受众对于文本的解读产生意义，存在于一定的当前语言环境之中，"任何一个媒体文本都存在于由其他媒体文本构成的语境之中——尤其是那些与之形成对照的特定文本而言"。[①] 受众运用以往认知的某些基础以及潜意识中有关其他文本知识，有利于理解当下

---

① ［英］格雷姆·伯顿：《媒体与社会批判的视角》，史安斌译，清华大学出版社2007年版，第47页。

文本，也就是"互文性"内涵，即通过其他文本来理解现有文本的意义。

（一）环境语境

与印刷媒介和电视媒介不同，广播媒介是现代大众媒介唯一非视觉媒介，它体现为对受众多层次注意力的适应性。现代生活的快节奏和多样化，使得受众的媒介接触行为更加多元化，"广播声音媒介对听众注意力多层次要求体现出独有的适应性和宽容度"。[①] 广播媒介移动收听优势明显，突出表现为早晚收听时段的结构增长，教育程度较高以及有车一族的分众化特征明显。

广播听觉文本多数时候处于伴随受众个体化其他日常行为活动，广播节目在早晚上下班城市拥堵的路途中，与在学习工作的场合，或是休闲场所的在线收听环境是完全不同的。因而我们不能忽略，广播文本和受众都存在于一种具体语境，包括言语与非言语，在不同时间、空间、情景、对象、话语前提的特定环境下制约了文本传播过程中意义的生成。

据 CSM 媒介研究，"广播整体收听率以 2009 年为例，早高峰 7∶00—8∶30 分时段大约为 15%，晚高峰 17∶00—18∶30 分时段大约为 12%"。[②] 另外在世界范围内个人网络在线收听已经成为收听的最主要发展趋势之一。

广播文本语境的特征决定了更加针对个体收听、亲密私人化情感话语表达方式，广播比电视和报纸的时效性更强，更为灵活实用的丰富信息，构建模拟了一个生活中"面对面"交流的谈话场景。

（二）体验语境

广播与新媒体的竞争融合发展，使得广播受众对于文本的理解

---

① 孟伟：《声音传播——多媒介时代的广播听觉文本》，中国传媒大学出版社 2006 年版，第 25 页。

② 王兰柱主编：《2011 中国广播收听年鉴》，中国传媒大学出版社 2012 年版，第 211 页。

方式不断扩展，听众会把这些体验无意识地带到下一个文本之中。网络广播打破时空限制，不仅有丰富的音频视频资源，而且大大增加了受众与传播交流反馈的频率，目前微博已经成为很多广播电台征集新闻线索首发来源之一，"中国之声"即将开通的微信平台将可以实现语音互动，补充了缺乏热线电话的缺憾。新浪微电台集合了传统广播机构与网络电台，听众可以一边听节目，一边通过微博与主持人互动，"中国之声"夜间微博互动有近50%的比例来自微电台，微博还可以有效实现电台节目的二次有效传播，今后"中国之声"与腾讯合作，将会在听众年龄、地域分布层面大大拓展"中国之声"受众范围，丰富广大范围内受众的收听体验。

突破时空地域限制的网络收听，即时互动交流等创新的传播方式都在影响着广播文本的生产与理解，体现为大众传播与群体传播、人际传播、自我传播等多重层面相互联系、相互影响的广泛作用，并且不断扩展了受众的收听体验范围，广播媒介生产者创造出的意义潜力，受众在不同的体验语境中解读意义。

第二节　广播文本类型化

大多数媒体文本都是类型化的，通过分析一些基本典型要素组成，能够对其形成清晰的归纳。广播文本的类型化，是其作为"类型化文本"形式所呈现出的典型性、规律性特征，涉及对类型化文本所包含的"公式"、"期待"、"类型成规"等概念前提。

"公式"是我们认知广播文本类型化的基本视角，这个视域内包含了许多固定、易辨识的基本元素。以广播文本为例，"台标""呼号""片花""导语"或是"现场报道""微博与短信微信互动"等都可以被视为"公式化"要素，"公式化"要素组合架构的具体模式不仅适应了受众对内容接受理解的需求，而且在"公式化"基础上形成相对固定而又创新发展的"框架"，满足受众对"时效性""服务性""娱乐性"以及出乎意料的听觉体验。

"期待"指的是受众根据以往的媒介消费经验对文本类型的预设判断。事实上，"受众所期待的就是'成规'，正是它控制了类型化文本的构建"。①"成规"无论是一种风格化的处理方式，抑或通行已久的一种方法规则，为文本的生产者提供了构建了文本的清晰框架，另一方面它帮助受众理解文本所产生的意义，因此，格雷姆·伯顿进一步指出"成规"更像是一种被生产者和读者同时加以利用的力量。比如大多数汽车广告中，广告中的汽车看上去几乎就像一颗快速行驶的尊贵宝石，要么挺进蜿蜒在旷野郊外，要么穿梭游弋在繁华的大都市，广告文本的策划往往以汽车优异卓越的性能为切入点，激发目标受众心驰神往的憧憬与体验，进而达到说服并且促动购买需求的传播效果。

"期待"蕴含了广播受众对新鲜活泼的口头书面语表达的需求，典型深刻的音响音乐，解说＋音响报道带给听众对信息快速获知，与对报道事物形象生动的认知与丰富联想。

关于"类型化文本"与"公式""期待""成规"之间的关联，罗兰·巴尔特通过"读者文本"概念作了很好的阐释："读者文本当中具有一些为读者所熟悉的特征（即'成规'），使得读者能够较为容易地理解，这类文本具有某种叙事特征的阐释码，它压制了读者选择其他意义的能力。这类文本通常都具有类型化的材料，鲜明的成规以及对读者理解文本的种种预设。"②

广播文本作为典型的读者文本，对其具体分析要从微观、中观层面着手，微观文本指电台最小的播出单位，例如一则新闻消息、一

① ［英］格雷姆·伯顿：《媒介与社会：批判的视角》，史安斌译,，清华大学出版社2007年版，第43页。

② ［英］格雷姆·伯顿：《媒介与社会：批判的视角》，史安斌译，清华大学出版社2007年版，第43页。

则新闻评论、一个节目单元或者一期节目等，中观文本主要包括按照模式化编排的一个栏目或者一个板块时段。

任何媒介文本都是由源源不断的具体文本材料组成，涉及"产生影响的过程"和"意义的生产"两大研究议题，运用文本分析方法"解构"像不断移动的靶子一样的广播流式文本，就能够细致研究这些文本类型如何被编码以及意义生成的规则过程。

一、微观的类型成规

（一）消息文本

案例一：

《陈炳德马伦纵论中美军事关系》①

中央人民广播电台　梁永春

男主持：今天（7月12日）是美军参谋长联席会议主席迈克尔·马伦海军上将来华访问的第三天。

女主持：昨天（7月11日），中国人民解放军总参谋长陈炳德和马伦进行了两轮会谈，并和他一同出席了记者会。来听中央台记者梁永春发来的报道。

（现场音响：尊敬的各位记者朋友，大家好！……压混，出记者播报）

在现场40多家中外媒体面前，迈克尔·马伦像一位文质彬彬的学者，而陈炳德总长的言谈之间，则更鲜明地显露出职业军人特有的直率和坦诚。

（出现场录音）

我对马伦将军的访问表示热烈欢迎！

---

①　梁永春：《陈炳德马伦纵论中美军事关系》，2012年7月22日。见 http://www.zgjx.cn/。

在小范围会谈中，我们主要谈了四个问题。我谈的第一个问题是南海问题，第二个问题是美国政要对华态度问题，第三个是网络安全问题，第四个是中国军力发展问题。

我与马伦将军在许多方面达成了重要共识，当然，也存在分歧！

（录音止，出记者播报）

记者会上，80%的记者提问都没有离开南海问题。有记者问美国在南海的战略意图，马伦重申了"确保南海航行自由"的理论。

（出马伦及翻译录音，压混）

南海地区有很多商业活动的运输航道都通过这里。我们的原则是：在世界各地，我们都应当有自由航行的自由。

（录音止，出记者播报）

陈炳德的回答针锋相对：（出录音）

现在，南海航行自由没有任何问题。因此，美国朋友对这个地区的安全和航行自由不要操心，更没必要担心！

（录音止，出记者播报）

马伦再次表示，美国在南海局势当中要保持中立：

（出马伦及翻译录音，压混）

在如何解决南海争端问题上，我们不会偏袒任何一方。

（录音止，出记者播报）

陈炳德指出，美军其实已经在积极介入南海争端了。（出录音）

美国总表示：我们美国无意介入南海问题。话是这么说的，实际上已经在介入了。美方在南海与菲律宾、越南在这个时候搞军事演习，那不叫介入又是什么呢？马伦将军说，这是惯例，我们过去也这么做。起码在这个时候，我们和周边国家有矛盾的时候，你们举行这样的演习，是极不妥当的！

（出记者现场提问录音）

您好，我是中央人民广播电台的记者。请问马伦将军：在您这次访问前夕，曾经对新闻媒体说，美军要在南海地区"保持长期军事存在"，美军将以什么形式在南海地区"长期存在"？是要在南海周边建设军事基地吗？

（马伦及翻译录音，压混）

关于我们的军事存在，我想再澄清一下。这些军事存在，并不是说我们将会在这里建立军事基地，我们还有部队在这里过往，这些军事存在，实际上是指进行一些军事演练。

（出陈炳德谈话录音）

美军在南海的长期存在，实际上已经是客观存在了。问题是，我回答不出来：你的"存在"需要多大兵力？"存在"是干什么的？频繁地搞演习又是针对谁的呢？我衷心希望，美军在南海的存在，能为和平和发展作出贡献，不要带来不愉快的事情。

（录音止，出记者播报）

关于美国全球鹰无人机对中国沿海地区进行频繁抵近侦察的问题，陈炳德总长直言，美军的这种侦察行动非常危险，也非常不友好：（出录音）

美国全球鹰无人机对中国的侦察，离中国的边境线只有16海里，已经很近、很近了。这实际上对中美两军的友好合作不是促进，而是增加了种种困难和阻力。

（录音止，出记者播报）

而马伦并不肯做实质性让步：

（出马伦及翻译录音，压混）

实际上，在这方面确实存在一些挑战，我们双方也在就这个问题进行讨论。我们今后将继续进行这样的讨论，以便使我们能最终走向理解。

（录音止，出记者播报）

陈炳德的总结谈话为这场记者会上的交锋划上了句号：（出录音）

发展健康、稳定、可靠的中美两军关系，关键是要互相信任，前提是互相尊重。我衷心地希望美国朋友，待人要谦虚，行事要谨慎！

这篇消息记者的现场提问切中要点，人物谈话录音生动鲜明，可听性很强，现场解说与采访组织精妙得当。

1. 创造活跃而且充满吸引力的"公式化"导语

传播者无法预料并控制受众的接收情境，但是通过活跃开放的开场白，采用与事件进展一致的时间顺序，有时巧妙选取一段时间、一个主题、一个侧面，也就是对某一部分进行报道，这些类型化微观文本中的基础"公式化"要素，能够有效调动受众收听的积极心态和情绪，吸引受众的注意力与继续收听。

2. 记者直接口述观感，报道事件主体，满足受众的心理期待

微观文本构建中，记者在新闻事件的发生现场，作为目击者、参与者向听众直接描述所见、所闻、所感，让新闻事件的媒介再现在听众耳畔展开，使听众感同身受，产生强烈的现场感。尤其是现场音响始终伴随着记者的口述，这些现场音响生动再现了处于新闻事件进展中的人物与场景，现场报道延伸了听众的听觉，进一步强化了现场感，使听众产生身临其境的强烈效应。记者现场报道的直接传播方式，同一般报道相比具备了转述层次少的优点，一般新闻报道要经过记者、文字、播音三个转述层次才能播出，而广播记者的现场报道减少了中间的两个转述层次，信息损失和变形的可能也就大大减少了，新闻传播的真实性、可信性大大增强，使听众产生亲切感、信任感，具有与新闻事件进展的同步感。

广播文本的类型化"成规"，制约着广播微观文本形式。如果要

报道全面而较为复杂的新闻事件进展时，必须对报道场面有所缩减，从一个个精心选择的局部进行报道，再由系列和连续报道将事实形成一个大的整体。

3. 多使用进行式和穿插背景材料的"成规"

微观文本中运用背景材料，要注意穿插在行文中，注意简练，保持听觉形象的完整性，不能削弱报道的现场感。在多数情况下，现场报道需用背景材料说明新闻事件的意义，烘托气氛、解释难点，帮助听众理解新闻事件，如果现场报道中缺少必要的背景材料，也会使现场报道缺少深度。

4. 突破时间线性制约的"成规"

广播作为一种受到时间长度严格制约的媒体，所以时间版面特点更加限制着文本的特性。首先，短暂的时间内，广播不能同时表现多种声音，必须选取典型音响，关注有特点的场面和细节，确定需要采访的人物，在极其有限的时间内用生动、准确、简洁的语言表达清楚。

其次，注重延伸与扩展受众的"通感"，这意味着广播的文本突出形象化的引导功能，激发受众原有记忆体验范畴内的"听觉"、"视觉"、"触觉"、"嗅觉"、"味觉"等多种感官综合能力，提供受众广阔的想像空间。

5. 构建时序化链式结构的"成规"

第二十二届中国新闻奖广播节目评选中，获奖消息"公安微博危机公关十小时"较为成功地运用了这一公式化"要素"，节目内容前后之间链接的时序性和递进性处理得比较有特色，信息量丰富，展现新闻事件的完整意义形态，巧妙构思时间、事件和情节等要素的组合，形成一环扣一环吸引收听的链式递进结构。

具体而言，这篇报道一共明确了十个时间结点：

17∶00——冲突起始；

17∶17——济南历城巡警赶到事件现场；

18：32——网上出现以"刘三好生"为名的爆料微博，山大南门东边，据说发生警察殴打老太太致老太太下跪的事件。

19：31——济南公安局发出官方微博的第一条信息："历城分局，怎么回事？"

19：45——济南公安局相关领导及警员赶到现场紧急处置；

20：15——济南公安局微博发布查明初步事实；

20：20——济南公安局微博发布肇事者身份；

20：26——济南公安分局微博发布事件发生经过；

20：36——济南公安分局微博发布肇事者已经被扭送派出所；

次日凌晨4：07——济南公安分局微博发布事件的最终处置结果。

与广播新闻连续报道形式有所区分的是，这篇录音报道以多个时间结点串联单次报道的典型连续形式，可以想见，这期节目如果不在人物、地点、情节等要素组成的链式结构方面巧妙构思，显然会有平铺直叙之嫌。

时间上的先后次序，形态上的链式连结是这期录音报道的结构特点，巧妙构思时序化递进结构，能够抓住过去现在和未来的时间线索，延展广播新闻叙事的空间，为听众搭建一条认知新闻事件的时间隧道，身处其中的他们不仅可以追溯新闻事件的根源，也可以展望新闻事件未来的可能影响。所以时间要素是能够让新闻叙事变得更加有趣，能够瞬间吸引听众并且维系持续注意力，优化新闻叙事的重要手法之一。

时序化的链式结构的动态性，运动特点在形式上体现为有意义的符号组合在特定渠道的流动，内容上呈现时间、地点、人物、情节与结果的动态进展，实质表现为济南"公安微博"与网络舆论的双向互动，即"作用与反作用"，按照"发生、影响、反作用"的结构顺序自然发展，产生交锋的动感和悬念。

"悬念"之一是，记者报道济南山大路一起普通的治安纠纷引起突发群体事件，事件的最终结果如何，却不得而知。"悬念"之二是网上出现"刘三好生"爆料微博，事实真相孰是孰非？继续给听众留下了一个问号。济南"公安微博"发布经过初步查明的事实，肇事者究竟何人？这是"悬念"之三。"悬念"之四是济南公安局怎样解释事件发生的基本经过，如何依法处置肇事者并公布事件的最终结果。

尽管新闻报道的内容每天都在变化，但是受众容易对千篇一律的固定报道套路感到乏味，丰富多彩的文本形式是满足受众心理期待的必然选择之一，也就是建立在记者对新闻事件整体观照之后所进行的"主观形式设计"，其中包含了高超的文本叙事技巧，是对新闻事件动态变化巧妙安排的一种表述方式。

（二）评论文本

案例二，广播新闻评论：

严禁"酒驾"给社会带来的启示①

上海人民广播电台

丁芳、倪晓明、孙向影

今年（2012）5 月 1 号起，正式生效施行的我国刑法修正案（八）中，对"醉酒驾车"和"违反食品安全"的惩处都前所未有的加大力度，两者都是"只要有行为、不论结果"都将处以严厉的刑事处罚。然而相同的力度却有着不同的结果：全国醉酒、饮酒驾车同比大幅下降；而食品违法行为却屡见不鲜。为什么"严禁酒驾"能够在全国取得良好效果，它带给社会其他领域怎样的启示呢？来听记者丁芳发来的新闻综述：

（检查现场同期声："请问有没有喝过酒"？"没有，"用力往这个位置吹？滴……噢，显示绿色，您没有喝过酒。谢谢配合"。"有没有朋友因为酒驾被抓住过啊？""现在没有，以前

① 丁芳等：《严禁"酒驾"给社会带来的启示》，2012 年 7 月 22 日。见 http：//www.zgjx.cn/。

多，我们是百分之百执行。因为现在抓得严，有典型了，高老师嘛"！)

24号晚，恰逢周末、又是西方的平安夜，23点的西藏路淮海路口依旧人来车往。此时全国范围的"查酒驾"统一行动拉开帷幕。黄埔交警豫园中队在此路口设卡检查。在记者跟随采访的两个小时时间里，这个点共检车辆约150辆，却没有查到一起酒后驾车行为，黄埔交警支队勤务路设卡的李科长告诉记者：

"去年我们查酒后驾车最早8点半开始查，基本查到11、12点已经战果累累了。5月份入刑以后，运气不好的话查一百部都不一定有。各个区交警支队基本上每天晚上都有设卡。一月份到四月份，醉酒驾车55起，5月1号到现在为止，5起，下降90%多。"

25号早黄埔区交警支队汇总数据显示：24号晚的统一行动黄埔共设检查点8个，从23点到凌晨2点共检查车辆1800辆左右，查获酒驾5起。难怪有社会者称："严禁酒驾"取得的成效，可以说是共和国62年历史上，"执法见效"最成功的案例之一。市交警总队事故处陈伟群科长介绍：截至12月15号的数据显示，今年整个上海酒驾人次也大幅下降。

记者："到目前全市查处的醉酒驾车是1091起，同比下降约78%。饮酒驾机动车同比下降57%，下降的趋势很大的。"

酒驾大幅下降的成效在全国带有普遍性。如此良好的社会效果只是因为法律上加大惩处的缘故吗？社会学家、上海大学教授顾骏认为，重点固然重要，但更重要的是"执法力度的加大"和所有人在法律面前的"同一待遇"。高晓松案就是一个典型案例。

顾骏："它的严格执法程度从未有过，所有的人都不能幸免，拒绝通融，拒绝具体情况具体分析。法律要发挥作用，必须对一切人有效。如果管不住一部分人，法律就管不住所有的人。

再有力度的法律规定都没有了意义。"

交警总队勤务处王世杰科长说，现在在查处酒驾方面，不仅对民警执法环节的要求不断提高，对执法者自身的行为要求也比任何时候都严。

"警务通"抓到了，这个警务通就上传到所有公安系统里了，你连求情的时间都没有，就现场了，我们从各个环节堵住漏洞。酒后驾车是严重违法行为一律顶格处理。一视同仁，不管你有什么职务、处于什么岗位，只要你酒后驾车了，必须清理出公安队伍。

"严禁酒驾"的确已在全社会取得良好社会效果，然而法律同样严格"对待"的食品安全问题，依旧和社会其他领域的许多治理一样，面临着"走不出"的困境。市食品安全委员会办公室副主任顾振华介绍：

"上海一年食品安全方面违法案件少说有四五千件，这些查处大部分都是以罚款的形式来进行处罚，上海每年大概有两位数的数字追究刑事责任已经很不错了，酒驾抓到一个就是刑事责任。"

多年从事法制研究的、上海市社联党组书记沈国明对这一现象也非常感慨：

"刑法修正案规定了醉酒的问题，也规定了食品安全的问题。而且有个共同点，不管有没有压死人、不管有没有吃死人，他是不管后果的，只要你有这个行为，就判刑了。他的力度和醉酒是一样的，但是你看连人家知都不知道。说明执法认真不认真，造势情况如何、宣传怎样都很重要。"

不可否认，食品安全的查处难度远远高于醉酒驾车，一件食品安全事件的认定远非像"吹口气"来得那么容易，沈国民认为：食品安全问题，的确复杂，但再复杂的事件也有解决的路径，切断"利益链"让法律做主，很重要。

"如果我这个企业在什么区，我对他 GDP 贡献很大，区里也不希望我垮掉的。地方政府就这种很微妙的态度，在某种程度上，他们都有保护伞，他不是一对一，不知道背后有多少力量。都有部门利益、地方利益，所以大家基于利益这个角度来权衡对法律的态度，这使得很多法律都不能得到很好的执行。"

法治社会要求：每个人或每个部门都只对法律负责。严查酒驾的"人人平等"，凸显了法律的作用和威严。然而当下，环保、拆违等很多领域在执法时往往强调事物的特殊性。上海市联合律师事务所高级律师江宪和顾骏教授分析说：当总是强调特殊性时，问题就出现了。

"我们目前走到今天，确实是由于我们在强调事物的特殊性，忽视了法律主要是针对事物的普遍性的。我们现在总是把法律当作一种很实用的东西，我要用的时候用一用；千万不要搞成法律只是治一部分人，却放过另外一部分的。执法者首先必须守法，法律管不住执法者，执法者就管不住普通人。"

改革开放以来，中国加快"立法"建设，基本解决了无法可依的状态。江宪律师说，中国当今的问题不是法制缺失的问题，而是要充分体现法律的公正性和严肃性。

"我们现在的问题是有法不依的问题。在有些事情上严肃执法了、有法必依了，但有时又有法不依了，这样造成整个社会起起伏伏。"（沪语）

建立一个健全的法制社会，受益的将是社会中的每一个人。而每一个人又都是法治社会的推手。市绿化市容局的一组数据值得深思：今年 1 月至 10 的，本市工程渣土车涉及的交通事故共 50 起，其中 28 起是由助动车主、自行车或行人负主要责任。上海人大法工委主任丁伟说，公众在强调权利的同时不能忽视责任和义务。"警在法在"的现象要改变.

"现在整个国家法的发展趋势是不断限制公的权利。公权力加以限制我认为是社会进步的标志。相对来讲私权利就扩张了。现在普通社会公众你们准备好了没？如果你们遵法守法意识没跟上的话，那，我认为这个社会也会不稳定的。"

越来越多的事例告诉人们：社会治理没有什么其他办法，惟有依法。

人们只有敬畏法律，把法当真，管理部门像查处酒驾一样来查处所有的违法行为，社会一定有条不紊。

这篇新闻评论立意深远、结构严谨、对比强烈、内容扎实，分析透彻、给社会以思考和启示，它的类型化特征可以归纳为：

1. 论述繁简有致的"公式化"成规

声音符号的传播具有稍纵即逝的特点，为了能够让广播新闻评论说理清晰、透彻、易懂，广播新闻评论要注意在"浅"字上下功夫，即表述浅显明快，语言通俗易懂。广播新闻评论是写给人听或者说给人听的，如果广播新闻评论使用晦涩的语言、繁复的句式、深奥的道理，只能增加听众认知的困难，广播新闻评论要做到深入浅出、明白如话，"浅"包含两层含义：

第一，语言上的通俗化、口语化。

第二，把新闻评论中的主观倾向或者较为深刻的道理，运用听众感兴趣的材料，通过容易接受的方式，深入浅出地加以表述。

上文中的"深入浅出"通过三种方式来实现：首先，提出社会普遍关心的"严禁酒驾"问题，深入涉及同样在法律上严格规定的"食品安全"问题，将这两个问题并置在一起，从两个带有"普遍共性"的现象入手，通过采访执法者、专家、学者、地方官员等，揭示了问题的现实性，同时将欣喜、忧虑和现状呈现给听众，并且提出了应对的思路和观点。最后，对听众仍感困惑的一些问题，在评论的结尾提出了明示性的结论，这样就把道理讲得清清楚楚、入情入理、简洁明了。

因而，广播新闻评论中的"浅"绝不可断章取义地理解为"肤浅"，这是尊重新闻传播本质规律，对广播新闻工作者传播技巧的一种更高要求。

2. 从社会热点事件中找选题的原则

善于从大众关心的社会热点角度寻找选题，体现新闻报道"接近性"的切入点，与受众关系越直接、越紧密的选题，新闻评论选题的意义也就越大，广播新闻评论的社会影响力取决于对多少听众有影响，对听众有多少直接影响，以及是否会立即产生影响，换句话说，新闻评论与越多的人有关系，这种关系越大就具备更多的影响力和重要性。广播媒介社会建构的新闻叙事框架，以记者对新闻价值的自觉选择判断为中心，必须尊重广大受众的需要，而且按照事实发展的客观尺度作出判断，新闻事实与社会公众生活直接关系程度越大，给人们带来利害的关系越紧密，新闻报道的效用价值也就越大。

广播新闻文本类型化的成规要求，新闻事实的倾向不能孤立体现，"还必须同科学认识以及社会需要结合起来，社会需要指除了满足受众需要之外还包括新闻满足社会进步要求的效益性"。[①] 新闻报道选择事实的倾向必须有助于解决社会问题，能够呈现化解某些社会矛盾的答案，对受众有益与促进社会和谐发展是相互联系统一的。

3. "事实"与情感、理性交融的文本预设

实践证明，富有情感和趣味的摆"事实"、讲道理，才能从感情上和理性上拉近与受众之间的距离，情感与理性的交融终究离不开以典型事实作为基础和依凭，离开了事实，再深刻的道理和再真挚的情感都会成为无源之水、无本之木，因而，以"事"明理是广播新闻评论的基本前提。在上述广播新闻评论的案例中，对于事实的运用包含以下三个具体要求：

第一，合理剪裁"严禁酒驾的事实"，按照评论的要求选择社会

---

① 刘建明：《当代新闻学原理》，清华大学出版社 2003 年版，第 206 页。

各方对这一现象的认识。

第二，"要让事实沿逻辑运动的方向'行走'，按评论的要求走到那个逻辑的必然结论上去"。①

第三，深刻挖掘"事实"中所蕴含的深刻意义。

2011 年 5 月 1 日起，我国刑法修正案（八）中，明确"醉酒驾车入刑"；同样在刑法修正案八中，对违反"食品安全"的行为也做了修正，与醉酒驾驶一样，2011 年 5 月 1 号正式实施之后，在同样严厉的法律面前，却出现了截然不同的两种"结果"：全国"醉酒、饮酒驾车"同比大幅下降；而违反食品安全的违法行为却依旧层出不穷，就在记者发稿的当天，又爆出蒙牛纯牛奶检出强致癌物——黄曲霉毒素 M1，为什么在同样严厉的法律面前，会有如此之大的反差？记者从这两种明显的社会"表现"入手，调查采访、分析解剖。

新闻评论文本中为强化说理，必须合理配置"事实"材料，让受众在对比和联系中更具体、更深入、更完整地把握当前事实全貌，在观点引导上，既要有各界人士对事实的不同评价，又要有理性引导。

4. 体现解说＋音响的广播评论文本"成规"

音响在广播评论中包括环境音响、现场访谈、资料音响等三类，发挥充当由头、引出话题；提供论据、佐证论点；参与议论、烘托主题；交代背景、渲染气氛的作用。采用音响报道的广播新闻评论最能够体现声音传播的优势，历届中国新闻奖——广播新闻评论的获奖作品几乎都采用了这一形式。音响评论的使用方法主要有以下几类：

第一，充当由头、引出话题。

广播评论"先声夺人"十分必要，可以在最短的时间内抓住听众，吸引收听，也为下一步引出话题提供必要的铺垫。

第二，提供证据，佐证论点。

新闻评论是主观倾向很强的节目形式，但是表达必须客观，只

---

① 张育仁：《新中国广播评论的发展与传播特点》，《新闻界》2009 年第 4 期。

有坚持以理服人，而不是以势压人，才能起到有效的传播效果。新闻评论中常存在着三种文本，"分别是客观叙述、倾向性叙述和议论。倾向性叙述是由客观叙述过渡到议论的中间环节，这一环节处理得当，就可以减少议论环节的主观色彩，变得易于为听众接受。倾向性叙述通过渐渐融入主观成分，为发表议论打下伏笔，也为听众接受观点营造心理准备"。①

实况音响在广播新闻评论起到的是客观叙述的作用，以采访对象的谈话录音作为论据，当事人的叙述既可以再现客观事实，又可以印证论点，完成从客观叙述到解说倾向性叙述的巧妙过渡，减少议论的主观成分，使分析有的放矢，理从事出，结论令人信服。

第三，渲染气氛，增加感染力。

恰当使用现场音响、资料音响和相关音乐内容，可以使文本的背景或环境更利于听众感知，有利于渲染气氛，烘托情感，使广播评论更具有感染力。

这种做法在广播新闻评论精品中都起到"点睛"的吸引收听作用，比如在辽宁人民广播电台的《烈士陵园被冷落引发的思考》中引入《志愿军战歌》，中央人民广播电台《进军北极》节目播出伴随着冉冉升起的五星红旗的国歌声，福建人民广播电台《和平的赛场需要更宽广的民族胸怀》穿插赛场的掌声、欢呼声和嘘声等等，这些音响的运用，为评论营造了特有的环境和情感氛围。

山东电台新闻频道新闻评论栏目《热点评说》打破新闻节目传统"成规"，评论一些时事、经济、文化、娱乐主题时，尝试将电影或小品中的经典对白、音乐、歌曲用作片花或背景音乐，与评论主题的情境相得益彰，产生别开生面、画龙点睛的效果。

---

① 张君昌：《广播评论的论述技巧》，《中国广播》2007 年第 6 期。

二、中观的类型模式

（一）滚轮式栏目文本

滚轮式或者时钟式编排，一般是在一小时内将节目内容切割划分，采用固定程式和循环链接。以新闻表盘典型文本为例，适用于较为专业的新闻频率，新闻信息量大且细分程度高，新闻信息播报速度快，呈滚动播出状态。这类播报板块周而复始，以小时为单元不断循环，播报的新闻内容不断补充、更新和替换。听众对于这样的电台无需知道它的节目表就能够随时收听，可以在很短的时间内获得最新的资讯。

时钟式或滚轮式新闻栏目编排一般以30分钟或者20分钟为一个小节，也有15分钟一个小节的。在一个小节中不是一口气播报新闻，而是采用小段落式或小栏目式的设置，或者分成许多小的单元段落，其中包括新闻提要、新闻、新闻专题，以及交通路况、天气、商情、体育赛事、广告等其他服务资讯。这些小段落式、小栏目式或小单元式的分隔，也就是构成了滚轮的"公式化"基础要素，这类新闻播报增加和强调了广播新闻的时效性和现场感。

中央电台"经济之声"《天下财经》栏目在国内广播界中第一个采用即时滚动播出的方式，即用"轮盘式"的编排方式推进节目进程。它的做法是以40分钟的内容为一个单元，第一次播出后立即再滚动播出主要内容，并在这个过程中及时补充最新的重要新闻。这种播出方式符合广播的收听规律，满足了不同收听时间听众的需求，不同时间开始收听节目的听众都可以听到完整的和最新的内容，同时采用不断推进的预告方式，增强了听众的收听愿望，方便听众选择收听，强化了收听效果。这种创新的滚动播出方式在很大程度上影响了全国地方电台的新闻广播及经济广播。

上海东方广播电台新闻台从开始的30分钟单元，调整为现在的20分钟单元，更加提升了节目内容循环的密度，使得滚动播报更为紧凑。在它的20分钟单元内，也像国外电台一样，安排和插入多个小的时段，呈现一种快速及时播报新闻的动态覆盖。循环播报的新闻需要不断改写和更新信息，每个单元的不断循环播出过程中，既有与上一个单元的同质重复信息，又及时添加更新报道的内容与体裁，随时保持新闻报道内容的时效性，只有在循环中不断变化更新内容，受众才不会因为过多的重复而感到单调枯燥，这就是滚轮编排文本最为典型的"成规"，符合受众对于广播媒介接触的体验与期待。

（二）传统综合文本

广播板块栏目一般由几个子栏目组合而成，各个子栏目既各自独立，也可呈现较强的有机链接，各个子栏目文本按照先后顺序依次展开，不存在同质循环重复的格式。在广播媒介时间线性传播的制约下，这类文本典型的"成规"在于要多安排篇幅短、内容实的短信息，尽量增加信息播报的条数。内容组配就是将几条不同侧面、不同角度但有一定内在联系的信息集纳编排，或组合、对比、关联、互作补充互为背景，强调信息报道的不同体裁，同时善于关注各种各样的信息，包括事件式的、观点式、完成式的、进行式的，使一个栏目在有限的时间内承载更大的信息量，从而增强信息内容的密度、力度和深度。具体编排方式可以采用同类编排、长短编排、体裁的单一和多样化的配合编排，区域远近编排、对比编排、间隔"插花"编排等。

比如第二十二届中国新闻奖广播节目获奖作品，河北新闻广播节目"第一民生"，编排一个主题"熊猫血小伙张延北手术"，采用消息、专题、访谈重点打造，篇幅集中；一条主线"校车安全"采用快讯、报道、评论相互呼应，脉络清晰。丰富多样化的报道体裁构成这期节目的"公式化"基础，"一个主题"＋"一条主线"很好地满足受众的心理预设，节目内容丰富、编辑思想明确，主持人与前方记者连线和听众反馈交流转换流畅，夹叙夹议轻松侃新闻。

（三）大时段板块文本

广播"横式"编排是在传统意义上假定受众在固定时间选择收听固定节目，以一周为时间段安排节目，这种做法在当今多媒体格局之下受众媒介接触行为发生很大改变后，已经不能够适应受众的日常收听习惯。以音乐广播为例，以一天之内24小时受众的日常生活安排为时间段编排节目，即流式电台的大时段竖式编排是典型的类型化文本的"成规"，这种做法最能够符合受众的一般的日常安排与收听习惯。

上海"动感101"流行音乐电台，最有实力音乐电台之一，亚洲音乐的中坚力量，最年轻活力音乐电台，覆盖长三角诸多城市，在15到35岁年轻都市群体中占有绝对领先优势，被认为是上海市移动人群毫无争议的首选电台。这家电台的节目时间表也是完全按照一天之内人们的工作生活常态精心打造，强调音乐广播的情感性、信息性和娱乐性。

早高峰期间上海收听率第一的音乐节目《音乐早餐》，是公司白领和路上车主的晨间最爱。《东方风云榜》是中国内地最具实力原创音乐榜单的广播基地，2010年度收听提升率最高的音乐节目。这是流行音乐广播（101.7 FM）最权威的音乐名片，万千乐迷持续关注的焦点。《午后原味音乐》是文艺小清新的个性地标，每天下午难得慵懒的下午茶时光。《101娱乐在线》，下班黄金时段，上海广播网收听排名NO.1，最具竞争力的广播节目，联合周末多档直播录播，DJ野营专属打造广播品牌"野营开放区"。音乐万花筒，每晚7点，在15—35岁人群中享有最高占有率的晚间节目，拥有上海广播网最年轻鲜活的听众群！音乐加点糖，白天玩了太多的大冒险，就在晚上说说真心话吧。音乐加点糖，在家宅人的晚间伴侣，拥抱全上海侧耳倾听的人群，紧抓每一双渴望共鸣的耳朵。就让好点子和好音乐，成为你最佳的枕边书。结束了黄金档的电视剧后，打开收音机，让听众收听特别制作的睡前晚安故事。流行音乐广播（101.7 FM）作为上海唯一一档广播剧日播节目，曾经占据全天最优质收听群。1995年11月9日开播的台北爱乐电台，是一个专业民营的古典及爵士乐音乐电台，被誉为世界上最好的华语音乐电台之一，也被称为"彩色电台"。台北爱乐电台依照音乐的情调，结合人们的日常生活编排节目：

清晨——中午为绿色与粉色音乐（绿色大道）、与（粉红色森林），午后——傍晚为金色音乐（音乐调色盘）、（金色大道），傍晚——深夜为黑白色（音乐涂鸦）、（黑白双人舞）。在早中晚三个大时段将音乐和色彩的概念相结合，用颜色区分不同音乐的属性，强调颜色营销，可谓"音乐有颜色、广播看得见"。上述电台的具体时段编排，就是通过两个或者三至四个小时大时段板块文本的"成规"，取消各自分立节目的阻隔，使得信息与音乐真正流通组接成为大时段的"公式化"要素，有效搭建整个广播频率的统一风格，无需主持人长时间主持节目，从而最大程度节约人力成本，只需通过电脑软件自动编排节目。大时段编排文本基于受众收听行为的嬗变背景：不再过于依赖主持人对音乐的解读；专注聆听转变为伴随式的收听，对节目和主持人的喜爱转变为对某种音乐风格的忠实；每天固定时间开机转变为可能一天、一周内随意开机。

三、宏观的类型架构

按照类型化广播在我国的实践，从传播形态的角度可以把宏观的类型架构划分为：单一标准形态和融合交叉形态。

（一）单一标准的形态

以央广"音乐之声"频率与东广新闻台的标准模式为代表，在"音乐之声"开播之前，我国广播界的专业化改革如火如荼，尤其北京电台音乐广播的音乐内容门类非常齐全。"音乐之声"在筹划之日起，就定位于"类型化音乐电台"，对音乐种类进行精细审慎选择，最终"只取一瓢饮"[①]，选定流行音乐这一类型，成为单一的流行音乐广播频率，缔造鲜明突出的整体频率风格形象。

倘若对标准化模式类型化电台的固定流程构造进行解析，就会发现尽管类型化广播整体编排简洁明了，却包含许多类别迥异

---

① 阚平：《"音乐之声"的"拾穗十年"》，《中国广播》2012 年第 1 期。

的微内容。比如国内尖端的纯新闻类型化电台东广新闻台几乎照搬"1010WINS"的模式，完全按照时钟循环结构编排，从早上 9 点到晚上 21 点，全天推出 13 小时的大容量滚动新闻轮盘，在每小时的新闻轮盘内，每 20 分钟一个新闻单元，随时报告最新的新闻资讯，提供即时气象、要闻、综合新闻、体育、财经、生活咨询和交通路况信息，播送记者发自新闻现场的报道，每逢重大事件，东广滚动新闻打破版面进行第一时间全程直播，争夺"第一时间的报道权"。采用单一模式的类型化电台，要求轮盘不断循环而且节奏很快，打破黄金与非黄金时段节目类型的差别，微内容传播永远处于运动变化的更新之中，听众打开收音机随时收听想要的内容。这种标准形态的新闻类型化广播，对信息量的要求非常高，否则在新闻信息量不足的情况下内容重复率过高，听众不可能持续收听。

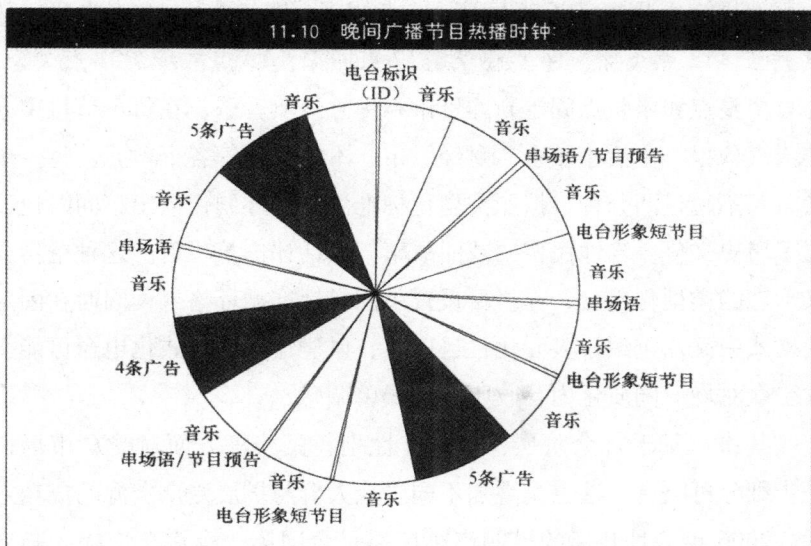

图 4–1 广播节目时钟化编排①

---

① [美] 苏珊·泰勒·伊斯特曼：《电子媒介节目设计与运营：战略与实践》，谢新洲译，北京大学出版社 2005 年版，第 485 页。

（二）融合交叉的形态

首先，从节目编排的角度看，采用融合交叉编排的结构有利于扩展丰富多元的节目类型。例如，央广"中国之声"历经多次改版，鲜明呈现出专业新闻台形象，节目的构架部分采用类型化新闻广播的滚动模式，具体由早高峰新闻板块→新闻轮盘→午高峰新闻板块→新闻轮盘→新闻轮盘→晚高峰新闻板块→夜间特色节目七大部分构成，其中《小喇叭》以及《千里共良宵》《记录中国》《养生大讲堂》均为新闻之外的其他节目类型。

中小城市中的绍兴戏曲音乐频率于 2009 年实践类型化电台模式，"以标准化模式做大类型，以本土化策略做小类型"[①]，名牌栏目与类型化的编排模式融合交替，既保留了传统电台的优势，也是对类型化改革的调适与创新。整个广播频率以一个上班族的一天作息安排为时间表，周一至周五为 5 点懒床、6 点醒来、7 点早餐、8 点上班、10 点上网、12 点飞翔、14 点微笑、17 点回家、19 点散步、21 点关窗。在每个整点和半整点固定新闻资讯和中外经典音乐，在每个节目中固定天气预报、生活小贴士、财经股市、本地文化等各个单元，每个单元时长不超过两分钟，按照类型化标准滚动循环制作播出，同时也设置了历史文化、当地民俗、戏曲故事、谈话评论等栏目。这种融合交叉形态的类型化电台，在栏目设置中固定标准循环格式，同时在固定的格式中又注重编排多元化栏目内容，以避免标准格式化电台可能引发受众对均一同质化内容收听的枯燥单调感。

其次，基于社会阶层、年龄、性别、民族等方面对受众市场进一步细分再整合，这也是叠加不同受众人群与扩展受众资源的成功之举。2006 年 7 月开播的昆明汽车广播是全国第一个汽车广播，瞄准驾车出行喜爱音乐的听众人群，节目大多是纯粹的音乐内容，主持人在每小时内说话不超过 7 分钟，语言服务节目占到一小部分，包括买

---

① 李青：《后类型化电台的尝试和思考》，《视听纵横》2012 年第 1 期。

车、修车、停车和养车知识。相比而言，昆明汽车广播比一般的交通音乐广播节目内容更加细分，播放音乐的时间更长，又比单一的流行音乐电台服务信息更加贴心周到，只有音乐＋服务两类节目，突出"差异化、分众化、族群化"传播理念，定位准确的竞争策略获得很大成功，仅开办三年广告经营收入与云南交通广播大体持平，频率品牌效应得到听众的良好认同。

第五章　类型化广播的机制

第一节　类型化的实践运营

尽管文本是媒介类型的主要载体，然而一个单独的文本是不能界定一种媒介类型的。考察特定个案的类型时，不仅要关注话语所涉及的范围，还要划出尽量多的类型要素，将它们放置于更大的文化语境和权利关系之中，将广播的类型化形态看作是通过特定的文化行为贯穿于文本、受众以及媒介产业的话语过程。

借助媒介类型分析的大体方法，揭示类型化广播的阐释评估与生产机制，从理论的视角看，能够帮助我们理解类型化广播实践如何融进社会传播和接收的语境之中，理论解构之目的是为了进一步再结构。

一、特定目标听众群

类型化电台明确受众群体的机制，也就是针对特定受众群发出信息的综合过程，"目标锁定（Targeting）是从商业产品推广研究中借用的概念，这一策略通过识别最容易受到影响的人群，然后用可获得的最有效渠道去影响他们，从而在提高效率的同时降低了推广所需要的费用"。①

---

① ［美］斯坦利·巴兰等：《大众传播理论：基础、争鸣与未来》，曹书乐译，清华大学出版社 2004 年版，第 300 页。

对于类型化电台而言，分析所在地区整体听众群体和媒介市场竞争态势至关重要，美国阿比创公司与精确视听率公司都是这类数据的主要来源地，通过分析电台数据并绘制 SKEW 图，节目设计运营战略家就能够分析哪家电台在哪个人口统计特征群中所占的份额最大，哪家电台代表着主要的竞争对手。例如，"KAAA 是一家偏向年轻男性的摇滚电台，一半以上的听众是小于 35 岁的年青人，而 KIII 的情况则相反，它是一家轻柔当代成人音乐电台，听众大部分为 35 岁以上的年纪较大的女性群体"。[①]

美国一些广播调查的全国机构，其他如 The Research Group、Coleman Research、Bolton Research 等专门从事电台研究，关于听众生活方式和价值观的心理统计特征描述，能够提供额外的关于目标听众群体的宝贵信息。当然，仅仅单一分析调查统计数据还难以扫描特定收听群体的全貌，辅之与听众之间的群体访谈活动以及到大型居民社区的参与式观察，对听众代表的电话深入访谈，等等，这些多样化的调查方式能够有效补充调查数据的片面性。

除了单一分析研究电台节目与听众群体的紧密契合程度之外，如何考虑将每家电台的节目与听众在电台集团内部更好匹配，进而使集团的优势最大化也很重要。有些电台集团目标集中于几个不同年龄层次的女性听众，而另一家可能尝试集中在某个特定年龄层的所有男性与女性听众之上。

对于类型化电台目标听众群体的明确方法，在此借鉴传播学理论中的"效果等级模式（Hierarchy of Effects）"[②] 的概念来说明，这是一个以所需要的时间和努力来区分说服效果的实用理论概念。"效果等级模式"采用从传播者角度出发一步接一步的劝服策略，首先从容

---

① ［美］苏珊·泰勒·伊斯特曼：《电子媒介节目设计与运营：战略与实践》，谢新洲译，北京大学出版社 2005 版，第 468 页。

② ［美］斯坦利·巴兰等：《大众传播理论：基础、争鸣与未来》，曹书乐译，清华大学出版社 2004 年版，第 300 页。

易达到的效果开始，例如通过电台的初始营销使受众知晓，其次再通过调查研究监控这些效果，最后调查的反馈被用来进一步调整传播的内容与形式，力图让下一步的传播效果达到影响受众心理和行为等更高层面的效果。

反之，从受众角度看，目标群体的渐进锁定过程对应着受众"使月与满足"过程的基本模式，媒介印象在实际媒介接触行为中起到重要作用，在以往媒介接触经验的基础上形成的，对媒介的评价涉及是否能够满足受众的现实需要，无论受众媒介接触行为的结果如何，这一结果将影响到以后的媒介接触行为，受众会根据结果来修正既有的媒介印象，在不同程度上改变对媒介的期待。

因而，把握受众的反馈在社会传播过程中具有不可忽视的重要意义，充分认识传播的双方都是具有能动性的主体，互动是社会传播的本质特征，认同类型化广播与听众群体相关联的这个基本前提，理论探讨与统计数据都充分证明，精心布局、循序渐进，使用较为准确的调查数据，提供大量反馈的传播系统机制，远远要比仅从传播者角度出发单向的线性推广模式更为有效。

二、节目程式化编排

类型化广播的程式化生产机制往往从节目样式、节目编排、风格特色、主持人话语等均形成了较为固定的程式，紧密地契合各种特定人群的收听偏好，同时借助计算机软件工具，通过时钟化的编排进行节目的设计与运营尤为关键。

类型化广播节目总监的主要职责就是建立热播节目时钟，这是一种像时钟的表盘或者轮子的设计，节目的播出计划一目了然。它将一小时分成几个部分，各个类型的音乐、天气预报、新闻信息、台标片花和商业广告等，热播节目时钟可以被设计为对上述内容要素的播出时长、播出次数多样化组合的各种类型，以满足各个不同时段的播出需要。也就是说通过热播节目时钟的形式，实际估量哪些听众会在一天的什么时间听广播，直接针对这一部分人设计和播出节目。一般来讲，早间、午间、晚间的节目时钟会有明显区分，周末的节目形式则会完全不同。

　　计算机中安装特定软件的主要目的在于平衡预期播出的内容，以美国音乐广播为例，通过将播放数据与收听数据相结合，节目设计与运营人员就能够记录音乐流是如何影响听众流的，以及听众真正收听一首歌曲的频率，计算机的软件可以用来跟踪一种音乐类型的循环播出，将一些歌曲限制在特定时段内，均衡快节奏和慢节奏的歌曲，避免将同一歌手的两首歌曲安排在同一位置，防止相同类型歌曲放在邻近位置等等。

　　具体节目内容机制方面，尽管"全新闻"电台和谈话电台都属于口语播出的节目形式，两者还是存在较大的不同。"全新闻"电台循环播报新闻，节目的设计运营人员需要总揽一天 24 小时播出的节目，必须在短时间内吸引听众，听众也只需要收听一两轮播报就够了，节目编排的基本结构通常在计算机中制定并形成框架，新闻头条、新闻专题、新闻评论、体育报道等内容在各部分的安排一目了然。通常按照新闻播报 20 分钟，或者 30 分钟、40 分钟等长度循环，但是大多数电台倾向于使用较短的 20 分钟循环，因为过长的循环时间会影响到广告、交通、天气等后续内容插播，各种长度各有优势与不足，节目的设计要根据实际的信息资源供给情形而定。

　　"全新闻电台"的程式化特征尤为典型，它是有着高累计收听率，低收听时间的形式，依靠高累计收听率来抵消，较低的平均收听大约一刻钟时间。当电台经理和主持人已经因为一遍又一遍重复收听相同的内容感到厌倦时，一般的听众仅仅可能收听了大约一刻钟左右，而这个时间长度也恰恰能够让他们在未来的收听率调查中回忆起这家电台，这被称之为"有效频率"。[①] 据统计，美国类型化电台

---

① 　[美] 苏珊·泰勒·伊斯特曼：《电子媒介节目设计与运营》，谢新洲译，北京大学出版社 2005 年版，第 630 页。

的推广片、广告或节目内容播出的次数必须是听众换台次数的7—10倍，才能达到有效传播效果，"全新闻"电台听众换台的次数可能高达40次之多。美国地方制作的全新闻电台一般存在于较大的听众市场之中，不言而喻，那里有足够多的听众人群不断收听这类电台。

新闻谈话或者体育谈话电台节目的程式化编排情形则不同，需要处理的单元时长一般为一至四小时，听众通常被主持人的谈话风格所吸引，尤其在午间和晚间收听时间要大大超过"全新闻"电台，谈话时间较长的节目广告播放次数较少，而广告时段相对集中较长，这类口语电台有利于容纳更长时间广告，与音乐节目相比，口语谈话节目被广告打断的迹象不那么明显。

类型化广播的程式化惯例，鲜明体现了媒介的传播形式决定其表述风格，通过复制大量共性的同类广播节目形式，不断调整其个性化的内容和形式，以适应听众不断变化的收听心理需求，似乎是根据一个或多个主题而衍生的变奏曲。类型化电台节目设计的程式化机制所具有的优点与合理性，不仅方便听众根据以往的媒介接触印象选择喜好的节目，而且策划人员能够借助程式化做法，更好地依据自身个性倾向去表达丰富的节目创意。

三、信息传播碎片化

作为专门生产和销售文化商品的媒介产业之一，毫无疑问在媒介文化研究者的眼里，类型化广播同样也无法挣脱同质化、简易化和感性化的批评窠臼。程式化的内容生产机制的弊端是更加注重与目标听众相关的新闻信息，大量的信息必须被压缩在非常有限的时间单元内，才能够得以多次循环播出，流行音乐电台的许多新闻被压缩内容，只能在一个小时轮盘的两个15分钟时段的间隙播出，这一做法的前提是假定有大量听众在新闻时间转台，有些音乐电台干脆省掉新闻信息，只有早间节目除外。

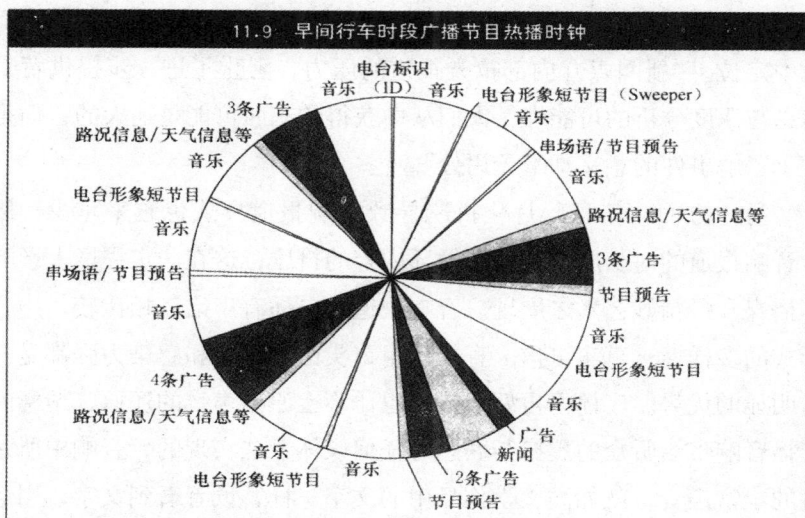

图 5–1 美国早间行车时段广播节目时钟①

　　将社会信息动态中的点点滴滴剥离其语境，重新简易包装后传播给大众，长期潜在的负面效应引人深思。具体来看，类型化广播新闻都是由简短、新颖、快节奏的事件摘要组成，新闻事件被孤立开来，无法将事件放入更广泛的社会语境之中，无法全面理解新闻事件彼此的关联。广播新闻精缩版的"碎片总汇"使得听众只能在各类信息并置的情形下，知晓信息浅表层面的只鳞片爪，那些缺少相关背景知识的听众很难全面理解新闻，这种做法也许符合"均衡"的原则，但是无法帮助听众获取新闻的深层次意义。

　　美国传播学者阿瑟·阿萨·伯杰对美国全新闻电台的高度结构化和公式化予以犀利的批评，他认为人们最常听的新闻是脱离背景的"数字"，也就是对各类事情的连串报道，诸如火灾、犯罪、政治活动、电影评论、烹饪、天气都占据了相当重要的地位，这类新闻肤浅

① 苏珊·泰勒·伊斯特曼：《电子媒介节目设计与运营》，谢新洲译，北京大学出版社 2005 年版，第 484 页。

有趣，满足了人们的好奇心，但由于其细节支离破碎，不能帮助人们从中定位。"新闻媒介内部抢先报道的压力，阻止了进一步提供背景信息与深度分析的可能性，人们从中获得的东西可能是迷人的，但是对于了解事件的意义却毫无用处"。①

另一方面，信息碎片化拼凑导致音响报道样式也越来越少，因为音响报道的时长局限于不断循环内容的挤压，这在一定程度上影响广播媒介最精妙艺术之展现。音响报道与口播有声语言相比较，声音形式的多样性、真实可信、直接使用口头语言报道和感染力强都是非常明显的优势。广播里再好的描绘也比不上原始声音的还原，精彩的广播音响带给听众的震撼与联想是任何媒体无法实现的。音响中所包含的丰富声音，就如同文学作品中的文字一样，读者看到文字，引起联想，形成意象，广播节目中音响与文字、有声语言、音乐的综合使用都是一种中介，通过中介的刺激和解码，把声音符号转化为嗅觉、味觉和视觉体验，为听众打开回忆和体验世界之门。

"标准化"和"伪个人化"的信息碎片化传播，受众不知不觉丧失了许多艺术性的鉴赏机会，似乎越来越习惯于沉迷在看似丰富多彩的媒介文化产品中，但是却降低了艺术的审美趣味，失去了批判现存社会和发展自我的能力，法兰克福学派从社会精英立场出发的评判观点颇具理性的启蒙意义。

与法兰克福学派代表观点不同，本雅明在 20 世纪二三十年代就敏锐意识到，电子技术成为艺术生产力之后，过去存在于自给自足的艺术作品中的生产关系已经瓦解了，要建立一种与大众文化相适应的美学，必须承认新的电子媒介的解放潜能。

总体上我们仍需要用辩证思维看待类型化广播的创新形态的积极意义，尽管信息传播的"碎片化"存在诸多传播的负面弊端，但是

---

① [美] 阿瑟·阿萨·伯杰：《媒介分析技巧》，李德刚等译，中国人民大学出版社 2005 年版，第 193 页。

谁也无法否认，由于其传播范围广与传播数量庞大，能够产生社会"多数"成员不可抗拒的社会影响力。

四、类型化市场价值

无论是理论界还是实践界，人们对媒介类型化的生产与传播具有肯定的共识，媒介类型化对应着把整个受众市场按受众需求和偏好分割成不同消费者群体的组成过程，即受众市场细分过程。受众市场细分的优势特点是利用自身市场定位体现出的与特定群体交流方面的专长，开发一系列产业链和配套服务，甚至包括从事展览、商品交易会和数据库等业务，所以类型化媒介针对的群体依然是其长期培养塑造的特定目标受众，创造与其他商业活动产生协同作用的合力，并且因媒介具体类型的不同而发展各异。

根据 2009 年 CTR 媒介智讯数据的统计数据，"当年我国机动车期刊广告投放增长达到8.4%"，[1] 各类杂志中增长比例位列女性时尚期刊、财经类期刊之后。这一数字背后折射出，近几年我国汽车消费增长带动机动车市场、导购、汽车用品、二手车、日常维护等多方面广阔的市场前景，机动车期刊以较高收入的有车一族为主要受众，因具有较强的购买力而受到汽车类广告客户的青睐重视，从而为汽车类传媒产业增长营造有利商机。

与此同时类型化广播在国内的兴起也无法脱离汽车工业的广泛影响，2000 年以后广播的车载收听比例快速增加，私家汽车和公共汽车、轨道交通越来越成为听众经常收听广播的场所，据CSM2009年的统计数据，"把私家汽车作为最经常收听广播地点的选择比例达到了 20%，在公共汽车、轨道交通工具经常收听广播的比例也达到13%，然后依次为出租车、班车等"。[2] 广播受众结构式增长越来越分

---

① 中国期刊年鉴社编：《2010 中国期刊年鉴》，第 727 页。

② 王兰柱主编：《2011 中国广播收听年鉴》，中国传媒大学出版社 2012 年版，第 11 页。

众化，明显表现在上班族和有车族的教育程度和收入较高，上下班路途之中时段收听特征突出，高端听众的商业广告价值与广泛的文化消费需求正在发生较大变化，满足听众这样的信息需求就必须打破专业频率的局限，实施多频率、多时段、多频次覆盖人群，因而有必要对广播现有的频率资源重新进行排列组合。

从广播系统的全局长远发展来看，如果把音乐广播、经济广播、故事广播、乡村广播、青少年广播、体育广播等类型化广播的市场竞争力比喻为"羽翼"，交通广播比喻为"机头"，新闻广播比喻为"机身"，那么构建机头、机身与羽翼的整个广播系统稳固的多样化组合，应对其他媒体竞争的合力将会增强。广播单一频率的类型化，彰显传播内容"专业化"与目标受众"专门化"所体现出的差异化竞争优势，有利于传媒市场价值纵向和斜向的目标扩张战略，扩大传媒市场份额增长，最终实现合理配置资源与规模经济的良性循环。

纵向既可以在传媒内容生产与供应中向前一个环节的发展，也可以向后一个环节的发展。纵向整合的传媒战略目标可以控制传媒从生产制作，即内容版权延伸到以不同形式发行和销售这一产品，其中的重要意义是传播媒介具有一定控制其自身运行环境的能力，有助于避免丧失上游或者下游的市场销路。斜向扩张战略目标意味着向新的业务领域多元化发展，传媒和相关产业之间斜向发展存在无数可能性，这种战略发展的好处是受益于规模经济和范围经济的广泛应用。在特定受众群体之中已经培养起来并且得到认同的品牌价值，以及来自受众群体的美誉度忠诚度等密切情感关联的竞争基础之上，能够更好地实现传媒市场价值目标。

比如，湖南经济广播广告营销针对白领金领的生活方式，开展精准的消费推荐，实施传媒影响力连锁营销，同时争取政府相关部门推荐，组织经济界领军人物参与，打造财富影响圈，主办各种论坛沙龙等活动，以广播频率的小平台收获大影响大回报。

再如，2008年广东电台数字类型化广播频率全部为24小时播出，其"故事频道"、"HIFI 频道"、"财经频道"、"音乐之声"和"羊城交通台"五套节目，除了使用专业的数字广播接收机以外，还实现了手机电台和网络传输，借助独有的风格特色和多元化的表现形式，丰富扩展节目内容和产品线，拓展网络广播、数字付费广播、手机广播，吸引新的受众群体，数字化类型化的高端发展态势带来产业发展的较大优势，仅在 2009 年广播广告盈利就达到 8.87 亿元，居于全国首位。

广播作为高度类型化的媒介，其中任何一个广播栏目或者频率都不可能是独一无二"孤本"的存在，必然具有与之相类似的节目形态。广播的类型化作为一种文化传播实践，从制作者来看，完全的创新意味着较大的市场风险，为确保收视率与经济效益，广播制作机构倾向于模仿以往的成功范例。从听众的角度来看，类型是引导观众选择和期待节目的首要因素，并且按照既定规则理解节目。电视类型不仅仅是一种分类，整个电视行业都是按照类型进行节目生产以及日常运作。在美国更是如此，"类型可以说是美国电视业的核心框架，节目的组织原则、制作流程编排、观众的自主选择都以类型为依据，类型不仅是一种内容描述手段和制作中的分类工具，也为观众对于社会问题、人类经验和文化行为的认识提供途径"。①

影视剧的类型化生产与市场赢利，本质上也是满足观众社会心理审美口味，进行惯例制作和创新发展并且使产业属性得到极大彰显。类型化影视剧在媒介产业竞争中具有的必然优长与合理因素是：

首先，类型化的惯例生产往往从样式到题材，从手法到格调均形成比较固定程式，它省时、省钱、省力，符合商品经济的生产规律。托马斯·沙兹指出，电影工业是在满足观众对日常生活经验的仪式化浓缩同时，力图使生产过程经济化；其次，"类型化作品体现创作者与观众之间一道不成文的契约，类型化生产相当尊重观众的欣赏

---

① 苗棣：《中美电视艺术比较》，文化艺术出版社 2005 年版，第 177 页。

习惯于审美趣味，尊重观众经验记忆中熟悉的叙事模式和叙事代码，尊重他们喜欢的叙事风格和结构框架，类型化生产在量的积累以及和观众的互动之中渐渐形成对大众心理的类型显影功能，观众的中心化就是为了赢得最大市场与利润"。①

广播的类型化是市场高度竞争的产物，传统意义上的大众传播是把大量综合的受众资源售卖给广告客户，但是这样传统的广告营销模式缺乏广告投放的针对性。为了提升媒介广告的营销价值，必须在传播内容和手段方面细分并且强化受众类型，使之具有很强的标签性和稳定性，以达到传播媒介市场价值定位目的。

英国媒介文化研究学者格雷姆·伯顿从文本的视角，深刻分析了类型化的传媒市场的优越性，他认为类型化文本能够吸引媒体机构，这是因为他们具有"可预测性"与"规模效应"。② 可预测性意味着媒介生产者更容易对类型化进行预算，更有可能预测类型化的媒介产品能否在市场上获得盈利，类型化文本所具有的"公式"元素更加为受众所熟悉，在大众传媒文化广泛、累积、重复的传播过程中实现"规模效应"，远远比那些一次性的个性化媒介文本更容易营销，这使得媒介生产者对类型化文本青睐有加。

总括来看，对于类型化广播的分析不能局限于单个文本本身，而是要关注相关的媒介产业，以及类型化文本所依托的大众文化传播整体背景。媒介全球化发展的潮流中，类型可以被喻为跨国媒体集团的"武器"，去攻占全球各地的媒介受众市场，采用"辛迪加"方式营销一个有创意的类型化节目，综合开发一系列衍生产品，在不同介质的媒介反复多次传播。新媒体信息传播环境下，基于满足特定受众"需求"理念下的媒体"共融"模式，将珍贵声像、图片、文字资料

---

① 彭文祥、郝蓉：《论影视剧的"类型"观念与"类型化"生产机制》，《现代传播》2007 年第 5 期。

② 格雷姆·伯顿：《媒体与社会：批判的视角》，史安斌译，清华大学出版社 2010 年版，第 78 页。

进行数据库处理，建立媒介的特色类型"媒资库"，并加以重新整合利用，实现"媒资库"向用户收取费用的获利方式，实现媒介利润呈几何级弹性增值。

五、类型化创新本质

尽管类型化生产机制中的"非个性化"、"模式化"、"惯例"等做法总是受到来自精英立场的批判。然而正像亚里士多德在《诗学》中指出的，类型从性质上来说是不偏不倚的，经典悲剧的程式基本上是相同的，遵循类型化的运作机制并不意味着无创造性、无美学价值。京剧的表演非常程式化，但在尊重这种程式化的前提下，却出现了像梅兰芳这样杰出的表演艺术家，他们在严格规范中挥洒个性风格，很有独创性。媒介类型化的生产既受到"惯例"、"成规"的约束，但同时在每一次重复时又有所创新和变化，进而不断把受众的心理需求以新的方式表现出来。

从媒介类型的发展和演变来看，一种类型从诞生到消失要经历原始阶段、经典阶段、修正阶段、模仿阶段四个阶段。类型的变化牵涉内在形式与外在社会背景、社会文化变革两种因素。

某种意义上说，如果说通过类型化广播的生产本质可以了解一个社会的时代特征与文化氛围，那么，从一种媒介类型的发展和演变可以看到一个时代的社会缩影。

第二节 类型化的文化维度

英国文化学者雷蒙·威廉斯对文化有三种概括方式，第一是理想的文化定义，第二是文献式的文化定义，第三是文化的"社会"定义，文化是一种整体的生活方式，正是最后一种定义，奠定了文化研究的理论基础。"文化分析就是对整体生活方式中各种因素之间关系的研究，就是去发现作为这些关系复合体组织的本质"，① 在这一过程中文化的意义和规律的阐发是被历史变化所影响与建构的。

传播与文化之间密不可分的关系造就了大众传媒对社会的重要影响，文化的传播与大众传媒如影随形、无处不在，大众文化要借助一定的传媒手段才能成为受众认知的大众文化，而大众传媒作为文化载体颠覆了传统的精英文化立场。"大众文化包括了最基本最普遍的社会过程与实践意义，受众正是在与社会过程与实践意义的关联中，文化才得以被构建。"②

类型化广播作为单位传媒，它不仅具有"受众品味决定传媒品味、消费主义的同质化倾向、再现和介入一般日常生活、暗含霸权和民主力量兼备的权力机构"③ 等一般传媒特性，同时它自身的特性内涵表现为娱乐狂欢性、受众消费体验的市场细分与媒介奇观，以及与后现代性文化同构、新闻与异化等具体文化维度指涉。类型化广播与当代社会的关联越是密切，我们就越是能够清晰地分析其文化价值属性。

一、结构主义传媒视角

运用结构主义的理论方法研究传媒文化，融合了索绪尔的语言学、列维—斯特劳斯的结构人类学、罗兰·巴尔特的符号学，研究倾向以"文本分析"为依据，探寻意义指陈动态的过程与再现系统。结构主义从索绪尔的理论中汲取了两个基本思想：第一，关于文化作品和实践的潜在关系——使文本的意义成为可能的"语法"；第二，认为意义常常是内在结构使之可能的选择和组合之间关系相互作用的结果。文本意义生成的决定性因素是隐藏的结构。"正因为结构的存在，

---

① 罗钢、刘象愚：《文化研究读本》，中国社会科学院 2000 年版，第 8 页。

② 陈兵：《媒介品牌论——基于文化与商业契合的核心竞争力培育》，中国传媒大学出版社 2008 年版，第 44 页。

③ 陈龙：《传媒文化研究》，中国人民大学出版社 2009 年版，第 27 页。

文本和实践才有意义，结构主义的使命就在于揭示意义生产过程，也就是言语方式中蕴含的规则与惯例结构。"①

约翰·费斯克指涉文化经济的概念给我们带来了进一步的启示，他认为"文化经济的流通是意义和快感的传播而非货币的周转，这种文化经济中原来的商品变成了一个文本，一种具有潜在意义和快感的话语结构，这一话语结构形成了大众文化的重要资源"。②

任何广播电台的节目时间表都必须通过一个有意义的快感话语结构，再去编排已经编码的信息。与一般化的广播内容采制与播出过程相比较，类型化广播开启了一个具有区别性的结构：它的轮盘叙事力量来源于它的多元分立结构，即每一小时或者两小时栏目内容由多个精细分割的子栏目或者子单元构成，比如音乐（各个分类）、天气、新闻、推广片和商业广告等，这种大众文化传播隐含不露的意义之一就是突出信息传播与娱乐价值。

美国一些行业分析家和咨询人员认为，所有的广播都是娱乐广播，即使是新闻节目，也只有以音频娱乐的形式来安排，才能在媒体收入和收听率上占据主导地位，最成功的新闻谈话与体育电台节目的设计与运营人员，要求他们的播音员将注意力集中在播音时的娱乐价值上，美国广播史上很多口语播音员因太过于严肃，不注意播音的娱乐价值，最终导致了无法挽回的收入和收听率下降。

甚至有节目运营与设计人员总结出所有高收听率的电台首先都必须是娱乐性法则，广播中只有两种悦耳的方法——新闻谈话中的口语或者音乐，这种娱乐的氛围在美国已经成为地方性以至全国新闻的主要风格。

美国广播市场主导节目形式的分析表明，拥有高收听率和收入

---

① ［英］约翰·斯道雷：《文化理论与大众文化导论》，常江译，北京大学出版社 2010 年版，第 139 页。

② ［美］约翰·费斯克：《理解大众文化》，王晓珏等译，中央编译出版社 2006 年版，第 127 页。

份额的电台采用的是谈话和音乐相结合的战略。音乐电台采用谈话节目培养受众的兴趣，维持与受众的情感关联，也正像新闻谈话和体育电台用音乐来加强口语传播一样，增强收听的愉悦感。

几乎所有的新闻电台都以娱乐形式播出节目，而几乎全部的音乐电台都可以被看作是在提供某种形式的信息，谈话形式融合了音乐内容，音乐的形式嫁接了谈话内容，类型化电台正是通过轮盘循环的工具作用，对单位时间进行巧妙分隔与链接，这种节目架构的功能有效融合了信息传播与娱乐价值目标的最大追求，在两者之间铺陈特色，从而彰显风格潮流，力图不断靠拢两者中间的距离，而非走向两端。

总之，在类型化广播节目编排与产业运营的背后，存在高度同质化的结构，轮盘结构与具体内容之间的关系，也可理解为结构（Structure）与表现（Performance）之间的关系——体现为内容的异质性（Heterogeneity）完全由结构之同质性（Homogeneity）所决定。只有触及其背后的隐喻结构，才能深入探究类型化广播追求信息传播与娱乐化目标的操作价值。

二、消费细分体验时代

进入消费社会，整个经济、社会和文化制度被一种消费物质商品的动力所支配和渗透，消费开始控制社会并成为一种完全的生活方式与目标。菲利普·科特勒把人们的消费行为氛围三个阶段：第一阶段是量的消费阶段；第二阶段是质的消费阶段；第三是感性消费阶段。前两个阶段是在生活条件制约下形成的理性消费，而在第三阶段消费者重视购物时情感的满足与体验，消费的是某种商品所代表的符号意义，也就是说，消费过程中消费者体验和经历所占的分量越来越重，消费社会从"拥有"到"体验"的转换在一定程度上改变了消费者的生活方式和价值观念。

传媒文化的生产很大程度上是引导社会消费欲望的生产，传媒文化的广为播散不断刺激创造着受众的消费欲望，而非为了实际需要的满足。换言之，人们所消费的不是商品和服务的使用价值，而是它们的符号象征意义，消费欲望是被诱导出来的，消费主义产生的根源在于经济领域，但它常常以文化的形式传播和扩张。

当大众传媒从卖方市场进入买方市场，对媒介产品消费体验人群的分类不只依据人口统计数据，同时也转向生活方式细分研究，将受众的年龄、教育和经历特征作为分类指标，把这些特征具有相似之处的群体，划作不同类别的生活方式和价值群体。比如，据调查美国"新闻谈话"电台的听众以中年男性居多，大部分受过高中及以上教育、热衷各类运动、喜爱乡村音乐和当代成人音乐。

依据人口统计资料和生活方式细分等因素对受众分类，可以获得受众作为消费者一面的较为清晰画像，针对消费者的社会阶层，居住环境以及生活消费习惯等数据，提供真正符合受众需求和口味的媒体产品，更容易被目标受众所接受，类型化广播的由来及兴盛发展正是建立在这一受众市场细分的理念基础之上。

更深入地看，类型化广播作为受众传媒消费的载体之一，消费的物质性与传媒的功利性达成了完美的价值契合。广播发展早期"TOP40"电台模式能够吸引从儿童到成年人各个年龄段的人，到如今从人口统计学和生活方式细分的角度划分目标群体的电台，已经能够分出几种次级形式。美国仅音乐电台就能再细分出多达几十种之多的次级模式，广播产业传统的生产方式和法则已经失效，现在重要的是内容奇观的生产、流动与消费，整个传媒娱乐产业都是一道盛景奇观。

媒介所承载的信息是经过剪辑和过滤的世界实体，受众解读的是已经变为符号系统的世界。"大众传媒的功能是对世界的特性、唯一只叙述事件的特性进行中性化，代之以一个配备了多种相互同质、互为意义并互相参照的传媒的宇宙。在此范围内，它们互相成为内容——而这便是消费社会的总体信息。"①

---

① 陈龙：《传媒文化研究》，中国人民大学出版社 2009 年版，第 53 页。

三、与后现代文化同构

与现代特征所表现急速的社会变迁、工业化、工厂体系、官僚组织和大众政治运动相提并论，进入后现代社会，人们普遍重视物质进步、平等主义、社会改革等目标。麦奎尔认为，"后现代概念的吸引力，在于它帮助连接许多有信服力的观点，而这些观点关乎媒介自身的本质逻辑"。① 媒介逻辑包含着一个用来决定时间如何分配，项目内容如何选择，语言和非语言内容决策之媒介语法的存在。

作为一种文化哲学，后现代主义已经成为流行音乐研究的主流话语，它所偏好的是短暂的、当下的、肤浅的愉悦，诉诸感官而非诉求理性的形式，后现代文化是反复无常的、缺乏逻辑的、千变万化以及快乐主义的特点。后现代主义不再有任何宏大的叙事、组织性或解释性框架，其文化美学牵涉到对传统的否定，以及对于创新、发明、瞬间享乐、玩乐与模仿的追求。

类型化广播与后现代文化的汇流同构表现在以下几个方面：

第一、类型化广播生产和再生产的媒介文化标准形式，正是建立在西方社会进入后现代社会的集体意识和价值观基础之上。

类型化广播起源于 20 世纪美国的五六十年代，与此同时后现代主义的思潮也是在 20 世纪五十年代晚期和六十年代初期正式登场。那一时期盛行于英美的"波普艺术"② 体现出对"精英文化"与"大众文化"壁垒的明确拒斥，鄙夷阿多诺将文化视为"世人所思、所表的最好之物"的观点，转而推崇威廉斯的"文化是全部生活方式"的定义，"精英文化"与"大众文化"壁垒崩塌的一个重要标志

---

① [英] 丹尼斯·麦奎尔：《麦奎尔大众传播理论》，崔保国等译，清华大学出版社 2010 年版，第 107 页。

② 波普艺术：盛行于 20 世纪五六十年代的国际艺术运动，涵括广告、电影、宣传海报等大众文化形式，后来演变成为一种赋予商业文化以严肃艺术和政治诉求的思潮。

即是"波普艺术"与流行音乐的融合，这一时期流行音乐本身也开始具有严肃的政治意蕴。"波普艺术"是后现代主义形成的一个重要语境，考察后现代主义与大众文化的关系，类型化广播是除了电视、音乐录像、广告、电影、流行音乐、时尚等之外一个值得关注的文本与实践，类型化广播得以生存的根本条件，在大众范畴之内的分众化传播，产生于它与彼时的西方社会文化潮流、受众思想观念一致的同构性，"即高雅文化与低俗文化、现在与过去、历史与怀旧、虚构与真实之间界限的消解，双方对立之间的差异愈发无谓、愈发隐匿。"①

第二、类型化广播传播形态的创新，回应了社会转向从现代性到后现代性的社会传播情境的诸多变化。

社会传播情境变化，牵涉从现代性到后现代性人们的精神信仰、生活娱乐消费方式、信息传播形式的选择偏好，以及社会主体的多元分化等各个层面。

在鲍德里亚看来，"一种新的围绕着模拟而组织起来的后现代社会，模态、语码、传播和信息、媒体等都是完全不同于现代主义的创造性产物。如果说现代性或生产方式所意指的是这些模式化实践，那么后现代性或信息方式所标明的交往实践则构建了不稳定的、多重或分散的传播形式。类型化广播的目标群体细分与控制循环播出，信息传播碎片化等传播形态创新特征，不约而同切合着后现代主义"平面化、无深度"的特征，是在无穷无尽的"互文"机制中完成。

流行音乐的播放充分体现后现代主义思潮，例如，饶舌音乐（Rap）作为一种后现代流行音乐，"它的互文性特征以及对其他文本的引用并不是美学枯竭的结果，支离破碎的现代主义与文艺衰亡之间也并不存在针锋相对的冲突，恰恰相反，后现代流行音乐将七零八落

---

① ［英］约翰·斯道雷：《文化理论与大众文化导论》，常江译，北京大学出版社2010年7月第1版。

的碎片撷录在一起。"①

后现代主义崇尚真正重要、真正根本的意义在于感性释放的"播撒"、"替补"和"延宕"的范畴之中，迎合个人享乐主义的狂欢风潮。音乐广播更加确切的传播功能是情绪的感染性，"在特殊体验和意义所处的世界内建构'基调'、'肌质'或色彩"，② 它的移动性和声音伴随的背景为受众提供生活能量和积极态度，以抵御生活中不断增加的消极意义，这是一种赋予受众行为能量的传播效果。

四、新闻与异化的批判

从马克思主义理论对类型化广播进行文化阐释，这类电台被认为是文化萎靡的象征，听众对这类电台依赖成性，是与美国的资本主义制度相关，资本主义经济制度造成了焦虑，因此，人们需要不断获知世界以及周围环境变化。

以"全新闻电台"为例，美国传播学者阿瑟·阿萨·伯杰从新闻与异化的视点出发对"全新闻"电台进行深入分析，他认为"全新闻"电台的出现显示出一种普遍的'信息饥渴'能指意义，这种表征代表了美国文化严重苦闷的信号，更确切地说是压倒一切的焦虑与恐惧感的所指意义。资本主义社会造成了人们的异化，导致人们的无力感、不安全感、冷漠感，以致难以产生社会认同，人们接连不断地收听新闻，就是与这种焦虑感密切相关，新闻报道的支离破碎，就像为人们大量提供精神垃圾。

对美国"全新闻"电台的听众进行人口统计学分析后发现，听众多为中产阶级人士，这些人无力改变社会与政治，这些人早就被各类媒介意识形态所教化，往往被动于世事起伏而随波逐流，为了改善

---

① [英] 约翰·斯道雷：《文化理论与大众文化导论》，常江译，北京大学出版社 2010 年版，第 139 页。

② 罗钢、刘象愚主编：《文化研究读本》，中国社会科学出版社 2000 年版，第 425 页。

现状超越其他竞争者，就只能借助于媒介不断获知世界以及周围环境的变化。当人们长时间收听"全新闻"电台，既对世界充满好奇，可能也难免受到负面信息所带来的困扰与不快。

总之，类型化广播实践运营和文化层面所包含的复杂性，受到它在文本、产业和传播实践，以及广播历史变迁、广播媒介的主体身份与受众消费体验之间联系的界定。

第六章　类型化广播资讯服务

第一节　新闻频率

世界范围内的类型化新闻广播，主要分为"全新闻"台、新闻谈话台、新闻深度报道台等几种模式，"全新闻"电台是类型化新闻广播最为典型的一种模式，它是一种以 24 小时滚动循环的"轮盘"形式，满足现代社会受众对资讯不间断需求的媒介创新形式。

一、新闻频率的模式

我国国家电台层面以及各省级、市级广播电台的"第一频率"往往是新闻广播，但是，这些"第一频率"中绝大多数的全称并非单一的新闻广播，也非国际惯常标准的类型化新闻广播，而是定位于综合化的节目设置。新闻综合广播频率是国家级、各省级、市级电台建立与保持可持续发展，建构最强竞争力的广播频率类别，与其他类型广播频率相比而言，它的受众收听时长，包括人均收听分钟数和听众日平均到达率均达到最大值，传播的社会影响力均高于其他的频率类别，成为众多广播频率类别中表现最突出的一类频率。据 CSM 媒介调查机构对市场份额数据分析，"2010 年全国 33 城市新闻综合类广播频率的市场份额高达 28.3%，大幅度领先于其余各类广播频率，在各主要收听场所和主要收听率高峰时段均有突出的收听表现"。①

综观全国新闻广播的总体发展状况，绝大多数的新闻广播定位于泛化的综合内容，仅有"环球资讯广播"、央广"中国之声"、"东广新闻"、北京新闻广播、江苏新闻广播、陕西广电总台新闻频率等少数几家较为典型的类型化新闻广播。

（一）标准模式

2005 年 9 月，中国国际广播电台环球资讯广播 CRI News Radio 正式开播，作为全国首家类型化、全直播的纯资讯广播频率，环球资讯广播被中国广播的业界、学界公认为是新闻广播从专业化向类型化转变的重要开端，具有标志性意义。

有别于"中国之声"放眼天下——兼顾国际国内新闻报道领域，环球资讯广播出色发挥中国国际广播电台在全球 31 个记者站以及能够利用 61 种语言的优势，自创立之初它的新闻报道就侧重于国际领域，按照国际、国内的播出顺序，国际新闻报道的数量超过国内新闻数量或者与之大体相等，这是环球资讯与其他新闻频率最明显的区别，也使得它在国际突发新闻事件报道中占据很大优势。

环球资讯广播的类型化实践之路，完全借鉴纽约"1010WINS"和台湾地区"中国广播公司"的中广新闻网运作模式，采用新闻报道内容不断滚动更新的"轮盘式"编排方式。在"第一资讯"的节目时段中，环球资讯每隔 5 分钟播报新闻快讯，每到半整点或者整点再滚动播报新闻。创办之初环球资讯的纯格式化编排方式，尽管受到学界与业界的高度关注，但由于全天滚动播出新闻需要充沛的新闻资源和大量的编辑人手，以及一批有经验的新闻主播，受制于新闻资源的压力和人才储备不足、地域覆盖限制等原因，环球资讯广播并未拥有稳定的收听群体，收听率一直呈现低迷之势。创办之初的预期设想遭遇挫折之时，2007 年环球资讯广播适时改版，采用"轮盘式"与节目表

① 王兰柱主编：《2011 中国广播收听年鉴》，中国传媒大学出版社 2012 年版，第 82 页。

相结合的方式，从此，一批有社会影响力的新闻专题节目应运而生，节目收听率和市场占有率稳步提升。2011 年，在北京广播市场竞争不断加剧的情况下，据央视索福瑞调查："环球资讯广播的收听率稳定在北京市场第 11 名左右，部分优秀节目，比如如《档案揭密》《晚间第一资讯》等的市场份额稳定在 10% 左右。2011 年整体节目收听率和市场份额均比上年提高约 100%；平均到达率比 2010 年提高 100%，这些数据充分说明，2011 年环球资讯广播已经进入稳步上升阶段。"①

（二）滚轮＋板块复合模式

从国家电台的层面来看，2000 年中央人民广播电台的第一套节目已经推出许多新闻改革措施，包括以整点新闻为特征的新闻播报改革，设置早中晚三大新闻板块。2001 年，中央人民广播电台第一套节目对新闻资讯节目、新闻谈话、新闻评论、新闻专题等节目进行重点改革，同时各类对象化节目、公众化节目，以及中外音乐、广播剧、长篇联播等各类文艺节目纷纷推陈出新，形成具有多重复合功能的整合传播体系。当时的节目包括以《新闻和报纸摘要》《全国新闻联播》《新闻进行时》等为代表的新闻信息和资讯节目；以《新闻纵横》为代表的新闻评论性节目；以《新闻背景》《午间一小时》为代表的新闻谈话节目；以《世界报道》《今日中国》《晚报浏览》《体育直播间》等为代表的新闻专题类节目；以《今日农村》（桑榆情）《残疾人之友》《小喇叭》《星星之火》为代表的对象性节目；以《法制新世纪》《现在开庭》《星星夜谈》《经济与社会》为代表的公众类节目。

2003 年"中国之声"进行了内部问卷调查，对新闻综合频率和新闻频率的两个定位选择之中，"61% 的被调查者赞成新闻综合频率，37% 的人赞成新闻频率。后经过领导讨论和决策，最终将第一套节目的改版方向定为新闻综合频率"。②

---

① 龚万鹏：《从环球资讯广播看我国新闻类型化广播的发展》，《中国广播电视学刊》2012 年第 11 期。

② 邓炘炘等：《广播频率专业化研究》，中国传媒大学出版社 2006 年版，第 74 页。

突出新闻报道兼顾综合化内容的理由，简而言之，就是为了统筹全国各地各类听众的"共赏"收听需求。就广播的信息传播而言，据近年来 CSM 媒介研究调查，新闻类节目一直最受观众的欢迎与重视，新闻类信息是反映社会快速变革，传播价值与传播效果非常显著的信息类别。但是，如果将"中国之声"纯粹定位于"新闻频率"，单一的新闻内容可能在吸引一部分听众之余，同时也缺少覆盖广域听众共同感兴趣的综合内容，"中国之声"作为覆盖全国最为广泛的"国家第一广播频率"，必须综合衡量其公共服务职能，不仅要快速全面及时提供时政经济文化等方面的新闻信息，还应积极发挥社会整合、文化传承、娱乐休闲等大众传媒基本功能。经过新一轮精心打造，享誉数十年的中央人民广播电台第一套新闻综合频率，于 2004 年 1 月 1 日以"中国之声"的呼号全新登场。改版后的"中国之声"，正式公布新闻综合频率定位的形式。所以，在当时实际国情条件下，"中国之声"还无法完全聚焦在标准的类型化新闻广播层面，这是国家电台正处在改革和调整过程之中的一种过渡情况。

2009 年"中国之声"以求变和求新为宗旨，通过对节目进行重大全面的优化改版，打造以早中晚新闻"板块"为支撑，每半小时"滚动"播发新闻，形成"滚轮＋"板块"的新闻播报模式。夜间特色节目保留《千里共良宵》《守望黎明》《中央农业广播学校》《养生大讲堂》《小喇叭》《今晚听吧》《神州夜航》7 个非新闻类节目。观察 2013 年"中国之声"节目时间表，非新闻类节目设置与播出时间与 2009 年的状况大体相同。

据 CSM 媒介收听调查，中央人民广播电台"中国之声"在全国 33 个重点城市的市场份额与收听率均名列前茅，新闻类节目在众多收听市场表现出显著的影响力。通过连年持续改版，"中国之声"对非黄金时段播出的《养生大讲堂》《千里共良宵》《残疾人之友》《小喇叭》等综合节目少量保留并大多放置在深夜黎明等非黄金时段播出。白天时段新闻报道的"板块＋滚轮"以及与夜间某些综合化节目组合的整体变革，体现"中国之声"传播理念不断调适，综合化定位功能侧重新闻节目转向，逐渐趋向类型化新闻广播的突破创新。

陕西广电总台新闻频率设置全天新闻轮盘，按照每半小时一单元，设计陕广时讯、记者连线、今日关注、陕广时评、短信互动等子单元，依托传统品牌栏目《陕西新闻》《全省新闻联播》《带动早中晚》三大板块，新闻播出量是原来的四至五倍，另外以《百姓说新闻》《消费追踪》《爱心时间》《TV新闻串烧》等特色栏目嵌入全天新闻轮盘之中，兼顾保障新闻报道的数量与质量。

（三）综合泛化模式

大量地方电台新闻频率综合化定位，不能照搬"轮盘"式新闻播报模式，背后的原因在于，首先，我国现存条块分割的广播体制格局，各地区的频率尚未被有效开发和利用，对于广播频率资源稀缺、或者频率覆盖不理想的电台，将比较多的内容塞在"第一频率"中往往是不得已而为之的事情。其次，纯新闻频率的运营需要丰富的新闻采集加工制作资源，需要以即时的新闻信息随时填充播出时段，这对于广播电台来说是成本很高、投入较大的事情，只有国家级电台和某些特大型城市的媒体集团具备这样的实力，况且新闻采编人才与新闻资源的压力，使得类型化新闻广播与其他类型化频率相比，成本必然要高出非常多，这也是迄今为止我国只有为数不多的类型化新闻广播的原因。再次，对于像内蒙古、青海等地广人稀，少数民族人口比例较大的社会发展欠发达地区，受众群体在地理分布以及生活习俗与文化背景的异质特征较为明显，受众群体的同质聚合条件，还不足以形成适合类型化新闻广播生存的媒介细分空间。

近些年我国各省级、市级的许多新闻综合频率已经完成多方改革创新，形成有别于"旧"式综合化频率新的传播理念，致力于重点打造新闻资讯＋新闻评论＋新闻专题＋行风热线等各类栏目，新闻综合频率的泛化定位得到进一步集中规约，摒弃了文艺、体育、音乐、生活服务、交通等大量非新闻类内容，强化新闻综合频率以新闻类节目为主体亮点，优化新闻综合频率传播的广度与深度。但是，从传播形式看，包括各省级、市级新闻综合频率栏目堆砌的传播理念变化不大，这说明我国大部分的新闻综合频率的内容生产与传播机制缺乏强劲突破，对于类型化新闻广播的运做模式正在处于尝试与过渡时期。

表 6–1　山东广播新闻频道节目时间表①

3：45	小说苑
4：10	健康晨曲
5：00	相约好时光
6：00	新闻早报
6：30	转播中央台《新闻和报纸摘要》:
7：00	山东新闻
8：00	阳光政务热线 阳光反馈（周四）、阳光行动（周五，周六） 周日论坛（周日）
9：00	直播山东
11：00	关注质量热线　周末说话（周六，周日）
12：00	直通金海岸
12：30	健康有约
13：00	小康之路
13：30	民生直通车
14：00	新闻整点报＋健康有约
15：00	新闻整点报＋健康有约
16：00	四季养生
17：00	新闻整点报＋说道说道
18：00	新闻整点报＋直播山东听天下
20：00	山东新闻联播
22：00	新闻整点报＋田园晚风

① http：//v.iqilu.com/radio/，2013 年 7 月 10 日。

上述常态采用表定时间播出的栏目内容，是新闻频率功能设定和传统播报的一种传播情境，从本质上看是传播者主导的告知思维，是一种相对稳定的信息灌输服务，而标准的类型化新闻广播则是一种"瞭望"和"告知"状态，这两者的功能定位区别是明显的。一个新闻综合频率向纯新闻台频率转换的催化动力或是依靠行政主管的命令，或是需要突发事件自身的信息强度足够大才能实现，它比较难于起到殖时随地的告知作用。而纯新闻台的播出模式就是为社会听众随时随地扫描和检视周围的情况，并将它所获得尽可能多、尽可能详细的情况即时告知给听众。

我国新闻综合频率的变革表现为传播定位的调整，其复杂性远远超出广播媒介单纯的业务层面，牵涉广播媒介行业运营和整体机制等问题，各地区新闻综合频率在改革中不可避免受到市场运营、人事管理、技术设备、激励机制等一系列非内容层面问题影响。在当前发展阶段，新闻频率的定位并非越"纯"越好，无论中国之声的定位侧重，抑或地方电台泛化定位的集中趋向，都是根据当地广播媒介产业格局、市场细分的可行性，以及目标受众需求所制定因时因地的适宜策略，其未来的发展和走势将会进一步深入影响中国广播体制改革。

二、轮盘的样态功能

新闻轮盘是"全新闻"电台最为典型的象征符号，20 世纪 60 年代中期，美国两个主要的广播公司建立了"全新闻"电台。第一个公司是威斯林豪斯广播公司（The Weslinghouse Broadcasting），它把三个 AM 电台，分别是 1965 年建立的纽约 WINS、费城 KYW 和 1968 年建立的旧金山 KCBS 转换成了"全新闻"模式。CBS 随后也有了自主经营的 AM 电台，首先是纽约 WCBS、旧金山 KCBS 和洛杉矶的 KNX，后来又创办了波士顿 WEEI、费城 WCAU。

1010WINS 是全美收听率最高的新闻台，也是全美广告收入最高、广告利润最高的新闻台，它首创轮盘（也称为滚轮式）"全新闻"

国际新闻和中国国内热点问题的国际参照，挖掘国际新闻与中国的紧密联系，整个节目带给听众宽广的新闻视野和独特的收听感受。

《央广新闻晚高峰》则以每小时为一单位，每 15 分钟做一隔断。在内容组合上，它侧重梳理全天主要资讯，深度挖掘当日重磅新闻，分析点评焦点时事以及纵深浏览报刊文章，在"汇总"、"别样"、"贴近"上做足文章。特别是其中的特色板块"最美新闻人"，以新闻脱口秀的形式，重点热评当日新闻人物，引发了听众的强烈兴趣，并赢得了同行的广泛赞誉。

（一）栏目编排策略

新闻板块时段内，如何有机穿插编排几档栏目，美国广播电视节目中的一些技巧方法，值得借鉴。比如：

第一，"帐篷法"，即好的节目能够把周围的时段和节目都带动起来。这就像帐篷一样，帐篷最高的一点决定支撑的空间有多大；支撑点的数量对支撑的空间大小也有影响。

第二，"吊床法"[1]，受欢迎的节目就如同两个坚实的柱子，新出炉的节目就像吊床悬挂在两根柱子中间一样，被放在两个很受欢迎的节目中间。

第三，"搭桥法"[2]，比如美国公共电视网，通常会在晚上 8：00—9：30，9：30—11：00 之间播出两个 90 分钟特别节目，以便避免观众在整点 9 点或者 10 点被其他节目吸引走。

第四，"无缝过渡法"[3]，一种模糊节目衔接点的方法就是消除热播节目和新播出节目时间的间隔。

---

① 詹姆斯·沃克等：《美国广播电视产业》，陆地、赵丽颖译，清华大学出版社 2005 年版，第 120 页。

② 詹姆斯·沃克等：《美国广播电视产业》，陆地、赵丽颖译，清华大学出版社 2005 年版，第 120 页。

③ 詹姆斯·沃克等：《美国广播电视产业》，陆地、赵丽颖译，清华大学出版社 2005 年版，第 120 页。

广播格式，每 20 分钟为新闻一单元，全天 24 小时滚动播出，它的口号是"您给我 20 分钟，我给您整个世界"。

（一）**轮盘要素**

1. 轮盘时长

轮盘的时长有 15 分钟、20 分钟、30 分钟、40 分钟以至 60 分钟为一个单元顺序重复，但是大多数电台倾向于 20 分钟循环，因为循环的长度会影响到广告和标题安排，以及报时、交通、天气、体育、等主要新闻故事和专题节目的安排。

2. 台呼特色

"台呼"是全新闻台轮盘中播报频次较高的标识声音形象，必须鲜明响亮有个性，能够让听众在众多广播频率中牢牢记住、轻松识别。比如，如清晰频道传播公司在圣迭戈地区的新闻电台 600，呼号为 KOEO—AM600，口号是"头号新闻台 600KOEO"。

3. 新闻标题

往往是新闻事件中的浓缩核心部分，在简短时间内，让听众一听就明白，过耳不忘。

4. 新闻排序

首先，权衡每条新闻的次序位置，哪些新闻最吸引听众，内容可以多一点，播报时间可以加长。其次，节目工作人员需要计算每个新闻的滚动周期，由于全新闻台是滚动播放新闻，新闻编辑人员会根据信息的不断更新，对每个时段的内容进行增减。这样一来，保留哪些重要的新闻，去掉哪些价值不高的新闻，需要编辑人员根据新闻内在的价值大小予以取舍。

5. 短小单元

通常为简短的各类资讯组合，如新闻头条、交通信息、体育资讯、财经讯息等等。

6. 广告插播

在全新闻台中，广告时间会被零散多次分割于一个小时之内，总计大约为 18 至 20 分钟。

7. 音乐背景

音乐在各个短小的子单元之间起到串联的作用，对电台进行个性化映衬的典型声音背景需要精心选择，音乐是听觉识别系统的重要标识要素之一，以全新闻电台的创意标识音乐为主旋律，扩展衍生编曲，起到部分子单元的内容衬乐作用，与播音员的播读节奏风格相得益彰，形成个性化的新闻播报风范。

（二）轮盘样态

类型化新闻电台的轮盘构造样态中，轮盘的时长设定并不统一，除 1010WINS 的 20 分钟外，还有 15 分钟、30 分钟，乃至 60 分钟为一个播出单元的。台湾中广新闻网以 30 分钟为一个单元，逢 8、18、28、38、48、58 分播报财经指数（所谓"逢 8 必发"），逢 6、36 分播报交通路况（所谓"行车顺溜溜"）。美国底特律的 WWJ 中波电台告诉其听众："交通和天气新闻在尾数是 8 的分钟出现，也就是说听众在每小时的 8 分钟、18 分钟、28 分钟、38 分钟、48 分钟和 58 分钟的时候，随时收听广播就能获知上述信息。"澳广新闻网"把 60 分钟分 4 个单元，每单元 15 分钟，每 15 分钟的第一个 5 分钟是最新消息，接着是天气、财经与体育信息，再次是国内外新闻，最后有一个关于新闻背景的特定报道作为这一个单元的结束。

1010WINS 把每一小时分为 3 组 20 分钟循环的轮盘，在 20 分钟节目里，又设有《新闻播报》《交通时间》《天气预报》《体育快讯》和《财经观察》五个具体的条块。新闻轮盘较为固定，除非有重大事件发生，才会打破常规格式，对事件进行全方位跟踪报道。1010WINS 以每 20 分钟为一个新闻单元，每一条新闻在滚动播出时，也有一定的规律，重大新闻 20 分钟重播一次，称为 A 级新闻；比较重要的 B 级新闻每 40 分钟滚动一次；相对来说不重要的 C 级新闻是 60 分钟滚动一次。

2009 年云南广电总台覃信刚台长赴美对 1010WINS 的轮盘设计

构造进行了具体详尽考察，《新闻播报》栏目主要报道全球以及美国各州发生的重大新闻事件和对相关人员的采访录音。《交通时间》栏目则穿插在新闻中每隔 10 分钟播报一次，包括交通事故、实时路况播报、航班延误、纽约州公共交通、港口情况和停车场空置情况。《天气预报》每隔 20 分钟播报一次，每播出 2 次交通信息就紧跟着播出一次天气预报，主要是纽约未来 4 天的天气情况，每小时有两次专家对天气形势的分析。《体育快讯》每隔 30 分钟播报一次，主要内容是全球范围的重要体育事件，每小时有一次专家对体育的点评。《财经观察》每隔 30 分钟播报一次，主要播报纳斯达克最新的股市行情和对股市造成影响的财经政策。每组新闻在 2 分以内，每组新闻之间穿插广告或台呼。广告平均时长为 1 分钟左右。

"中国之声"在借鉴标准新闻轮盘时，结合国家电台的定位及使命、国情特点，主要目标受众群的收听需求、状态以及自身新闻理念的表达等因素，对轮盘做了大量的创新改造。一、通过设置"导听"，特别是"重点关注"栏目，对于各类信息进行非均衡排布，强调媒体自身对新闻价值重要性的判断，以发挥国家媒体的新闻引导力；二、强调第一手信息和新闻报道的现场感，如"连线报道"，以放大自身新闻线索的价值，记者独特的报道视角以及广播报道的优势和特点；三、强调对新闻的及时解读和针对评论，如"央广时评"栏目，加强话语权及媒体的舆论引导功能；四、重要或热点新闻报道突破轮盘格式的限制，根据内容需要向下一轮盘延伸，或在全天轮盘的"重点关注"中予以跟踪报道，以弥补标准轮盘格式在新闻深度挖掘方面的明显欠缺，确保"中国之声"在轮盘时段也能对重点或热点新闻做到全面呈现。

2011 年 10 月 8 日"中国之声"再次改版，《央广新闻》以半小时为单元，重点强调回归新闻本质，用第一时间、第一现场、第一人物、第一背景、第一评论、第一解读等六个子栏目来进行新闻内容分类。全天新设 44 档《此时此刻》，以"说新闻"的方式，为听众集纳最新消息、媒体和网络热点热议、生活服务提示等三大类即时内容，同时改革传统的报时方法，在广播电视媒体中独创公益报时等新形式。

（三）轮盘功能

为什么 1010WINS 的轮盘在世界范围内都得到比较广泛的推广应用？关键轮盘是具有一定稳定结构和组织化传播特性的微内容系列，轮盘的各组成部分别以有序循环的方式紧密关联，这样的构造对轮盘以致电台整体播出内容都发挥着重要功能。具体解析，新闻轮盘的优越构造性体现于以下三方面：

第一，符合现代社会受众生活节奏日益加快，更加便捷获知大量信息的需求。新闻报道"进行式"循环传播特征，新闻信息优先编排，体现了在一天之内，对突发事件的不间断报道，一段时间内对重大事件的系列报道。从不同的角度报道新闻、动态呈现新闻，同一条新闻在各个时段呈现出不一样的面貌。对同一新闻事件，1010WINS 要求记者一次写出多个不同版本，采访多个不同的人，出多种不同的声音。记者的现场报道、当事人的声音、社会公众的观点，专家的评论等。就一条新闻而言，在不同条块播出的微内容呈现了一种动态有序的链式结构，而非简单重复。

第二，构造高效的媒介组织化系统，强化新闻报道的整体运作。以电台编辑部作为组织核心枢纽，保障整个轮盘式新闻报道的高效运转，记者、编辑等工作人员成为内容生产流水线一个个不可缺少的环节，每个人的工作任务就是依照不同内容生产程序组装配件，最后整体组装程序完成之后，全面、生动的新闻报道才呈现于听众耳畔。"全新闻"电台的编辑部（NewsRoom）是新闻运作流程的指挥中心、新闻报道的策划中心、信息交汇分发中心。

第三，培养了一个忠实的受众群体。轮盘之所以吸引听众主要靠交通、天气、报时和每个循环单元里的头条新闻，每 20 分钟的微型组合体，新闻大都以提要形式播报，每条长度不超过 40 秒，这种新闻报道的固定组合形式至今已经有四十多年的历史，轮盘的报道模式能够为"全新闻电台"带来稳固的受众群体。长期以来，1010WINS 始终名列纽约电台收听率的第一，美国其他全新闻台基本上都借鉴了 1010WINS 的节目格式，只是组合体的时间长度有所不同。

第四，轮盘的功能就是只需吸引受众短时间收听，因为这种播报形式固定单一，连续收听重复率较高，作为一种新闻报道随时随地保持"瞭望"和"告知"的设置，方便听众随时进入和随时退出收听状态。既然收听时间比较短，就必须不断吸引新的听众来取代那些换台的听众，因此"全新闻"电台存在的必然合理性还在于"高累计收听率、低收听时间"的形式，依靠"高累计收听率"来抵消大概一刻钟的收听时间，正因如此，"全新闻台"通常创办于规模较大的广播市场中，那里有足够多的整体听众可能不断地收听电台。为了吸引听众、广告主、节目设计与运营人员，电台推广决策人员必须把足够多的体育节目和推广片等节目要素提供给听众，一般的听众每天可能仅仅收听了 20 分钟，而这个长度也刚好够让他们在未来的收听率调查中回忆起这家电台，这方面的研究在美国阿比创广播收听数据调查中被称作"有效频率"的研究。

三、滚动新闻递延性

滚动新闻是新闻轮盘的基本构造，由此决定类型化新闻广播能否"立台"的核心所在，"全新闻"电台运作的秘籍之一就是随时"恭候"听众获知最新的新闻动态信息，但单调重复的新闻报道不可能吸引受众的任何关注。

当某一新闻事件发生之后，电台电视台每隔一段时间跟进新闻事态的最新进展，并配发解疑释惑、拔新领异等观点，称之为"滚动新闻"。如果在一个相对固定的空间、相对确定的时段内，未发生足够引起受众关注的事件，或者由于新闻采编条件的制约未能推送至播出渠道，数量较少的新闻报道是不可能支撑起"滚动新闻"播出的大容量平台。鉴于此，有研究者对滚动新闻提出深入的见地："事件密度＋受众关切＋现场声响＋进展不确定性。"[①]

因而，不是任何新闻报道的内容形式都可列入滚动新闻的范畴，新闻轮盘滚滚向前，其动力在于传播内容的广度与深度方面均体现出高效的递进延展性，包含着事件密度构成的大信息量，受众关切度较高的新闻价值选择、现场音响彰显声音传播魅力、事件不确定性的动态跟进的基本要义，实质符合滚动新闻在内容与形式方面的双重内在要求。微观层面不仅要精心研究新闻报道具体业务，此外还牵涉更大范畴之内媒体宏观战略的发展方向。

（一）大信息量编排

1. 选准头条、突出重点

头条新闻是新闻轮盘中信息集纳的鲜明体现，头条新闻是否具有冲击力、吸引力，直接影响了受众收听新闻轮盘的注意程度和兴趣，不同电台的新闻轮盘，其宗旨和定位各不相同，传播的地域性和面对听众群也各不相同，因而，滚动新闻中头条的选择编排存在较大差异。

2. 遵循新闻价值、注重层次结构

按照新闻事件的新闻价值由大到小的顺序排列新闻，做到重点突出，兼顾一般，编排结构要条理清楚、层次分明。具体解析"东广新闻台"一小时新闻滚动结构，"天气路况"是"东广锐新闻"与"东广锐观察"、"东广锐搜索"之间承上启下的"纽带"，消息集纳式的"东广快讯"是不断循环播报的滚动基础内容，每一个单元的"天气路况"＋"东广快讯"的基础之上，添加新的报道部分，如"东广聚焦"（现场报道＋深度述评），和"早班编后汇"，以延展新闻报道的深度与广度。

---

① 吴纯刚：《滚动新闻广播的创新设计》，《新闻记者》2011 年第 9 期。

表 6–2　东广新闻台一小时新闻轮盘结构解析图

轮盘子单元	内容类型	时长
东广锐新闻	新闻头条、天气路况、东广快讯（消息集纳）	20 分钟
东广锐观察	天气路况、东广快讯（消息集纳）、东广聚焦（现场报道＋深度述评）、东广微话题（话题设置＋网友微博互动）	20 分钟
东广锐搜索	天气路况、东广快讯、早班编后汇①主编时间（新闻谈话评论）②记者在线（记者口播评论）	20 分钟

3. 信息组配

新闻轮盘由于时间线性传播的局限很大，因而要多安排篇幅短、内容实的短新闻，尽量增加事件报道的密度，也就是新闻信息的条数。新闻组配可将几条从不同侧面、不同角度，但有一定内在联系的新闻集纳编排，或组合、对比、关联、互作补充、互为背景，强调新闻报道的不同体裁，同时善于关注各种各样的新闻，包括事件式的、观点式、完成式的、进行式的，使轮盘的子单元在有限的时间内承载更大的信息量，从而增强新闻内容的密度、力度和深度。

举例来讲，新闻轮盘中常用的还有"串珠式"编排手法，即在轮盘的子单元中设置核心话题，围绕话题与记者、特约评论员、微博网友等展开多方互动，形成多种角度和多维观点交流场域，同时在话题进行中适当穿插信息集纳，区隔话题与补充其他信息，以调整谈话带来的单调感。

（二）受众关切的价值选择

首先，把对受众的有益需要与社会发展结合起来把握报道倾向。有限的时间内，展现事件冲突的发展并不是新闻报道的主要目的，目的结果是要找到合理的解决问题途径。所以，选择受众关切的角度倾向必须有助于解决社会问题，能够呈现化解某些社会矛盾的答案，对受众有益与促进社会和谐发展是相互联系统一的。

其次，把握事实重要程度与情节感人的故事，建构事实品类的内容与意义，"事实的品类指事实的品味差异，多指事态链条派生出来的若干意义要素，如事实的重要性、相关性和新奇性，构成引人注目的显性模态"。[①] 选择这类事实并突出品类个性，是建构新闻意义的重要方法。

再次，突出本地服务意识与传播双向交互理念，关注当地新闻事态变化发展，关注当地的热议话题，引入听众短信、微博互动等信息，为广播与当地社会公众提供更多便捷的横向交流沟通机会，体现新闻传媒作为大众传播的社会整合功能。

(三) 音响报道

音响报道是广播最具有个性魅力的传播特性之一，注重新闻轮盘的听觉效果与编排形式，选择具有视觉表现潜能的典型声音符号，借助能够唤发综合感觉体验的声音符号，强调激发受众内视能力的声音符号，善于用声音形象说话，综合运用语言、音响和音乐深入、具体、详尽地报道新闻事件，注重开掘事件的深度，让广播新闻更具有形象性，为听众提供更为宽广的想象空间。

深度报道充分采用"解说＋音响"的"包裹式策略"，这是广播新闻叙事用来表现深度的一种非常有效的方法，以录音访谈的形式，把大量的新闻背景和情节细节穿插进报道，新闻的落脚点在于解读，让新闻改事与解读互动，揭示新闻事件的本质，加上恰如其分的音乐萦绕使主题得到升华。

采用表达鲜明的广播新闻话语方式，一定的思想感情成为播音员主持人的支配主线，播音员语气的色彩和分量引发与语言内容相应的思想意图，体现广播话语的情感功能、鼓动激励功能和美学诗学功能。这方面尤其要避免新闻轮盘在高度循环中可能引发播音员或是主持人播报的惯性和惰性，包括播报思维、观察角度、播音腔调等，以免被快速运转轮盘的机械性所束缚管控，而在不知不觉中疏离了

---

① 刘建明编著：《当代新闻学原理》，清华大学出版社 2003 年 4 月第 1 版，第 71 页。

听众。

（四）动态实时跟进

广播是时效性最强的媒体之一，"全新闻"电台新闻进行式的收听效能机制可以借鉴东广新闻台，按照"真相—确认—焦点—解析—推论"① 的基准实现滚动新闻的采制。

现场声音台：本台＋合作联盟台＋通讯员队伍＋报料人。"东广新闻台"在这方面的做法是，建立基础合作媒体圈子，组织城市区间通讯员队伍，激励报料人措施，以此建构整合信息系统，重视音频资源上传等技术支持，实施后台"即编即播"的运行机制，将听众置于音响报道现场。

密集信息台：时政新闻＋区域文化。"全新闻"电台报道领域除了国际国内之外，注重充分开掘本土文化和人文精神，制作出当地老百姓身边的新闻报道，从本地生活空间寻找支撑点，这是大城市区域内"全新闻"电台特殊亲和力的个性张扬，恰恰能够满足当地受众对自身所在城市生活环境的一种亲密感和归属感的心理需求，也是取之不尽、用之不竭的可持续优势。打造本土新闻频率品牌，要在轮盘名称、片头片花、主持人形象、内容选择以及外景采访、后期制作都要有地域性的标识与风格，容易让受众识别认清定位，同时以"短、频、快"为特色，制作个性化的节目内容，才能提升其品牌形象。

权威解析台：事件报道＋新闻评论。对重大事件、突发事件以及热点事件的实时报道与权威解读评论，体现的是一个电台的立场与实力。针对目前我国广播新闻评论栏目普遍存在的数量不多、品质不高、形式呆板等诸多问题，广播新闻评论要获得进一步的发展，首要任务是广开言路，打造意见总汇、沟通的平台，在意见、观点理性整合的平台上，才有可能去争取第一话语权、第一解释权的时效性。在此基础上，更高的评论境界是追求深刻的思辨和问题意识，闪烁出评

---

① 吴纯刚：《滚动新闻广播的创新设计》，《新闻记者》2011 年第 9 期。

判性和建设性的思想光芒。

"全新闻电台"只有交流才会有评论，有评论才能聚集人气。江苏新闻广播新闻轮盘的子单元评论部分，在《江苏新闻联播》设立"联播观察"，《新闻早高峰》设立子栏目"声音"，《新闻晚高峰》设立子栏目"观点"，每个整点半点 30 分钟滚动内容中，12 分钟的即时资讯以后基本都是 13 分钟的新闻评论《重点关注》。新闻评论节目为江苏新闻广播收听率的整体上升加分不少，据央视索福瑞统计，2010 年江苏新闻广播在南京地区收听率排名第二。新闻评论"交互"的新形式对于"全新闻台"尤为重要，同时也是主动获取、掌控听众和网友"反馈"信息的重要环节，事先了解听众的所思所想，更容易形成传受双方良性互动的格局，避免新闻评论自说自话的封闭境地。具体形式包括：

评论员专栏，采用电话连线或者演播室访谈等形式，请专家学者评述自己的意见，而这些专家学者讲话的语调、语速和节奏也可成为评论节目风格的组成部分，栏目不仅为某些专家学者提供了话语权，另一方面这些专家学者也为节目的成功提供了智力资源的保证。

记者专栏，开辟记者的播客、博客、QQ、微博等网络人际传播新渠道，让记者通过个性化的表达，讲述采访经历、新闻背景、新闻故事等，可以吸引受众参与到新闻评论之中，同时也为记者获知更多的新闻线索，了解舆情民意开辟新的空间。

主持人评论员专栏，以主持人评论员的知名度，吸引听众关注主持人评论员的播客、博客、QQ 等网络人际空间，只有密切主持人与听众的联系，才能够加大传播者与受众的沟通空间，高素质的人才是保证新闻评论栏目特色和品牌的重要因素，这就需要在全电台内部建立高水平的评论人才队伍，通过评定"首席评论员"、"首席主持人"等奖项或其他措施，激励评论人才的成长。

网友评论专栏，以"中国之声"为代表的国内多家电台，都在网络专栏首页设立了网友评论专栏，可以对网友的留言、来稿进行收集整理，既关注了听众的意见，加强新闻评论的针对性，同时也避免了以"传者为中心"的单向传播方式的弊端。

媒体汇编评论专栏，实际上这是对"新闻评论的评论"，"中国之声"《晚报浏览》栏目的做法，是对不同媒体对同一事件的评论进行汇编，分析总结而且评出高下，或者选出一段时间内，国内外媒体最值得关注的新闻评论，再给出自己的点评。新闻评论节目中，如果只满足于解决听众反映的各类问题，节目发展的空间就会相当有限，创建媒体汇编评论专栏，就是创新节目的一种方式，引导听众、网民共同关注国家和各地区的社会热点，深度解读新闻，赢得听众信任。

（五）宏观战略

宏观层面看，大量新闻频率受制于广泛、大规模收集信息然后精编提炼能力之局限。"东广新闻台"为突破滚动新闻在传播时间、空间方面的限制，提出结合城市发展运行、广播传播功能和目标受众来确立信息编辑思想，把握时段规律与匹配内容分层的战略目标，重置"东广新闻台"的采编模式，发展方向是"大滚动＋大循环＋大协作，即：重大突发事件的全程且完整地滚动递进播报；信源的自循环与跨媒体交互有机渗透结合；在自身力量与合作媒体，媒体与新闻发言人，新闻事件与相关观点的延展等诸多方面开阔采编视野。

跨媒体合作方面，陕西电台新闻中心与中国国际广播电台华语中心合办外宣节目，与《华商报》签署战略合作备忘录，双方有权互用对方具有知识版权的新闻信息产品，共同策划报道社会热点、焦点新闻，实现全方位多媒体报道。建立陕西广播联盟以及政府、企业、高校、社区、气象路况、财经、电影商演、书碟上架等九大信息平台倾力打造本地新闻资源网络。

总之，新闻轮盘的递延机制必须充分建立在"全新闻台"广泛和深入的新闻来源基础上，对信息内容的精细采制与高效循环播出。多媒体竞争格局中的传播渠道越多，就会更加凸显优质传播内容对受众市场供不需求的矛盾，新闻轮盘滚动递延化的保障，终究还是要以

"质"的特色，体现"内容为王"的优效传播。

四、新闻板块的构造

有别于全滚动新闻频率和新闻综合频率，以"中国之声"为代表的新闻频率模式采用"板块＋轮盘"模式，早中晚时段设置大容量、长时段的新闻板块栏目，板块与板块之间全部以新闻轮盘贯通，这类复合模式代表了中国广播新闻频率高端品质的最新样态。

如果把轮盘提供的新闻比作"快餐"的话，那么板块提供的新闻堪称"大餐"，把"中国之声"节目架构比喻为"快餐"与"大餐"的组合，体现"中国之声"提供大信息量同时对新闻品质的追求。"中国之声"的板块新闻覆盖了早、午、晚三个广播收听高峰时段，均为高投入制作。"新闻板块在新闻选取标准、新闻报道角度、新闻呈现方式及内容编排技巧等方面都秉承了更高的要求，因而具有更强大的传播力和影响力，它们也因此成为整个频率全天新闻节目的重要支撑和品质拉动因素。"① 以早中晚新闻板块为主体，通过滚动新闻为主要脉络贯通一天时段，前后呼应共同构成立体的动态新闻模式。

表6–3 "中国之声"新闻轮盘＋新闻板块组合

分类	时段	节目
早间新闻板块	06：00—06：30	国防时空（军事新闻）
	06：30—07：00	新闻和报纸摘要
	07：00—09：00	新闻纵横
	09：00—09：30	新闻和报纸摘要（更新版）
新闻轮盘	09：30—12：00	央广新闻
午间新闻板块	12：00—13：00	全球华语广播网
新闻轮盘	13：00—16：30	央广新闻

---

① 中国之声：《中国之声新闻立台模式的构建与创新》，《中国广播电视学刊》2010年第12期。

分类	时段	节目
晚间新闻板块	16：30—18：30	央广新闻晚高峰
	18：30—19：00	全国新闻联播
	19：00—20：00	央广新闻晚高峰
	20：30—21：00	直播中国
新闻轮盘	21：00—24：00	央广夜新闻

（一）栏目个性与多样化

新闻板块内容侧重于对栏目内容的多样化和深度开掘，而不是滚动信息的快捷大容量，板块的新闻话语特征呈现"深度扩展"，在相关新闻背景与深度解析层面都力求"延伸"，滚轮新闻话语的特征是"快捷浓缩"，新闻信息按照标题式或提要式被压缩，每条一般不超过40秒，"一句话"新闻往往成为最常见的文本形态。

以中央人民广播电台《新闻纵横》《全球华语广播网》和《央广新闻晚高峰》为代表的新闻板块节目，是"中国之声"最具创新的个性化新闻节目。这些节目制作的各个环节，"中国之声"都秉持了"不走寻常路"的专业追求。根据早、中、晚各个时段的不同情况，各个板块之间采用了差异化、多样化的制作模式，因而打造出了形态各异的新闻板块集群。

《新闻纵横》以"追问"取势，问昨夜今晨有哪些最新消息，问新闻事件当事人、知情者和利益方如何解读，问焦点时事、热点话题专家和观察员的正反观点，追财经、追市场、追民生、追亲历、追面孔、追幕后、追体坛、追天气等等新闻兴奋点不断切换，内容编排环环相扣。节目以一个个精到的新闻标题统领内容，既画龙点睛，又赋予节目精致、睿智之感，堪称广播新闻节目借鉴纸媒强项的成功范例。

《全球华语广播网》则凸显全球定位，第一时间播报全球要闻，紧密追踪国际热点。节目取材强调华人视角，选取中国人眼中重要的

第五，"跳棋法"①，即不同的栏目安排在一个星期每天的同一时间播出。节目播出格局就像一盘跳棋，同一时间可以为不同的栏目所用，而不是像一条连续的"带子"。

第六，"削弱法"②，这种做法的成功与否取决于一家电台能否找到与竞争对手相匹敌的栏目类型，编排的竞争策略则力图吸引在其他电台没有得到很好服务的听众，差异性竞争在于吸引不同的受众。

（三）栏目策划思维

栏目策划思路是在由反复酝酿到豁然开朗的思维兴奋中形成的，策划学理论认为，这个过程中最重要的思维方法是强调信息、知识组合的灵感，各种思路组合信息，产生各种各样的广义灵感产生策划的创意。此外，还应采用系统论的方法对众多"灵感"进行优选与组合，偏重对优选后的诸多'灵感'进行有序的集合与最优化的编配。

1. 求异思维

根据人的思维方式不同，思维可分为求同思维和求异思维两种。求同思维是运用已有的知识经验，沿着一个方向去思考，寻求唯一的答案，而求异思维则不依照常规，而是沿着不同方向思考，以探求新的多样性结论。求异思维要求报道思路不落俗套，在报道题材、立意、视角等方面做到"同中求异"，具有独到的特色，任何成功的新闻栏目策划，都是求异思维运用的结果。

2. 逆向思维

逆向思维是从惯常思维的反方向或对立角度进行的思维方式。惯常思维带有普遍性，因而难得有新的发现、新的创意，反其道而行之可能就会另辟蹊径。在报道策划中，利用事物间的矛盾关系或者一个事物相互矛盾的方面进行信息组合，往往能够产生"逆向思维"的

---

① 詹姆斯·沃克等：《美国广播电视产业》，陆地、赵丽颖译，清华大学出版社2005年版，第120页。

② 詹姆斯·沃克等：《美国广播电视产业》，陆地、赵丽颖译，清华大学出版社2005年版，第120页。

结果。江苏新闻广播评论节目《新闻评弹》对传统广播新闻节目进行突破改变，主持人和嘉宾三人的讨论尖锐争论，较好地处理了单一观点的偏颇与节目整体话语平衡性这样一对矛盾。

3. 发散思维

发散思维实际上就是新闻报道策划中的多因组合方式，多因即多种因素。一些具有复杂性的事物总是和各种因素相关的，而且报道效果目标本身也可能是多种因素的组合。这方面典型例子当属我国广播界影响力最大的新闻评论节目之一《新闻纵横》，其子栏目《今日观察》为《新闻纵横》的主打栏目，依托具有普遍意义的新闻事件，评判是非；《热线追踪》跟踪重大新闻事件的最新发展，满足听众对发展中新闻的求知需求；《曝光台》用点名曝光的方式对不良现象进行舆论监督；《周日特别奉献》反映社会生活中那些可歌可泣的真实故事。《新闻纵横》栏目策划中往往要通过对多种因素的信息组合，形成比较复杂深入的报道思路。

4. 因果思维

客观世界中各种事物相互依存、广泛联系与相互制约构成了它们之间的因果关系，报道策划中如果能够从起因预见结果，透过事物表象洞察本质，就能使报道引导受众适度超前、适度理性思考，从认识个别到把握共性。

运用因果思维进行报道的策划，就要从宏观角度出发，心中装着全局，同时还要善于提炼新闻事件中带有规律性的东西。另外，客观事物之间，一因多果、多因一果的现象非常普遍，"因"还可能会产生连锁反应，导致新的因果关系出现，为报道策划者提供产生灵感的广阔空间。

5. 非正统思维

非正统思维与正统思维相区别在于，前者在策划中不拘一格、亦庄亦谐的传播特点富有生活气息，感染力强。

非正统的表现形式则可以包括：娱乐性，也就是说广播栏目竭力从严肃的政治、经济新闻中挖掘出娱乐价值，让评论不再秉持政策性、指导性以及权威性而是倾向于娱乐性；平民性，选取社会新闻、人物事件等作为新闻报道的对象，强调新闻内容的贴近性，亦可借用老百姓的思维解析新闻事件，话语具有地域特色或者人物风格，非说教而是寓教于乐；在进行新闻评论的过程中，可以运用广播所具有的艺术手段，如音乐、音响等艺术效果烘托新闻事件以及新闻评论，目的是让新闻事实因音乐、音响的烘托而更具听觉冲击力，从而使听众伴随着艺术效果受到情绪上的感染。辽宁交通广播的新闻栏目《新闻麻辣烫》，片头用麻辣烫的特色比喻该栏目新闻报道的辛辣特色，立意鲜明，别具风潮。

（四）栏目报道结构

"报道结构是报道各组成部分相互之间的关系及其组合排列所呈现的外在形式，报道结构通常由时间、空间、角度、广度、深度、符号等要素组成。"[①] 由于报道要素之间的组合形式千变万化、不计其数，但总体来看，新闻报道的结构策划可分为以下几类：

1. 点线型结构范式

这种模式的特点是选择某一个角度报道新闻事件，对新闻事件的发展变化展开一条线追踪，直到新闻事件的结果水落石出。报道依据时间的延续表现出单向性的、直线型的发展轨迹。央视《焦点访谈》栏目把这种追随事件发展而不断跟进的报道称作"打连发"。点线结构的策划范式，在事件性报道、问题性报道中都有广泛应用，它表现出新闻报道与事件动态同步推进，以连续性关注揭示新闻事件真相的特点。

| 新闻线索 | → | 事件动态1 | → | 事件动态2 | → | 事件真相 |

图6-1　点线型结构范式

---

① 蔡雯：《新闻传播的策划与组织》，新华出版社2001年版，第207页。

2. 发散型的结构范式

这类结构范式的特点是选择切入新闻事件报道的视点，对新闻事件的发展变化进行追踪报道，随着报道的不断深入，拓展与新闻事件相关的各个层面，转向对更多相关新闻事物的反映，报道依据时间的连续性呈现出由点到线再到面的发散型特点。

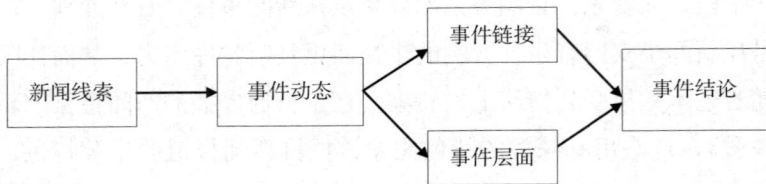

图 6-2 发散型的报道范式

3. 收束型结构范式①

与发散型结构范式不同之处是，这种报道范式的特点是从多个新闻事件切入，以多种新闻事件的发展变化指向同一主题，使主题得到深入挖掘，报道随时间延续表现出由面到线或点的特点。

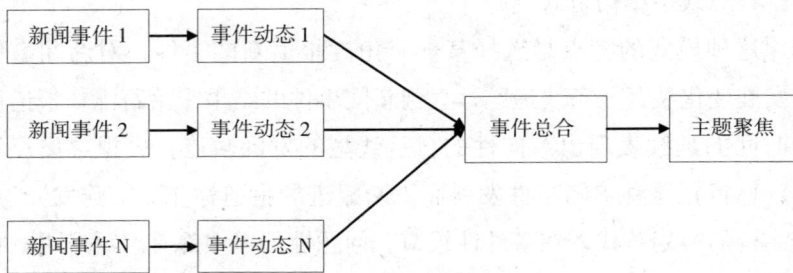

图 6-3 收束型结构范式

4. 网状结构型范式

这种报道结构的特点是从多种角度、多个新闻事件切入，报道随时间延续或追踪、或拓展、或沿着新闻事件各自的方向发展，表现

---

① 蔡雯：《新闻传播的策划与组织》，新华出版社 2001 年版，第 207 页。

出交错递进、相互配合的特色。网状结构模式较之前几类模式要复杂得多，它将前几种报道结构糅和在了一起，新闻事件发展的多元化、角度的多样化以及报道进展过程中各个条块的相互配和，使报道具有特别突出的震撼力。

中央人民广播电台策划组织，台内多个部门、多个节目共同参与的《穿越"三北"风沙源》大型系列报道，紧紧围绕防沙治沙这一重大主题，20 天时间里，东西两路近五十名记者共行程 26000 公里；穿越五大沙漠四大沙地，途径十个省区，边行进、边发稿。在一个月的时间里，以中央电台《新闻和报纸摘要》《全国新闻联播》为主阵地，以《中国农村报道》《新闻纵横》《新闻直播间》《第一报告》《整点新闻》、经济之声、都市之声等为辅，每天发稿四至六篇，且《中国农村报道》《新闻纵横》等节目播出的重点内容在《新闻和报纸摘要》节目中预告，同时在中国广播网、中国广播报发稿七百余篇，全天候互动互补，使各节目播出的内容产生"1＋1＞2"的效果，形成立体化的规模效应。

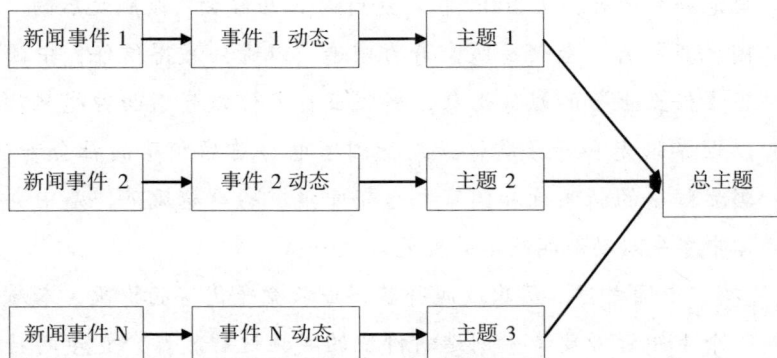

图 6-4　网状结构型范式

总之，上述结构范式仅仅是一种粗线条的描述，因为构成报道结构的因素很多，这些因素的组合具有不计其数、千变万化的组合，报道策划者完全能够在这些范式框架中灵活变通，但归根到底，任何报道结构的选择和设计，都是依据报道选题和报道效果目标的设定而操作的，不能是也不应该是策划者随心所欲的结果。如果违背了这一原则，比如以复杂的网状结构对一个意义不大的小事进行报道，或者以简单的线型结构报道错综复杂的社会问题，都将无法恰到好处地揭示新闻事件的全貌和本质，无法取得较好的传播效果。

案例：

"中国之声"的扩张与兼容之路

中央人民广播电台第一套节目"中国之声"，是中国国家电台的新闻综合频率，1940 年 12 月在延安开播之日起，新闻报道就是其立台之本，这一频率经过七十余年的发展，频率在新闻信息渠道、新闻采编人才、新闻节目直播以及信号覆盖等方面积累了全国广播界独一无二的雄厚垄断优势，新闻竞争优势成为"中国之声"最核心也是最强大的优势。它是 24 小时不间断播出的中国新闻广播第一品牌，是中国类型化新闻广播改革的典范和先行者。从 2006 年至 2011 年，历经数次改版之后的"中国之声"再次全新改版，着力塑造"以责任赢得信任，中国之声责任至上"的媒体形象，新版节目不仅以崭新面貌亮相，还以世界眼光和开放胸怀，践行国家电台首席频率的社会责任，彰显频率的新闻性和国家电台新闻报道的卓越风范，是中央媒体中率先启动新闻改革的垂范者之一。

"中国之声"历次改版并获得成长竞争优势的阶段，本质是一个重组资源要素、创造新价值的实施过程。媒介竞争的转型期，"中国之声"的优势在于成功应对我国传媒产品创新最为关键的挑战——扩张与兼容问题，即传媒如何通过产品创新为目标人群提供价值的扩张，以及如何通过价值重组实现对受众已有价值需求的兼容。"中国之声"传播价值的整体扩张，强调听众对信息需求的规模化满足以及信息交流与获取过程的全方位服务，历次改版都尽可能保证新旧节目之间兼容性，同时兼顾各方面听众收听利益，降低市场拓展的成本。

图6-5　"中国之声"官网首页

一、别创一格的新闻轮盘

自 2009 年 1 月 1 日全新节目亮相之后，"中国之声"的新闻类节目比重大幅增加，从早间 6：30 分到晚间 11：00，通过

"板块+轮盘"模式架构，打通周一到周日的各个时段，"新闻比率由以往不足 40% 迅速上升到 85%，新闻首发率和报道原创率明显提高。"① 其中《央广新闻》是"中国之声"改版后推出的最主要创新样态，以轮盘为编排格式，含括"中国之声"、此时此刻、重点关注、连线报道、财经新闻、文体新闻、央广时评等小单元，大约每 5 分钟切换一种播出形态，全部内容每半小时滚动刷新一次。

轮盘的设置有利于第一时间发现、采制、插播和解读新闻，新闻密集紧凑的编排，简洁明了的播报风格，有效扩充了信息容量，对于热点新闻，除在半小时单元内横向拓展，还在全天轮盘中纵向滚动延伸，信息传播实现垂直整合与横向延展两个维度的叠加效应，改变广播线性传播稍纵即逝，信息不易存留，无法反复收听的局限，大大提升了传播的社会影响力。《央广新闻》的轮盘设置，塑造了具有中国品质特色的滚动循环模式，引领了全国广播新闻界的改革浪潮。

二、扩张早晚夜黄金板块

2010 年，"中国之声"在广泛听取听众意见的基础上，优化的重点集中在早、晚、夜三大黄金时段，为实现新闻传播速度更快，节目内容更具有思想深度，更加贴近听众的传播目标。

（一）精致华彩早间新闻

"中国之声"2010 年节目时间表上的突出变化和一大亮点，是将新版《新闻纵横》与 6：30 首播的《新闻和报纸摘要》以及 9：00 播出的更新版《新闻和报纸摘要》对接，组合成新鲜精致的早间新闻时段。《新闻纵横》节目由原来的一小时延长为两小时，即每天早上 7：00—9：00 播出，延长后的《新闻纵横》节

---

① 阮虹等：《从中国之声改革成果探析广播节目的研发与创新》，《中国广播》2011 年第 5 期。

目内容更为丰富，节目仍以"追问"取势，问"昨夜今晨"有哪些最新消息，问当事人，知情者和利益方如何解读新闻事件，间焦点时事、热点话题专家、观察员的正反观点，追财经、追市场、追民生、追亲历、追面孔、追幕后、追体坛、追天气，新闻兴奋点不断切换，内容编排环环相扣。

（二）抢占傍晚时段制高点

16：30—18：30 是广播节目在一天中的第三个收听高峰时段，为抢占这一收听制高点，"中国之声"对于该时段播出的《央广新闻》进行了重新设计，遵循新闻的基本轮盘架构和新闻快节奏的整体风格，在编排形式上，以每小时为一单位，每半小时为一单元，每 15 分钟作一隔断。内容组合上，侧重梳理全天主要资讯，深度挖掘当日重要新闻，点评焦点时事以及浏览报刊文章，在"汇总、独特、贴近"上下足功夫，与 18：30 播出的《全国新闻联播》前后呼应，形成"中国之声"晚高峰时段的新闻精品收听板块，据收听调查显示，"中国之声"在该时段的收听曲线呈现出明显的上升趋势。

《央广新闻·晚高峰》在 19：00—20：00 又推出了一个特色板块。以追踪"新闻事中新闻人"为主打风格，以新闻脱口秀的形式，重点热评当日的焦点新闻人物，透视人文角度深厚温情的栏目风格，详细阐析新闻人物的社会价值意义，拉近了与听众之间的距离。

（三）别出心裁的夜新闻

自 2010 年的改版之后，延续多年的"新闻＋综合节目"构成长达 4 小时的夜间新闻板块，将全天的新闻节目延伸到午夜零点，这一时段中，设置《直播中国》《新闻正反方》《视点》《今晚人物》《夜听天下》《环球共此时》等栏目，围绕新闻主线依次展开，每个栏目各有特性、多元连结，堪称一档丰富的夜间新闻盛宴。根据夜间听众收听节目特点，大量与听众展开互动，用短信、微博等方式，请听众参与节目、评说新闻，深受听众欢迎。

三、经典栏目的兼容性

作为中央台久负盛名的经典新闻节目，《新闻和报纸摘要》在改版中采取了诸多创新性举措，为增强新闻的时效性，2008年11月，节目由原来的录播改为全程直播，其中特别增加对突发新闻，尤其是"昨夜今晨"突发新闻的采访和编排。一般新闻直播节目中的连线报道，也被运用于《新闻和报纸摘要》，从而实现了对重大新闻的同步现场直播，节目做出的另一项重要改革，是将9：00—9：30的重播版与新闻轮盘有机融合，对首播版的内容进行大幅度更新。统计结果显示，"重播版的内容更新率平均高达60%—80%，据统计，'首播和更新重播节目的合计日发稿量平均达到40条，刷新了《新闻和报纸摘要》节目开播几十年来的历史记录"。① 节目将传统形态的"报纸摘要"创新为"有声版面"，邀请各大纸媒的代言人直接介绍重点版面的内容和独家观点，这一做法迅速增强了经典节目对主流纸媒的融汇和凝聚力，节目的可听性经久不衰。

市场经济学的观点认为，赢得新受众的成本通常要远远高于保留老顾客的成本，两者的比例大约是7：1，甚至更多，所以保留听众关注度和喜爱度较高的栏目，不仅可让已有受众在心理上长期保持兼容性，也能够有效降低大量开发新栏目的较高成本。《新闻与报纸摘要》《全国新闻联播》《新闻纵横》等新闻类栏目常办常新，《千里共良宵》《守望黎明》《中央农业广播学校》《养生大讲堂》《小喇叭》《今晚听吧》《神州夜航》7个非新闻类栏目常听不厌，这些长期保留的经典栏目与新办栏目内

---

① 阮虹等：《从中国之声改革成果探析广播节目的研发与创新》，《中国广播》2011年第5期。

容形式都保持了适宜的兼容性，一定程度上的兼容可以使传媒尽快进入目标受众边际搜寻的空间。但是这种兼容性如果过高，就会增加"中国之声"节目的可替代性，降低"中国之声"创新产品的比较优势。"中国之声"新闻报道"滚轮＋板块"模式与经典新闻栏目，以及非新闻类栏目的兼容性保持在一定最佳水准，一定程度上的综合内容设置不仅彰显了创新的比较优势，又维系稳固着原有的一批忠实听众，增加信息组织模式的亲和力，与受众结成更为紧密的传播影响。

四、创新价值目标转型

传统广播节目创新关注的是为听众提供一次性的媒介消费产品，即所谓的"有形产品"，侧重对目标受众某一需求的有限满足。进入 Web2.0 时代，现代传媒创新价值目标转型强调全面、规模化的服务提供，广播创新的价值目标转型不仅包括规模化的内容核心产品层，还包括精美动听的形式产品层，以及相关服务在内的附加利益层。因此，新的媒介竞争格局之下，广播创新活动要涵盖从传媒组织到整个社会化的整个过程，不仅仅是节目内容上乘的品质，更加注重与受众关系生成与扩张的高效互动，从运作内容到运作平台、从经营时间到经营空间，全面介入新时期广播媒介创新的目标价值转型。

从 2010 年 3 月 25 日发出第一条微博，不到两年时间里，"中国之声"官方微博的粉丝数量达到 200 多万，其意义的内涵远远大于数字本身。微博话语汇集代表了当代社会公民话语、精英话语和草根话语，多元化的话语生成源源不断进入直播节目和广播网页面，无论从内容到形式，大大扩展了传统广播的核心资源力。社会文化价值观的意义是，"中国之声的官方微博体现了国家主流广播媒介在社会转型期为促进实现信息公平、正义方面作出的战略选择，从议程设置开始广开言路，在直播链条中不断吸纳，解读、反馈、发酵，使其升值，体现了社会转型期主流媒介对社会责任的自觉担当和重塑广播的前瞻理念"。①

现代广播的传播竞争理念已经不仅仅是栏目内容优劣的一拼高下，到一定阶段之后必定是平台级的较量。传播平台承载内容，但是平台的运作者并非完全自创内容，更可能是通过一种机制选择内容，创造一种机制汇聚内容，进而获取广泛的影响和效益。"中国之声"较好利用中国广播网、官方微博平台，整合利用传统广播平台与新媒体平台空间，从单一广播媒体形成了音频、文字、图片、视频等多媒体形式同步呈现广播内容，集广播、网络、手机于一体的全媒体报道模式。传播特性已经打破单一线性链条，经营方式从时间线性到空间拓展并重。

不足之处是"官方微博更多表现为节目内容的预告或简单介绍，应更多展现广播记者在现场、在路上、在报道中的形象等信息"。传统广播终端与新媒体传播手段的有效互补和即时分享，期待"中国之声"在此方面有新的飞跃。

五、广告经营的领军飞跃

2008 至 2011 年，"中国之声"广告经营总额连续 4 年保持着 40% 以上的平均增速，2011 年广告收入更是超过了 4 个亿，成为全国广播广告增幅第一、广告单频收入第一的广播媒体。"中国之声在满足广告主需求的过程中，经历了从最初单纯销售广告时间发展到营销产品，再到通过服务来实现价值的营销阶段，从而多元化地提升了企业的广告宣传价值。"②"中国之声"已经在国内受众当中已经建立起强大的品牌知名度和广泛的覆盖面，无论是在一线市场还是地、县、乡、村，依托"中国之声"品牌宣传的广告信息都有着理想的到达率和较高的关注度，在突发事件中以制播灵活、快速发布更易于进行精准营销。

---

① 曹璐等：《微博与广播重塑》，《中国广播》2012 年第 7 期。
② 赵东：《解析中国之声广告预售工作的世界观和方法论》，《中国广播》2012 年第 7 期。

广播广告的最大优势在于"非具象性"，当广告客户进行形象宣传或者招商宣传时，重点在于产品的整体品牌告知而非某一件产品的具体形象展示，这时广播广告就能最大限度激发听众的充分想象，实现更好的广告效果。

当今广告营销更为注重对目标受众心理、态度和行为的一系列影响的过程，"中国之声"的广告经营者深刻把握到了这一系列变化，以甲方数据营销、主动碎片化营销、工具箱销售，网络关键词搜索等一系列广播广告新的营销理论不断进行各种资源的整合，使"中国之声"广告的每一个产品、营销方式都具有针对性和对象化，以物有所值、物超所值的满意度营销为客户实现更多传播价值的同时，创造更多广告收益。今天的"中国之声"广告经营已经全面进入到整合品牌、事件、时间和节目资源以满足客户个性化需求的现代市场营销时代。

以"中国之声"作为个案分析的意义在于，新闻广播的创新变革目标，并非追求类型化的形式最大化，把"扩张"型根本改革与"兼容"型渐进改革适度结合起来，追求符合传媒实际发展状况的适度创新。对于国内大量新闻频率来讲，一方面必须适应广播传媒竞争市场与受众需求的变化状况，另一方面短时期内也无法逾越自身发展阶段的局限，所以中国类型化新闻广播的全局发展，要着眼于创新效度的最大化或者满意化为总体方向，而非类型化形式本身的教条主义。

总之，"中国之声"的率先创新为类型化新闻广播在中国的未来发展提供了更丰富、更前沿的实践经验，透过新闻频率的视域，它所体现的是中国新闻广播整体运营理念与发展战略的巨大转变。

第二节　农村频率

发展传播学的基本观点认为，大众传播因其特有的快速大量传播信息的效能，具有促进社会发展的巨大潜力。现代化过程中首先出现的是城镇化，随之而来的是以城镇为发源地现代教育的普及，后者又带来大众传播的普及，因为教育的普及使读写能力成为普通公民的基本条件，从而使他们具备接触印刷媒介的文化技巧，最后由于这些因素的影响，促进社会公众在经济和政治等方面日益增多的社会参与。

在勒纳看来，"社会经济形态的背后，存在着人的个性现代化。社会发展的动力是具有流动性人格、易于接受变革的人物组成变动和发展的核心力量，然后由日益发展的大众传播媒介传播变革观念、倡导变革态度，扩散社会流动性，使人们形成现代化人格，积极投入现代化变革浪潮，大众传播媒介在国家发展进程中起到奇妙的增效器作用"。①

促进农村现代性增长的因素主要有两个重要的方面，一是工业化程度，二是与现代城市文明的接触程度。对农村受众而言，大众传播媒介不仅缩小了农村与城市的空间距离，并且成为农村受众了解和接受社会新观念的重要渠道。

我国农村受众文化程度普遍较低，阅读和理解能力有限，接触电子媒介的时间量远远超过印刷媒介。因而，农村频率应该充分利用广播在我国农村受众中的传统优势，向农村受众传递新思想、新事物和新生活方式等信息，开阔农村受众的视野，促进农村受众观念的现代化。

---

① 张咏华：《大众传播社会学》，上海外语教育出版社 1998 年 1 月第 1 版，第 58 页。

一、现实国情迫切性

我国早期的农村广播节目产生于 20 世纪 50 年代，发展成熟于 70 年代至 90 年代中期，系列台和专业化的变革中大都取消了对农广播节目，2003 年，即使是国家级电台"中国之声"，当时也只有一档以农村受众为特定传播对象的节目——《中国农村报道》，周一至周五每天早间 5：25 至 5：50、晚间 20：25 至 20：50，一天两次总共播出 50 分钟节目。至于农村频率更是凤毛麟角，截至 2003 年年底，全国一千八百多个广播频率中，只有陕西、山东两省设立了农村频率。

广播专业化改革使其重新崛起，但是与广播在城市的单边上扬同时导致的却是广播在农村的直线下跌。广播这种重城市轻农村的发展，应该引起足够的重视。我国广播频率在城市与农村比例整体的严重失衡，与国情极不相称。中国广播电视学会副会长张振华曾指出："当前，媒体的资源配置如频道、频率、版面、人力、物力等等以及工作的着力点、开掘点同国情之间存在着明显错位和倒置现象，绝大多数媒体都把工作对象和市场集中在城市，虽然整个国家远未实现城市化，但媒体却单独率先城市化了。"[①]

面对我国广播整体在城市与农村发展的失衡状况，加强农村频率发展的紧迫性存在以下几个方面：

（一）广播媒介在城市与农村布局的失衡，必须做出合理布局

广播专业化改革进程中，全国各地基本形成了包括新闻广播、经济广播、音乐广播、交通广播等在内的较为均衡的格局，但是在全国两千多家广播频率中，仅有二十余家农村广播，这种情况暴露出广播在城市与农村分布的极不平衡。无论从基本国情出发，还是从广播自身发展的需求来看，广播都有必要对失衡的整体格局继续做出

---

① 　张振华：《对农广播电视建言》，《中国广播电视学刊》2004 年第 5 期，第 21 页。

调整。

（二）巨大的受众群体为广播在农村发展提供了广阔空间

早在 2002 年，受中国广电学会受众研究委员会委托，由北京美兰德信息公司组织实施"部分广播电台听众调查"显示，"农村现实听众（指在一个月内收听过广播的听众）规模达 4534.6 万人，占调查区域 12 岁以上农村总人口的 49.8%，占所有听众的 68%。以辽宁、陕西两省为例，2002 年农村听众比例高达 53.8%，比上年提高 10 个百分点"。[①]

由此可见，广播在农村的发展前景广阔，潜力巨大，以农村受众为特定传播对象的农村频率在农村的发展具有得天独厚的优势。我国广播电台经营管理由"生产导向"向"市场导向"转变和发展的今天，媒介市场竞争日益残酷的现实决定哪里有听众的需要，哪里就有广播的机遇。谁能无视广播在城市的"扎堆"，谁又能漠视广播在农村的"稀缺"。从这个角度来讲，广播发展农村频率，拓展农村市场，更应该是广播自身谋求发展的内在动力。

（三）加大发展农村频率是广播完善自身功能的需要

广播促进农村发展的传播功能，主要体现在以下几个方面：宣传、解释党和国家的目标与方针政策，引发热点讨论与实行舆论监督，社会动态报道，服务信息的沟通，教育的普及，农业科技新技术扩散，社会规范的巩固，娱乐与消遣的功能等。

随着电视在农村普及，广播在农村的主体媒介地位已经被电视取代。与多年以前，广播在农村"一枝独秀"的状况相比，广播目前在农村的传播功能已经表现出由强向弱的转化趋势。

因此，加大发展农村频率的力度，是广播发挥社会沟通和凝聚整合作用，以及进一步完善传播功能的需要，也是广播在今后的发展中一个重要的战略措施。

---

① 《2002 年中国广播电视年鉴·听众调查》

（四）广播是在现阶段更好地完成重要政治、宣传任务的保障

"三农"问题是长期以来困扰我国经济发展、社会公平和实现国家现代化的核心问题，已日益成为我国经济发展中的"瓶颈"。统筹城乡经济社会发展，建设现代农业，发展农村经济，增加农民收入，是全面建设小康社会的重大任务。这是党的十六大赋予新世纪、新阶段农业、农村、农民问题的新内涵。

农业、农村、农民问题，是关系到改革开放和现代化建设全局的首要问题。只有正确处理"三农"问题，才能真正把农业、农村、农民中蕴藏的巨大潜能激发出来，推动中国经济的发展；只有正确处理"三农"问题，才能使国民安居乐业、政通人和、社会稳定；只有正确处理"三农"问题，才能保持我国经济、社会、文化的多样化，发挥民族特色，走可持续发展之路。由于"三农"问题在我国所具有的特殊战略性地位，因此，"三农"问题也理应成为广播关注的重点问题。加大农村频率的发展力度，是广播完成重要政治、宣传任务的保障。

（五）全社会对"三农"问题的重视提供了丰富的传播资源

由于全社会对"三农"问题的高度关注，由此为农村频率带来了不断增加的信息资源、广告资源、资本资源、社会注意力资源，这将为农村频率发展提供强有力支持，并构筑了农村频率广阔的市场和发展的平台。因此，广播只要充分挖掘、整合这些资源，就能促进农村频率的迅速发展。

综上所述，农村频率的发展是我国实际国情的迫切需要，已经具有了坚实的社会基础和良好的外部机遇，以及有利的现实条件，因此，广播应抓紧这个关键契机，加大农村频率的发展。

二、概况及快速发展

2003 年 3 月 28 日，陕西农村广播作为全国第一家专业化的农村广播频率开播，国内目前拥有中西部地区省级电台开办的二十余家农村广播频率，主要以中波覆盖广大农村地区，沿海地区省级电台开办的非常少。自 2005 年之后，农村广播呈现出蓬勃发展的良好局面。

（一）发展概况

江西农村广播 2005 年 7 月 1 日创办，积极探索"城乡一体化"办台之路，以专业化的针对农村节目为龙头，以综合化的服务节目为主干，打造"乡村民众的互动天地，城市百姓的快乐空间"，打造"绿色之声"这张牌，在"农"味儿中更多地注入现代、时尚的元素，定位更精准地锁定"绿色、科技、人文"，即打造绿色生态品牌，传播科学技术知识，弘扬以人为本精神，并以江西绿色资源为频率发展基石，内容采集放眼全国和世界，网罗天下绿色、生态、环保、节能减排、文明生产、健康消费、安全生活的各类信息和话题。河北农民广播 2006 年 8 月 28 日正式开播，创办口号是"聆听乡音、播种希望"，从早晨 5：30 至次日 2：00，全天播音 20.5 个小时，覆盖人口达八千多万，是河北省内最具专业性、权威性、实用性和影响力的对农广播频道。河北农民广播始终秉持"为农、帮农、富农"的经营理念，以"面向三农、服务三农"为己任，推出《"农博士"百科全说》《直播"三农"》《供求双通道》《律师说法》《梨园风》、《非笑不可》等主打特色栏目，为受众提供政策解读、市场信息、实用科技、法律服务、文化娱乐等内容。几年来，河北农民广播凭借真诚的服务、细致的关怀、有力的帮助、朴实的风格，赢得了广大听众的肯定、支持与信赖，逐渐成为广大城乡听众的"身边广播""实用广播"和"贴心广播"。

吉林乡村广播 2007 年 1 月 28 日正式开播，覆盖人口 2800 万，吉林省 55 个调频转播台同步播出，立足于创办现代农业广播，以关注农业、聚焦农村、服务农民为办台宗旨。栏目设置以新闻、信息为核心，以农业气象、科技推广、城乡市场、致富经验为架构，以娱乐节目、情感节目为纽带，以故事、才艺展示等综艺节目为依托，突出服务性、指导性、专业性、公益性、娱乐性。主要栏目包括：《12316

新农村热线》《唠扯唠扯》《红高粱青纱帐》《12582 移动信息村》《乡村保健站》《说道说道》等，办台理念是让"乡村感受城市的律动，让城市体验乡村的自然"。

2007 年 10 月 8 号黑龙江乡村广播成立，以"耕耘天地间，服务到永远"的频率呼号，基本覆盖黑龙江省以及吉林、内蒙古部分地区，是全国发射功率最大的对农广播。为省内近两千万农业人口打造农业资讯和信息服务平台。2010 年 8 月 21 日，成立黑龙江省乡村广播联盟，打造高效广播覆盖网络。目前，已有 27 家地市县电台与乡村广播签订协议，通过中波、调频全天候转播黑龙江乡村广播节目，开创了黑龙江省乡村广播联盟"同唱一首歌"的局面。

2009 年 5 月，在兰州召开的第二届中国农村广播总监论坛上，"中国农村广播协作网"正式更名为"中国农村广播联盟"。中国农村广播协作网成立之初只有七家成员台，发展到现在的中国"农广联"成员台已经达到 21 家，仅省级专业对农广播就达到了 14 家。这个共同体既是经济效益的共同体，也是社会效益的共同体。在湖南长沙、陕西杨凌、山东济南和寿光、黑龙江齐齐哈尔，都有大型异地直播活动。《全国农村广播大联播》是"农广联"十几家省级对农村广播频率于 2007 年共同推出的一档专业对农节目，节目以传递各地农业信息、推荐致富项目、发布农资市场行情等为主要内容，节目一开播就受到了农民的欢迎。

2012 年 9 月中国"乡村之声"创办，这是我国第一套全国性对农广播频率，国家农村公共服务体系和应急广播体系的重要组成部分。时任国务院总理温家宝发来贺信，向中央人民广播电台和从事对农村广播的同志们表示祝贺，并通过中国"乡村之声"向全国的广大农民朋友们问好。中国"乡村之声"立足公益性，突出服务性，强化实用性，为农民生产生活提供权威咨讯，以及实用的科技知识和健康文化娱乐服务，采用中波、农村大喇叭、互联网、移动客户终端和直播卫星，主要栏目有《农博士在线》《三人三农》《致富天地》和《乡村大戏台》等，并充分借助社会资源，组建农业、农村、法律、心理、社会、疾病防控共两千多专家学者组成的顾问团。

2013 年 1 月 1 日，天津农村广播开播，天津农村广播还与市农委、市气象局、市新闻出版传媒集团、解放军二五四医院等七家单位交换了战略合作协议书。天津农村广播今后将通过"送广播、送文化、送科技、送健康、送法律"等活动，增加农村文化服务总量，缩小城乡文化发展差距，为天津的城乡统筹发展以及社会主义新农村建设做出更大的努力。

（二）快速整体布局

第一，农村频率在我国国家电台层面、各省级电台的快速开播，关键得益于政府以及社会各部门对其的高度重视，尤其是专业化农村广播频率的低成本运营以及快捷大范围覆盖优势所具有公益性、服务性的积极意义，已经得到各级政府以及社会相关各部门的一致认同。

第二，得益于广播媒介专业化发展层面的跨越。长期以来我国农民的经济收入、能够享受的社会资源与城市居民存在很大差异，农民承担的心理性、经济性、社会性等多方面负担很重。城乡受众的收听需求，既有共性又存在特性的差别。农村频率依托社会各界提供的资源平台，关注文化程度不高、收入水平不高的农村受众，节目设置围绕着农村受众的偏好，突出农村频率的个性化和地域化传播优势，强调农村受众利益的社会实现，密切集中"三农"领域，逐步形成专、精、深的节目内容，并且通过不断扩大社会影响，进而树立专业领域内的权威，直接提升了广播在农村社会影响力的上升空间。

第三，广播技术传输和信号覆盖保障得到很大改观。目前我国已基本实现了已通电行政村"村村通广播、电视"的目标，尤其在中、西部等一些偏远落后地区，农村受众收听清晰、稳定的广播节目信号相比以前有了很大改善。

综上所述，我国广播媒介正在充分重视利用，而且正在拓展农村频率竞争的良好时机，农村频率早已成为广播重建农村的媒介市场，与农村受众再续"旧缘"新时代的开端。

三、主要栏目着力点

农村频率内容的着力点在于，通过对广播在农村媒介定位的总体把握，在电视、报纸的"缺位"中找到广播发展的适位空间。具体运用调查—制作—播出—评估—改进—再调查的方法，重点发挥农村频率信息性、服务性、娱乐性的功能，与电视、报纸的竞争中以一己之长、赢得一席之地。

（一）农业科技栏目

农业技术推广是一项特殊的科技传播运动，其特殊性和复杂性表现在：

1. 传播内容特殊。普及农业科技新技术有一定的风险性，投资回报周期长，直接关系到农业经济和农民实际收益的多少。

2. 传播对象是农民。农业科技信息主要是技术要求、具体操作步骤等知识，广播不具备倒检索、反复查阅的特点，"转瞬即逝"的线性传播劣势，使得理解水平本来就不高的农民很难收听一次或几次就采纳新技术。这从另一个角度说明单一通过广播传播农业科技新技术致效比较困难。

3. 传播环境复杂。农村社会区域环境中，当地的人际传播、各级技术服务机构、农民的风俗习惯、宗教信仰等因素都可能成为制约大众传播效果的种种因素，在一定程度上更增加了传播者对传播效果控制的难度。

一项农业新技术的推广并非纯粹的信息接受关系或市场买卖关系。因此社会必须建立一个有效链接两者需求并达成合作的机制或渠道，把技术信息、知识由"富集区"注入"贫困区"，对知识资源进行合理、有效的配置。农业科技扩散的传播活动中传播者的角色分层是："作为第一中介的政府各级技术推广部门；作为第二中介的农业科技信息咨询、应用组织，他们既是产业化的主体，又是传播者和受传者；农民是受传者和采纳者。我国农业科技扩散实践，农业科技成果虽然较多，但供给脱节，农业科技新技术针对性服务并不强，单向式、被动式服务过多，传统的供求机制和扩散体制，使农民的参与意识和接受新技术能力明显不足，大大阻碍了科技成果的迅速扩散和推广。"① 农村频率的农业科技节目要发挥较好的传播效果，首先在社会宏观层面要依托于一种有利于农村整体发展的、科学高效的、一体化和市场化的农业科技传播体制。在这个前提下，具体的传播策略是：

第一、最大程度地引导"意见领袖"参与到广播中。农村频率的听众大部分还是传统的农民，他们远离市场，对新技术容易产生犹豫不定的心理，对生产和销售信息的接受存在时滞，更容易接受邻里、熟人等人际传播方式的农业新技术传播。

农村频率要最大程度地吸引作为"意见领袖"的农民经纪人、农业大户、农业龙头企业、农业合作组织参与到节目中。这些农民企业或组织利用农业科技新技术服务于经营活动的可能性要比普通农户大得多，他们对农业科技新技术的需求也更为强烈，他们不仅是信息的接受者也是信息的传播者。引导这些"意见领袖"参与到节目中，进而带动普通农户，就有可能有效扩大农业科技扩散的影响。

第二，实行整合传播策略，农村频率作为农业科技新技术的传播主体，如果与社会其他相关部门缺乏联系，既显得势单力薄，也很不科学，因此需要一个与农业厅、农科院、农业大学、农业网站、农业经济合作组织等多部门高效互动的综合信息平台的支撑。广泛整合各类社会资源、信息知识和人力，进行有效的组织与调配，使各种资源和要素产生整体优势，并通过专业化传播渠道发挥作用。

第三，微观层面上需要总结何种农技信息通过电波、热线电话的传播效果较好，何种信息还需借助其他传播渠道，如人际、推广机

---

① 郑智斌：《农业科技扩散的传播学研究》，《农业图书情报学刊》2004 年第 12 期，第 35 页。

构、书籍等，使多渠道良性互动以加速信息的扩散和接受。比如陕西农村广播的听众，遇到果蔬种植、猪羊饲养等问题直接拨打热线，得到专家面对面的答复，这样的传播方式针对性就很强。而像耕地变化监测、作物短中长期预报等复杂问题就需要这方面的专家，在节目之外借助其他手段作指导。

农技推广应该是一个包括研究者、各级推广机构和推广专家等在内的涉及社会诸要素的完整系统。大众传播发挥着独特的催化作用，但成功的创新扩散必须整合大众的、人际和组织的诸多传播手段。因而农技节目传播策略必须整合多种传播方式，迅速扩大农业新技术扩散。

（二）娱乐栏目

1. 重视广播传统优势

2003 年 10 月开播的山东电台第六频率——乡村频率，作为一个服务"三农"新的专业频道，怎样在短时间内赢得农村受众的喜爱，这的确是一道难题。经过广泛的考察与论证，最后它在"故事频道"的概念上找到了突破点。广播是听觉的艺术，讲故事是广播声音优势的重要体现，把各种好的故事类节目汇集到一个频道，特色得来全不费功夫。频率开播后，故事的特色很快显示出优势，一时间当地听众只要听评书、小说，就会选择第六频率。该频率的一些故事类节目还打破了传统的单向收听的模式，采取与听众互动的方式展开，更是让听众感到人百听不厌，回味无穷。

这方面的启示在于，只要广播里有农村受众爱听的节目，他们就会重新回到收音机旁。这些年来，广播改革重视直播、忽视录播，虽然直播节目具有亲切、活泼、贴近感强的优势，但是大量粗制滥造的直播节目由"脱口秀"变成"口水大战"已是不争的事实。重新审视并着重开发录播节目具有的一些优势资源项目，比如戏曲、相声、小说、评书、广播剧等，用有特色的"声音"，激起听众的广泛兴趣和共鸣，唤起他们无穷的想象，这样的广播才会成为农村听众心里

"永不消逝的电波"。

另一方面对农村频率来说，重新利用电台胶带库多年存留下来的节目资源，或重新包装后播出，或采取与其他电台交换节目的办法，都是获得好节目既不费力，又节省节目策划、制作、播出经费的可行办法。

2. 地方戏曲应该成为娱乐栏目的重头戏

陕西农村广播的娱乐节目主要以早、中、晚三个时段播出的大量秦腔戏曲节目为主。这三个时段是陕西农村广播稳定收听率、收听占有率较高的标志性时段，换句话说这三个时段聚集了大量农村听众的人气，陕西农村广播以娱乐节目开道，收到了出奇制胜的效果，农村频率的娱乐节目一定要切合当地农村受众欣赏的"土"味。

我国传统文明的根基是农耕文明，是建立在血缘、伦理根基上的"土性"文化。这种"土性"文化具有悠久的社会历史，尽管在现今遭遇到社会各方面的冲击和影响，但是它与过去社会传统习俗的联系却是绵延不断的，这种绵延不断的成分是社会延续下去的根据。世代"土性"文化的沐浴，地方的戏曲总是和农民的喜怒哀乐相连，贾平凹在《论秦腔》一文中写道：有了秦腔，生活便有了乐趣，高兴了，唱快板，高兴得像被烈性炸药爆炸了一样，要把整个身心粉碎在天空！痛苦了，唱慢板，揪心裂肠的唱腔却表现了多么有情有味的美来，美给了别人的享受，美也熨平了自己心中愁苦的皱纹。秦腔是陕西一带农民家乡的交响乐，是他们内心深处的诗歌，是他们生活中最美的艺术享受，他们热爱秦腔图的不是新鲜，图的是过瘾。陕西农村广播大量播放这些节目内容，真正把他们的收听需要放在第一位时，广播也就成了农村听众生活中离不开的媒介。山川不同、风俗有别、戏剧存异，农民受众中有大量的戏迷，把戏曲节目作为娱乐节目的重头戏，使广播成为农村受众贴身、离不开的"戏匣子"，那么农村频率就在这个方面开辟了一条独有的、其他大众传播媒介不可能与之争锋的制胜之路。

(三) 新闻信息资讯

1. 侧重"欲知"与"应知"

节目编排应该在与农民的作息时间、收听习惯相符合的情况下，满足广大农民对政策了解和对致富信息、科技资讯的渴求。与新闻综合频率或综合性电台的新闻节目比较，农村频率在新闻节目的报道角度、信息发布个性、"三农"信息的深度、广度方面多下工夫，以形成具有农村频率特质的新闻信息服务。

安徽农村广播的《1008 新闻广场》栏目，组成子栏目有：《要闻快报》——播送与农村受众相关的时政要闻与三农资讯；《天下农业》——传递新鲜资讯，打开富裕之门，播报全国农业信息；《三农新论》——一心一意服务三农，对报纸等其它媒体的相关文章进行简评；《先进人物榜》——宣传先进典型，学习致富能手，启发听众致富途径；《温馨提示》——有关农业的小建议和咨讯等，整体栏目信息切合农村和农业农民主题，针对性较强。

2. 创新新闻节目形式

以往的农村节目大多采用主持人播报的形式，"中国之声《中国农村报道》以灵活多样的报道形式，打破单一节目形态的单向传播。晚间版的《新闻现在时》通过电话连线、现场报道、人物交流等形式，报道当日涉农新闻，传递政策动态，点击农村经济或社会新闻，这种"报道＋阐述"的叙述方法能够让农民把广播听进耳朵，记在心里。除此之外，农村频率的新闻节目在制作播出时，应十分重视音乐和音响这两大因素的运用，用精彩的节目片头语和串联词包装整合节目，令听众耳目一新。

3. 突出实用性和适时性

对于农村受众来说，与他们利益相关的才是实实在在有用的信息，所以农村频率必须从他们的需求特点出发，从市场经济的视角、农民个人的视角去巧妙报道新闻信息、经济、文化信息，这关键在于农村频率的记者、编辑、主持人对各种信息有足够的判断分析与整合能力。

农村频率为实现促进城乡信息交流的作用，首先有必要建立一支农村基层信息员队伍，对农村基层信息员进行观念的引导。江苏《新华日报》的《城乡大市场》的做法值得借鉴，通过培训信息代理员达到间接影响农民的目的，江苏省每个县每个市有代理员，一个县有大约一至二名，共计数百名，进行两期培训。这些信息代理员，本身对于信息的重视就高于普通农民。经过培训，更清楚地了解了信息重要性的同时，也更善于宣传信息的功用及操作方式。以这批人为骨干，带动江苏农民利用媒体传播信息并逐渐产生对它的信任。

农村频率也可借鉴类似这种做法，广播的信息刊登费用比专刊更便宜，传播信息速度更快捷，对于农村个人类的信息，可采取先发信息后收费的方式，等信息发布后，市场有了反馈，产生经济效益，再补交信息费。为改变广播节目内容"转瞬即逝"的劣势，也可与电信部门合作录制在电话信箱里，方便农村听众随时查询。

通过多媒体互动，扩展自身信息资源。农村频率仅靠二三十人的编播队伍很难以快捷的反应、权威的视点将全国各省市、全省各地县以及方方面面关于"三农"的信息囊括在节目中，但是通过与农村基层通讯员的紧密联系、跨媒体合作、跨区域的合作，可以极大地扩充信息资源，媒体互动的最终效果是更牢固地吸引农村受众群体。

最后需要指出的是，传播者切忌用传统的眼光把农村受众统一划分到一个固定的模式中。"在有关'大众'、'公众'的认识中，成长与变化乃是两个关键的概念，只有抓住这两个基本概念，才能深刻理解公众文化水准、公众兴趣等问题。"[①] 威廉斯的这个关于公众兴趣的历史、动态观点的启示是，农村受众的兴趣并非固定不变，也并非只是单一层面的。因此，农村频率要尽量满足农村受众的已知兴

---

① 张咏华：《媒介分析：传播技术神话的解读》，复旦大学出版社 2002 年 2 月第 1 版，第 87 页。

趣，充分拓展他们的潜在兴趣，应采取前瞻、发展的观点策划、编排节目。

四、经营空间的拓展

（一）农村市场广告

据陕西人民广播电台的调查，报纸、杂志在陕西当地农村自费订阅很少，印刷型媒介需要一定理解力，对受众的文化程度要求较高，因而这两种媒介对农村消费者的影响较小。

以陕西农村广播覆盖的关中地区状况为例，这里存在着与全国各地类似的情况，有线电视在关中地区入户率不到20%，因此国内强势电视媒介无法满足广告商对关中地区小城镇和农村市场的广告投放要求。CCTV虽然覆盖面广，但无法满足广告商对当地广告投放要求，并且广告价格昂贵，容易造成广告投资的浪费。陕西卫视和地、市级电视台主要针对大中城市观众，无法全面照顾到小城镇和农村观众的要求。关中地区各县（市）台虽然有效针对这个地区的小城镇和农村市场，但各地情况不尽相同，广告商逐一去各个县级台洽谈，显然耗费许多人力、物力、难以面面俱到。

强势媒体在农村地区投放广告针对性比较薄弱的情况下，农村频率在当地的广告优势主要有以下几点：第一，以"关注百姓、服务三农"为宗旨的农村频率，使得农村频率作为主流媒体个性鲜明、知名度比较高，对于广告商投放广告是一个理想的平台。第二，农村频率具有相对稳定的收听群体，广告投放的针对性强，广告成本较低，广告成效显著。

（二）经营空间的上升

任何产品的生命周期都是有限的，产品生命周期的不同阶段，产品的市场占有率和销售利润会有所变化，企业的营销策略也应随着产品生命周期的变化及时调整。从消费者角度来看，这个周期表现出一个不断向下游流动直至消亡的过程，即从大城市消费者到中小城市消费者，再到农村甚至是边远地区的消费者。最希望延长商品生命周期的广告主，自然应该顺应这个周期，把广告向下游消费者拓展。企业为了延长产品的生命周期，减少资源的浪费，在市场营销激烈的竞争中把产品从城市转向农村，是企业获利的明智之举。在此基础上，企业会相应地加大对农村市场的媒介广告投放量，以争取获得更大的利润回报。

毋庸质疑，农村市场是众商家最终要争夺的一个消费市场，农村频率在农村市场的媒介竞争中已经先行一步，率先拥有了较好的农村受众资源，从吸引广告商广告投入的角度讲，它处于一个先行者的有利位置。

（三）经营空间拓展

农村频率所针对农村受众的经济水平限制，频率的经济收益相对不高，在广播产业化的困境之中，农村频率产业经营空间的拓展就成为一个亟待重视和解决的难题。

1. 个性化经营

所谓个性化地运作传媒至少有两层涵义，一方面从技术标准上看，在传媒生态圈不断丰富的挑战面前，各种传媒在营造社会影响力和市场竞争力的时候，泛化了的传媒功能定位必须被不断摒弃。另一方面从传媒的市场定位和操作的角度看，个性化即意味着单纯化，它要求传媒将注意力更加集中在如何发挥自己的核心竞争力的打造上。对农村频率而言，减少市场诉求，将有限的资源集中于"农业、农村、农民"的方向上，数量的集中就意味着质量的提升和优势"卖点"的获得。

2. 多元化经营战略

多元化经营是指媒介产业适应战略环境的需要，通过战略性资产重组以及人、财、物资源的再整和，媒介内部资源向外部其他行业或部门的渗透和扩张，同时生产和提供两种以上基本经济用途不同的产品或劳务，达到以媒介主产业为主，涉足多个行业或部门，以期实现规模优势，降低组织风险，营造持续竞争优势的战略行为。

目前我国农村频率的主流经营模式仍然是单一化的，这种单一化集中表现在对产业资源的利用率低下，经营的开发存在着明显的局限性，与实现广告量的饱和尚有一段距离，单一化的经营模式成为制约农村频率经营发展的瓶颈。无论从传媒产业经营的抗风险能力来看，还是从传媒产业可持续发展的"续航"能力来讲，打破单一化经营模式，跨入多元化经营都是势在必行。在多元化经营的战略趋势下，农村频率意味着以自己的品牌为核心，通过资本运营，与报纸、杂志、电视、网络等媒体，或其他行业的有关部门，通过内部发展、并购、联合实现立体化运作，这样不但能够有效地提升各项产业资源的利用率，大大降低运营成本，有助于形成和维护农村频率的品牌及社会影响力，创造新的利润增长点。

总之，农村频率未来的内容与产业发展，仍需在管理者、经营者等各方利益的不断碰撞沟通与合作中，因地制宜、渐进式推进，探索有效且符合国情的发展之路。

案例：

陕西农村广播的"三农"耕耘之路

陕西人民广播电台于 2003 年 3 月 28 日设立了农村频率，主要覆盖陕西关中地区，这是全国首家面向"三农"，以农村受众为传播对象的类型化广播。频率创办之前的受众调查显示，陕西省听众人群中两千多万基本分布在农村，农村听众中大部分又分布在经济发达的关中地区。陕西省农村有线电视入户率不到 20%，农户又很少订报纸，农民了解天下事、党的政策、致富信息、科技知识、市场动态主要靠听广播。

陕西电台设立农村频率体现了战略性的决策意识，不仅填补了我国作为一个农业大国没有专业化农村广播的空白，而且更重要的是扛起了为"三农"服务的重任，做农民的代言人，

"听农民说话、为农民说话、说农民话"。在当今农村受众依然是传播领域弱势群体的社会现实背景下，传播他们关注的各类新闻、科技、娱乐信息，沟通党、各级政府同农民的联系，丰富农民精神文化生活。

根据 2004 年建台之初的受众调查，陕西农村广播是陕西省较为重要的广播频率，在覆盖范围——陕西关中地区 612.5 万现实听众中，有 21.5% 的人收听陕西农村广播，听众规模达 131.7 万。陕西省大多数接受调查的听众对陕西农村广播的节目表示满意，有 57.0% 的听众集中于农村，由此可见，陕西农村广播在农村更有影响力。

表6–5　陕西农村广播对农村受众生活的帮助

主要侧重面	百分比（%）
及时了解国内时事新闻	3.8
及时了解天下大事	7
获得各种市场交易信息	5.7
娱乐消遣、放松心情	56.1
了解国家政策法律和法规，依法办事	7.6
建立正确的人生观、价值观，增强自信心	7.6
了解新的社会观点和社会思潮	14
迅速了解本地新闻	7
陶冶情操，增强道德修养	10.2
了解时尚和流行趋势	1.3
开阔眼界，增长知识	23.6
开拓致富门路	15.3
获得市场交易信息	3.8
及时了解生活资讯，提高日常生活技能	15.3
丰富文化生活	43.3
其他	0.6

SX&C 陕西广播电视台

中国真功夫 打出中国人的精！气！神！
播出时间：陕西卫视每周六晚22:10

· 网络广播电视台
· 内部邮箱
· 无线陕西

| 农村广播 | 致富大赢家 | 900点戏台 | 戏曲百花园 | 主持人 | 论坛 | 陕西广播电视台 |

农村广播 十年耕耘 又出发 "热烈庆祝陕西农村广播成立十年" (2003—2013)

第五届中国·陕西（洛川）国际苹果博览会
开幕式
农村广播成功直播洛川苹果博览会

陕西农村广播成立十年 系列庆祝活动贯穿全年

作为陕西省较为重要的广播频道，十年来，陕西农村广播听众规模逐年稳步提升，在陕西农村具有很大影响力。

· 农村广播"十年十地行"第三站——三原王化村
· 俯下身 接地气 一心一意服务农民【图】
· 农村广播"十年十地行"第二站——泾阳云阳镇
· 陕西省首届秦歌大赛总决赛比赛视频点击回放
· 十年来不断积淀与蜕变 农村广播迎来十岁生日

更多>>

频道简介

作为陕西颇具特色的广播频道，陕西农村广播在农村具有很大影响力。连续多年调查显示，陕西农村广播收听率、主持人知名度居全省广播媒体前茅。中宣部新闻阅评小组曾高度评价陕西农村广播节目"很对农民心思，办到了农民心里，办到了农村急需上，经验值得重视。【详细】

收听在线直播
节目时间表　广告价目表

节目介绍　　　　　　　　　　　　　　　　　　更多>>

900点戏台
短信送祝福，热线传真情。不论你身在何处，一句话汇聚某某深祝福，一段戏凝结片片真情。

节目回放>>

戏曲百花园
陕西农村广播以陕西地方戏为主的戏曲节目，融欣赏性、知识性和娱乐性、参与性于一体。

节目回放>>

致富大赢家
专业对农科技服务节目，每天10：00—11：00播出，主持人丽萍、小郭，方言对普通话。

节目回放>>

老碗会
借用陕西农村老碗会的形式，聊新闻，说法律，交互式传播，让听众谈话中受益，轻松中成长。

节目回放>>

乡村爱情
中波频率首档纯正的情感娱乐脱口秀节目，每天中午十二点带来的乡村欢乐收听第一选择。

节目回放>>

红透三秦
是一档听众参与、展示个人才艺的节目。为您提供成为明星的舞台，帮您实现红透三秦的梦想！

节目回放>>

今夜心语
陕西农村广播晚间谈话节目，综合排名居全省广播节目第一

节目回放>>

微博　MORE+

新浪微博

AM900陕西农村广播 V
+加关注

苹果采购直通车走进果园
2012-11-2 10:51　　转发｜评论

陕西农村广播《苹果采购直通车》受到陕西广播电视台第一频道关注
2012-11-2 10:51　　转发｜评论

主持人　MORE+

陈鑫　晓惠　董丽萍　吴军

朱毅　柯柯　程海儒　新月

精彩推荐　MORE+

【988十年华彩乐章】
感恩十年成长，FM988西安收听第一台。爱上一座城市，爱上一个声音！

· 十年耕耘 又出发——陕农村广播成立十年
· 陕西五套——文华奖 陕西秦腔电视大赛

联系方式

参与热线：029－85398863 029－85398569
服务热线：029－85246211

图6-6　陕西农村广播官网首页

一、对听众生活帮助

相关调查表明有 56.1% 的听众认为，陕西农村广播对其生活的帮助主要在"娱乐消遣放松心情"，"丰富文化生活"紧随其后，排在二位。"开阔眼界，增长知识"、"及时了解生活资讯，提高日常生活技能"等选项也得到很多听众的赞同。

陕西农村广播节目的策划、设置、编排较为成功的原因，是牢牢把握了主要收听群体——农民的收听需要，以此为中心在不同时段播出农民所需的各类节目内容。其节目格局是：以早间整点半点播出的农业气象与信息《村头大喇叭》为主线，以农业科技知识服务、戏曲欣赏节目为主体，形成了农科服务——戏曲欣赏——文化漫谈——长篇联播——音乐娱乐——戏曲欣赏——夜谈节目的整体组合模式。

表 6-6　陕西农村广播节目时间表 [AM900] ①

播出周期	周一至周日		
节目名称	节目类型	主持人	播出时间
《健康节目》	广告中心		06：00
《红透三秦》	才艺类	朱敏	08：00
《健康节目》	广告中心		08：30
《村头大喇叭》1	气象、资讯	柯柯	09：00
《900 点戏台》	戏曲类	朱敏	09：05
《陈鑫谝名村》	文化	陈鑫	09：30
《900 点戏台》	戏曲类	朱敏	09：35
《村头大喇叭》2	气象、资讯	柯柯	10：00
《致富大赢家》	农科服务类	董丽萍　新月　程海儒	10：05
《健康节目》	广告中心		11：00

---

① http：//www.snrtv.com/node_39547.htm，2013 年 5 月 10 日。

播出周期	周一至周日		
节目名称	节目类型	主持人	播出时间
《村头大喇叭》3	气象、资讯	柯柯	12：00
《乡村爱情》	娱乐类	陈鑫 孙沛	12：05
《陈鑫谝名村》	文化	陈鑫	12：30
《乡村爱情》	娱乐类	陈鑫 孙沛	12：35
《健康节目》	广告中心		13：00
《村头大喇叭》4	气象、资讯	柯柯	15：00
《乡村茶馆》	评书类		15：05
《健康节目》	广告中心		16：00
《村头大喇叭》5	气象、资讯	柯柯	17：00
《老碗会》	话题类	吴军	17：05
《陈鑫谝名村》	文化	陈鑫	17：30
《老碗会》	话题类	吴军	17：35
《健康节目》	广告中心		18：00
《村头大喇叭》6	气象、资讯	柯柯	21：00
《戏曲百花园》	戏曲类	李晓惠	21：05
《陈鑫谝名村》	文化	陈鑫	21：30
《戏曲百花园》	戏曲类	李晓惠	21：35
《村头大喇叭》7	气象、资讯	柯柯	22：00
《戏曲百花园》	戏曲类	李晓惠	22：05
《午夜故事会》	评书联播		22：30
《任超夜话》	夜话节目	任超 李宏	23：00
《午夜故事会》	评书联播		00：30
全天播音结束			01：00

二、人文关怀传播理念

陕西农村广播为农村受众着想，采取了一些具体的做法方便农村听众参与节目。比如，该台与陕西省电信部门合作，开办全省联网的在线节目，24小时为农村受众服务，仅收市话费，这在一定程度上减轻了农村受众拨打长途电话参与节目的经济负担。

2003年征收农业税期间，陕西农村广播及时推出系列节目《农业税收面面观》，除记者深入基层采访，对存在的问题进行曝光外，还开通热线让听众进行监督，并邀请政府相关部门负责人到节目中接听热线、答疑解惑。节目还专访专家学者，就农村税费改革进行探讨，整个节目"有理、有据、有度、有果"，并最终促成存在问题地区基层干部作风的转变。同时，在频率内各节目相互配合，形成合力，《今夜心语》节目曾邀请《向农民道歉》一书的作者、原陕西省白水县委组织部部长马银录到直播室与农民交流。马银录当年面对白水县器休村因税收引起干群对抗纠纷，以"三个代表"重要思想为指导，关注农业问题，关心农民疾苦，维护农民利益，切实帮助农民解决实际困难的事迹，在节目中引起极大反响。这些节目的播出，把深入细致的思想政治工作和帮助群众解决实际问题结合起来，采用群众参与的方法，关心农民、尊重农民、体贴农民，既化解了社会矛盾，又在服务听众中引导了听众。

陕西农村广播的听众调查显示，以农村受众为主的听众群体尽管文化程度低、个人及家庭收入低，但是农村受众是广播节目的积极的选择者，听什么、不听什么，喜欢听什么、不喜欢听什么，完全取决于他们的选择，而不取决于广播节目制作者的主观愿望。让身在大都市、农村生活经验很少或者是说几乎没有农村生活经历的一群年轻的记者、编辑、主持人给农村受众办节目，的确存在着很多困难。

为此，陕西农村广播针对性地采取各种措施，成立农村基层通讯员队伍，要求记者、主持人每年都要有一定时间下乡锻炼，经常邀请陕西省社科院、西北农林科技大学的专家进直播间做节目、举办农村广播发展研讨会等。陕西农村广播虚心采纳来自农业各方面的专家、广大听众的建议，已经树立了以农村受众为本位的意识，充分发挥了广播人文关怀的特色。

三、农村受众定位准确

与那些面向农村受众又渴望和城市受众结缘的广播、电视节目相比，陕西农村广播受众定位非常准确。

农村受众媒介工具拥有数量相对较少、媒介娱乐消费时间较少，农村生活比较单调，陕西农村广播上午播出的《900点戏台》、中午晚上的《戏曲百花园》在农民听众中非常受欢迎，因此农村广播一天内这些时段的收听率和占有率较高，具有明显优势，这是陕西农村广播成功进入农村受众市场的标志。

从陕西农村广播的节目表中可看到，主要节目内容基本可分为服务和娱乐两大类，这些节目内容也体现出深切的人文关怀，使节目更具有贴近性与亲和力。从农业气象到农业科技节目，陕西农村广播《村头大喇叭》每天都为农民听众提供具体、周到的信息服务；《致富大赢家》邀请专家和政府有关部门负责人，回答农民在热线电话中提出的问题，为他们解疑释惑。《任超夜话》关注的是农村听众的情感困惑，也比较符合农民的心思。

四、地域的差异化优势

陕西农村广播主要覆盖的关中地区，其地理、风俗、民情具有"秦人"、"秦味"、"秦韵"的古朴、厚重、悠远的历史文化特色。陕西农村广播很好地挖掘材料、设置栏目、精心编排，仅《戏曲百花园》栏目就下设了《秦声荟萃》《秦风乱弹》《戏林漫步》《秦腔金唱片》等七个子栏目。陕西农村广播的节目内容不趋同、不模仿、匠心别运、独树一帜，非常符合当地老百姓的口味。陕西农村广播与同时覆盖关中地区的中央人民广播电台的内容差异性构成了它鲜明的个性色彩，浓郁的地方特色为陕西农村广播赢得了忠实的农民听众。

中宣部对陕西农村广播的节目给予高度评价，认为农村广播节目"很对农民心思，办到了农民心里，办到了农村急需上，经验值得重视"。调查显示，陕西农村广播主持人整体知名度、听众总体满意度及听众平均收听时长均排名陕西省广播媒体第一。陕西农村广播成立十周年之际，为了进一步提升农村广播的知名度、影响力和美誉度，扩大听众规模，强化与涉农部门联系，同时记录农村广播十年发展历程，总结农村广播十年成功经验，推出首届秦歌大赛决赛、文化科技农资三下乡走进三原、《任超夜话》走进富平、陕西省马铃薯产业发展论坛、靖边县万亩马铃薯花海自驾游、农村广播开播十年"十地行"等一系列庆祝活动，陕西农村广播正在十年"三农"耕耘之路上继续前行。

第七章　类型化广播娱乐时空

第一节　音乐频率

音乐类节目是广播历史最为悠久的娱乐内容，即使在新媒体层出不穷以及媒介竞争融合加速发展的今天，音乐类节目仍然是听众最喜爱的节目类型之一。2010 年 CSM 媒介研究数据显示，"15 岁及以上受访者，喜欢音乐类节目占受访人数的 43.5%，仅次于排名第一的新闻 / 时事节目"。①

作为音乐节目播出的主要平台，音乐频率是各省级、市级电台在系列化、专业化、类型化等传播理念创新改革中的重要推进力量。20 世纪 80 年代初期至 90 年代初，全国各地电台兴起了一股创办"立体声音乐广播"的风潮，1981 年中央电台开办了第三套调频立体声节目，每天大约播出 5.5 小时的文艺节目，这是我国独立音乐广播事业的开端。1985 年之后我国主要省级广播电台播出各类音乐内容都有显著增长，音乐广播迎来了十分难得的黄金发展时期，1988 年广东珠江台推出了以流行音乐为主打的立体声广播。

1993 年 1 月北京音乐广播开播，开创了我国专业化音乐广播的

---

① 王兰柱主编：《2011 中国广播收听年鉴》，中国传媒大学出版社 2012 年 2 月第 1 版，第 97 页。

里程碑，以"严肃音乐通俗化""通俗音乐艺术化""环球音乐旋律化""综合节目音乐化"的精品电台形象出现在首都听众面前，创新全国音乐广播专业化的先锋榜样。

2002 年 12 月 2 日，由中央电台第三套节目全面改版而来的音乐之声"Music Radio"开始出现在北京上空，这是我国首家类型化的流行音乐频率，迄今为止"音乐之声"经过十余年发展，已经覆盖全国 42 座城市，约 2.6 亿人口，采用世界类型化广播高端标准的运营模式。"音乐之声"的创办在全国逐渐引发格式化、标准化的类型化音乐电台的推广。

据 CSM 对 2010 年全国 33 个重点城市可接收广播频率的数量统计，在 403 个广播频率中，音乐类广播频率在北京、长春、长沙、常州、成都、重庆、大连、佛山、福州、广州、哈尔滨等 33 个城市占据 66 个。在此相关范畴之内，音乐类广播频率的受众规模和收听时长在南京、福州、佛山、上海、广州等六个东部城市最为明显，反映音乐频率在我国东部和中部地区总体发展态势良好，总体而言，大多数的音乐频率在全国各地处于专业化发展的内容复合阶段，与类型化交织融汇并且呈现内容再细分或者再复合的特征。

一、次级类型的划分

与美国音乐电台多达几十种次级类型相比较，我国类型化的音乐电台对内容进行再细分的次级类型并不丰富，主要的分类有：

（一）流行音乐广播

目前，我国大部分音乐广播都以主打流行音乐为主，例如我国类型化音乐电台的开拓先锋——中央人民广播电台"音乐之声"，所有的节目内容均为流行音乐，包括 Pop、摇滚等主流音乐，体现了流行音乐频率的专业特色。上海流行音乐广播"动感 101"与北京音乐台、广东音乐台、香港电台联袂创办和播出的《全球华语歌曲排行榜》是华人流行乐坛最受瞩目的排行榜，名列上海音乐类广播市场份额第一。

石家庄音乐广播自身定位于成人当代流行音乐电台，目标受众锁定 25——45 岁的中青年人，打造标准的格式化电台，每小时节目时钟由歌曲、资讯、广告、片花等各小单元组成。

山东电台音乐频道 City FM 城市之音，以全新流行的都会频率联播网为频道定位，播出世界都市流行音乐风尚潮流音乐，包括港台、内地、西洋、日韩音乐。

（二）经典怀旧音乐广播

我国首家经典怀旧音乐广播——上海东广旗下的"经典 947"涵盖古典音乐、轻音乐、传统歌曲、爵士乐和经典民乐。以知识性、欣赏性、信息性和时尚性的整体形象开创经典艺术的前沿，"经典 947"旗下已经有二十多年历史的普及音乐会品牌《星期广播音乐会》于 2007 年被评为上海市优秀媒体品牌。

2007 年元旦，江苏经典流行音乐广播以差异化的特质声音在南京上空闪亮登场，形成独特的媒介品牌定位："昨日的流行，今天的经典，FM97.5 都市上空最怀旧的声音。"重塑后的 FM97.5 面向 30—45 岁的成熟受众，呈现的音乐跨越 20 世纪 80 至 90 年代，唤起这一代人生命过往中的美好回忆。

四川岷江音乐台 iRadio 是我国西部首家推出的专业音乐频率，是全国卫星音乐广播网的成员台，"选择经典，选择品味"的品牌形象深入人心，市场认知度位居前列。听众核心人群为 25—40 岁喜爱音乐，追求生活品质与精神享受的群体。

2012 年 9 月 6 日 9 时，北京电台首家类型化音乐广播——FM969 经典音乐广播成功开播，成为中国广播界又一里程碑事件，以"听经典，享生活"的理念为都市人群搭建一个放松心灵、轻松惬意的音乐后花园。该频率由国内顶级新锐主持人担任主播，遴选国内外最受欢迎的经典歌曲作为主要广播内容，立志打造国内最具有实力的经典音乐广播。准确锁定怀旧经典 60、70、80 后是主流听众，通过电台所传递的经典音乐唤起听众的回忆，从而引发听众通过电波传递所产生的心灵共鸣，让大家回味经典。

（三）古典音乐广播

北京古典音乐广播主要播出古典乐派、浪漫乐派、民族乐派、印象主义、先锋音乐以及近现代音乐中的经典交响乐作品，同时辅之以交响诗、交响组曲、协奏曲等交响体裁的作品。在该频率所播放的唱片，都是经过严格筛选的经典演奏版本，突出名家（名作曲家）、名作（音乐史中占有重要地位的作品）、名版（著名指挥家指挥演奏的著名录音版本）的特点。目前北京古典音乐广播拥有意大利、德国、法国、英国、捷克、俄罗斯等民族和国家不同创作风格的歌剧、芭蕾舞剧 200 余部，800 多套各类版本的 CD 录音，通过系列的欣赏，使聆听者能够领略到几百年历史中不同时期、不同风格的众多精彩的歌剧、舞剧音乐独到的艺术魅力。

北京音乐广播自从 1993 年成立以来，凭借自身深厚的技术力量，录制了大量的现场音乐会实况，其中既有中国乐团的演奏，也不乏世界一流交响乐团访华演出的实况。此外，更有近年来北京音乐台走出国门，独家转播录制的"萨尔茨堡音乐节"实况，"布拉格之春音乐节"实况等高水平的演出和极富艺术价值的音乐资料，这些珍贵的现场录音史料与录音室的制作相比较，具有更加感人的艺术效果，主要在《现场魅力》播出，此外还开设针对各个年龄阶层的《钢琴世界》《华夏神韵》《世纪回眸》《HI—FI 时间》等栏目。

（四）复合模式音乐广播

复合模式中以音乐与交通汽车的类型数量最多，例如福建音乐广播汽车音乐调频、福州汽车音乐广播、湖南汽车音乐电台、兰州交通音乐台、昆明汽车音乐调频、海南汽车音乐广播、无锡汽车音乐广播、南京汽车音乐广播、广州汽车音乐电台等等。

此外还有青岛音乐体育广播、江门旅游音乐台、芜湖音乐故事广播，多类复合模式音乐广播的出现，主要是由于当地目标听众市场饱和度不高、市场空间相对容量不大，不具备音乐广播内容再细分的市场环境，在经济文化欠发达的中西部地区以及地市级电台，这类模式较为集中普遍。

总体来看，广播音乐频率在北京、上海、天津三个直辖市基本实现了类型化的内容再细分，代表了这一媒介行业典型且前沿的发展态势。例如一直以包容多种音乐成分而著称的北京音乐广播已经进行了次级类型的精细划分，创办北京古典音乐广播、北京通俗音乐广播、北京爵士音乐广播、北京怀旧金曲广播；上海分为"经典947"、流行音乐"动感101"、流行音乐"魅力103"；天津分为音乐健康广播、有线调频古典音乐广播、有线调频背景音乐广播。上述三地的音乐广播已经形成高品质、全方位的专业音乐电台，突出欣赏性、娱乐性的同时，兼具文化、娱乐、生活、体育等各类资讯，均处于全国音乐广播的发展前列。

二、流式与点式布局

（一）节目流式放送

大多数广播电台的节目采取传统横式编排方法，听众在一周每天固定时间打开收音机。20世纪60年代美国电台的研究者发现，电台节目横式交替意味着内容之间的转换，一定程度上会对听众的继续收听产生中断和干扰。当代听众对音乐电台收听习惯从以往的专注聆听转变为伴随式收听，对节目主持人的青睐转变为对某种类型音乐的偏好，以及对现代时尚文化的追逐，以往大约每天固定时间开机转变为在一天、一周内随意开机，由此一来，采用"节目流"编排方式的专业电台的出现是一种必然趋势。

音乐电台的"节目流"式布局是以早、中、晚各时段受众的生活规律来设置节目，伴随式背景音乐有效延长了收听时长，较好地契合听众收听需求的嬗变，按照2—3小时大时段区隔一天24小时，分分秒秒、日复一日、年复一年地不间断播放特定的音乐类型。"节目流"式编排的优势在于，削弱栏目之间的"篱笆"间隔，促使音乐的放送真正活跃流动，从而建构整个音乐频率统一的品质和风格。这种音乐的放送不同于广播诞生初期，简单播放唱片的播出形态，而是建立在对目标听众充分了解基础上的潜在控制，各种节目内容之间并非没有任何变化，只是这种变化的范围和幅度相对减少，电脑自动编排软件的应用，为主持人长时间驾驭节目提供技术支持，进而优化人力资源。

许多广播实践的例证与调查数据显示，尽管一两档好的栏目可以拉高收听率，但是无法提升频率的整体形象。"节目流"式布局的做法摒弃了以堆砌栏目为特征的横式编排手法，吸引听众的有意关注，同时以潜在的但是又不可缺少的方式，轻松陪伴受众的日常生活，电台播出的内容减少了对听众固定收听的控制，这种"节目流"式的编排思路，易于听众随时随地收听节目内容。这种编排方式最适合音乐节目的播出，因为音乐节目的解说居于辅助地位，"音乐的抒情性是不需要特别解码的，在收听中无须关注意义的所指和呈现，虽然广播缺少视觉因素，这反而成为它作为伴随性或者背景媒介功能的优势所在"。①

以中央人民广播电台"音乐之声"为例，整个节目编排上采取了大区块分割，每个时段细化风格，从早上的《早安音乐秀》到晚上的《音乐万岁》，每一个时段提供给听众不同风格的音乐陪伴，节目的编排以听众一天之内的生活规律变化而定，就像一个随时随地不断呈现的声音背景，以最恰当的音乐情感带给人们惬意的体验，每一时段各自的特点分别是：早间 6：00—9：00《早安音乐秀》定位于早晨起来的学生族和上班族，选择的音乐类型以节奏欢快的中外流行歌曲为主，用阳光明朗的音乐风格开启新的一天，晚间16：00—19：00

---

① 孟伟：《声音传播——多媒介传播时代的广播听觉文本》，中国传媒大学出版社2006 年 4 月第 1 版，第 122 页。

的"都会音乐"定位于都市白领人群，临近下班时间去营造一天紧张工作结束后的轻松氛围。

河南音乐广播节目风格统一，各档节目内容没有太大差别，如《我们一起听歌吧》《音乐有点甜》《音乐在行走》都是伴随性的音乐直播节目，不离"经典、魅力"的歌曲主题。白天11：00—13：00时段以音乐杂志、音乐资讯和歌曲为主，陪伴听众度过午间休息时光，带来娱乐、音乐、新闻等资讯，还有一些关于生活、旅游、美食等话题与听众畅聊，给听众一个轻松、快乐的午餐时间。晚间段20：00—23：00，主持人富有特色的声音和精心挑选的音乐深深打动了听众的心，与听众产生强烈的共鸣。

（二）资讯点式分布

资讯在类型化音乐广播中占据举足轻重的地位，也就是说"音乐＋资讯"构成了音乐广播的全部内容。资讯在音乐广播轮盘中是以点式分布的"资讯组"和"小单元组"构成。例如，福建音乐广播设置的"信息913""娱乐913""体育913"等资讯组，就是在每个小时的半点前后固定滚动播报本地新闻资讯，每逢整点还有"气象913"，在这个资讯组中加上一些生活提醒，比如增减衣指数、人体舒适度等级指数、感冒指数等等。同时，还设置了不少"小单元组"，如"时尚家居手记""简单生活体验""生活不倒翁""爱车宝典"等等。归纳起来，类型音乐台的"资讯组"一般有几个特点："第一，本土化；第二，服务性；第三，时尚性；第四，分类集成；第五，每小时循环；第六，植入节目；第七，简单化操作。"①

音乐"流式"与资讯的"点式"布局，通常与一小时时钟轮盘实现同构，时钟轮盘的功能在于清晰呈现这一小时节目内容的分类构成，进行内容切割和循环衔接。大致的内容切割包括音乐、天气、交

---

① 杨叶青：《类型音乐电台研究——从运营理念和操作模式谈起》，《现代传播》2006年第5期。

通、推广片、商业广告，等等，具体的时钟轮盘根据具体区域听众的需求而设计。中央人民广播电台"音乐之声"、福建音乐广播、江苏音乐广播等类型化音乐频率，早已引进世界上最为先进的音乐广播自动播出系统 RCS，运用先进技术软件处理日常的播出工作，RCS 系统具有大容量录制、全方位检索、自动编排生成、定时播出、管理方便等特点，数据库、网络共享、数字音频处理均为可以依托的平台，音乐、广告、资讯等录制完成后，可以提前预存，系统将到时控制自动播出。

三、个性化意动策略

音乐是广播最重要的内容形式之一，与目前广泛普及的个人化音乐收听设备相比较，个性化的意动策略提升类型化音乐广播的吸引力和制胜之处，在于传播偏向于对听众情绪、情思和情感的鼓动、劝服与影响。

强调个性化生活的今天，听众选择音乐广播就是选择一种生活主题、生活态度与生活期望，展现一种个性化的自我。音乐频率如果没有一种个性化的意动策略，很难引起听众的注意、共鸣与偏爱，也难以建立品牌忠诚。以个性化的意动策略建构与受众的密切关联，这一关联代表受众的追求和精神，慰藉他们的情感，拉近彼此的距离，也增加了受众选择音乐频率的理由。

（一）音乐选择

尽管从我国的整体范围看，音乐频率的内容选择比以前更为同质化，但是成功的节目设计与运营要尤其重视特定区域市场受众的调查，以突出差异化、个性化的传播特点，在同质化竞争中寻求制胜之路。类型化的音乐电台强调的是有效收听率，只有精确定位目标受众，才能针对目标受众播放他们所喜爱的音乐流和各类资讯。细致的节目设置、持续的区域研究和适应不断变化的听众的品味与竞争意识制约着音乐内容的选择。

借鉴美国音乐电台的做法是，采用电话调查法、音乐厅测试法和互联网等听众调查法，一般聘请数人进行电话调查并处理数据，比如，摇滚电台的音乐研究人员根据本地唱片店的销售状况列出最畅销曲目，或者把电台尚未播放但是颇具市场潜力的唱片汇总制表，总之，音乐电台根据其自身的研究测评结果来评估所播放音乐内容受欢迎的程度。

对音乐电台受众调查进行细致分析日益受到重视，比如石家庄音乐广播曾根据 2010 年第二波、第三波收听数据得出分析结论，中午 12 点到 14 点收听率虽然较低，通过个性化的主持拉高收听率可能是行之有效的办法，于是在 2011 年中午 12：00—13：00 开办了一档访谈节目《音乐听我的》，13：00—14：00 开办了一档欧美流行音乐节目，两档风格各异的节目顿时在石家庄广播市场异军突起，该时段收听率明显增长。

追求内容的多元化和服务对象的专一化，是北京音乐广播的个性化色彩，对音乐选择和把握的四个原则是：严肃音乐通俗化、通俗音乐艺术化、环球音乐旋律化、综合节目音乐化。有一档古典音乐节目《古典也流行》，把古典音乐同流行元素混搭，开创快餐音乐文化欣赏形式，在听众中很受欢迎，严肃音乐比例一度在北京音乐台四级节目中占到 40%。现在的北京音乐广播已经不完全是区域意义上的专业化音乐媒体，正在朝向更加多元化的音乐类型细分目标前进。

面对北京音乐广播等成功的音乐电台应采取的对策，中央人民广播电台"音乐之声"节目总监刘晓龙曾表示，"模仿是追不上的，我们采取的是抄近路的办法——拿来。以前，台里办节目需要看两头——上头和下头，看上头是说严格遵守国家政策和部署，看下头是指了解市场动态，还要看外头，学习国外办音乐台的经验"。

MY FM 广播网是北京寰宇行思广告服务有限公司联合全国主要省市音乐电台打造的的广播广告平台，作为一家外资公司，进驻中国市场时非常注重市场调研。该公司在与南昌音乐广播合作时，就对南昌市民进行了极为系统的受众调查，总结出南昌市民喜欢与不喜欢的100 首歌曲。通过调查南昌听众，知道哪些歌曲适合在南昌播出，哪些歌曲不适合在南昌播出？根据这样的思路，寰宁在合作的其他五个城市分别设计了适合当地特点的曲库，确保排出的曲风与当地的人文环境、收听习惯以及生活脉动更加吻合。

总之，音乐选择总是体现一种与众不同的媒介差异化意动策略，完美的音乐选择需要通过与受众保持连续的交流，受众对音乐欣赏是存在积极意义解读的能动主体，对传者而言倾听优于陈述，互动传播优于单向传播。

（二）语言形象

音乐广播主持人的语言形象是由音色、语速、音响、音调和语调等诸多要素构成，主持人简练美妙的解说色彩往往通过"语感"得到最直接的表达，从而延展音乐的内涵，提示从听觉到脑海的联想范围，能够增强音乐广播的吸引力。

中央人民广播电台"音乐之声"创办初期，各自具有不同主持风格的 DJ，同一朝向伴随性的音乐电台转变，比如话语量在节目中有严格限制，讲话的位置只能是在歌曲的前奏和尾奏，要做到不能踩歌、压歌。如何在这些规定下将歌曲信息量扩展到最大，这成为摆在广播人面前的一大课题。从传统广播的"我说你听"到类型化广播的"我和你一起听"，听众更需要的是一位温暖、贴心、通情达理的人，通过电波与受众展开心与心的沟通。

音乐广播的主持人怎样塑造良好的语言形象，达到对音乐内容适宜的介入程度呢？个人感性的经验是与受众沟通的关键与核心，主持人以优雅浪漫或是儒雅洒脱、幽默诙谐、精灵另类的方式可以谈谈自身对生活的观察、体验和感悟，要避免简单地被音乐内容所牵制，语言可以是音乐的映衬，主持语言与音乐节目的相关性不一定表现得非常直接，"可以像是回形针的样子，以迂回和含蓄的方式，使语言与音乐融合在一起。重要的不在于用语言直接解读了多少音乐，而在于语言和音乐配合无间而且相得益彰，广播音乐节目才能达到一种完美的融合"。① 因而，主持人语言形象的理想高度，就是营造由话语和音乐构成的和谐氛围，这是广播吸引听众理解音乐的基础。

主持人的字字在点、句句到位的点评建立在精深的音乐专业化的素养基础之上，北京音乐广播著名主持人、著名乐评人杨大林当谈到《钢琴家》这部电影音乐时，谈到海涅的那句话："语言精致的所在是音乐的开始，我拿什么语言能说清楚那音乐，关键里面有一种整体的情绪，接着他谈起了电影中演员形神兼备的表演，导演脑海中画面与文学作品的统一，时刻存在激动人心的因素随之慢慢展现。"

总之，音乐广播的主持人不仅要锤炼自身的言语能力，锻造良好的专业化音乐素养，也要有意识研究类型受众的言语特征，为受众的理解建立良好的语感环境，使受众体会到亲切、自由和收听的乐趣。

（三）情境塑造

音乐是对往事的回首，音乐是心与心之间的沟通，音乐和语言共同调动听众的情绪，引发听众的情思，艺术地外化为音乐广播节目的情境。情境的塑造首先来源于主持人良好的性格特质，以真切自然、心灵正能量的有效传递者做好频率、听众与音乐之间的沟通。DJ 章莹莹曾主持过中央人民广播电台"音乐之声"的每个时段，早间档特意增加"为你加油"环节，目的就是在新的一天开始，主持人为需要鼓励和加油的听众送去力量和信心，这个环节的加入渐渐成为每天节目的一个亮点，这个温暖励志的小情境吸引了许多听众热切的期待。

与听众的广泛大量互动成就着音乐广播不可或缺的人气力量，山东音乐广播《幸福放声唱》栏目的互动方式非常丰富，通过网站、

---

① 章莹莹：《论类型化电台 DJ 的角色定位——以"音乐之声"为例》，《中国广播电视学刊》2013 年第 4 期。

QQ 群和聊天室等建立的专属听众互动平台"幸福家族"，无论直播时段还是节目之外，听友们随时一起飙歌、分享感动和故事，交流音乐心得。每天有上千人打通电台热线号码参与比赛，众多知名歌手倾力加盟，《幸福放声唱》栏目连续策划多样化的活动，强化与听众之间的密切关联，如专门组织草根歌手参加的"幸福歌会"，开发制作文化衫、徽章、台历、DVD 光盘等节目的衍生品，成为当地备受关注的音乐盛会节目品牌。

武汉楚天音乐广播于 2011 年 5 月 13 日推出流动直播车，当天"汽车人飙歌争霸赛"网络微直播也在火热进行中，微博转发和评论直线上升，形成了广播与网络的有机互动。上海"动感 101"电台早间《中文金曲馆》采用主持人直播与听众微博互动的方式，经过内容筛选之后在节目中即时播出，这些听众发送的内容包括对节目主题的回应、出行路上的见闻、突发事件、心情感受、有趣的新发现，或者是天气状况和路况信息等等。由于听众微博反馈是针对当天这一个时段的真情实感，有效激发听众此时此刻的收听共鸣。

与封闭静态的个人音响设备收听情境相比而言，构建与听众交互的音乐传播情境是一种"动态"的现场规模呈现，体现出人性化的亲近感，现代社会人与人之间社会空间距离的变化，听众依靠外界的参照物来确认自身社会存在感的倾向越来越显著，广播音乐节目在这种情况下充当了一种较为理想的参照物。听众收听的过程中隐含着潜在社会参与感，因为同样的歌曲或者音乐在同一时间里有很多其他沉默着的听众在一起分享，收听就意味着参与了一种社会公共活动，社会确认感在一定程度上得到了实现。

四、原创音乐助推器

我国流行音乐频率的诸多知名品牌无一不是把品牌定位、品牌形象、品牌合作列为十分重要的竞争策略，这些创意经营的一个共同点就是追逐并创建明星文化，偶像消费、偶像制造与青年亚文化等特征的文化景观。这是一个值得深入分析的议题。这方面深圳音乐频率推动本土原创音乐发展的"鹏城歌飞扬"节目就是一个典型案例。

自上世纪 80 年代开始，深圳一直是中国流行音乐发展最蓬勃的城市之一，上世纪 90 年代的深圳，可谓全国内地无数热爱音乐的年轻人的"梦想之都"。1994 年深圳原创音乐的原生态雏形开始通过广播的方式呈现，2003 年深圳音乐频率正式开播"鹏城歌飞扬——我唱我歌"节目，并提出"鹏城歌飞扬——深圳原创音乐 10 年发展促进计划"，得到深圳市委宣传部认可，被确立为深圳市"文化立市"的重点项目。

"鹏城歌飞扬——深圳原创音乐 10 年发展促进计划"内容包括，全面扩充深圳原创音乐在广播中的播出时间，推出"鹏城歌飞扬"深圳原创音乐季度榜和年度总榜，促使音乐人提高创作、编配、制作水平，使作品不再只停留在构思和小样的阶段，摆开擂台并鼓励深圳音乐人展开原创音乐的深入交流，培育深圳本土优秀人才，以深圳广播电台音乐频率为主，以《深圳特区报》、深圳新闻网等多种形式媒体为联动平台，共同推广深圳本土原创音乐。通过每年举办一次"鹏城歌飞扬，深圳十佳原创歌曲颁奖典礼"，出版深圳优秀原创歌曲 CD 并向全国推广。2004 年开始，"鹏城歌飞扬"与全国卫星音乐广播协作网合作，每年向全国二十多个城市同步转播颁奖典礼。

"鹏城歌飞扬"，诞生 7 年来节目组对数百位深圳音乐人进行了大量的采访、沟通，利用自身的行业整合能力为深圳原创音乐作品提供唱片公司、彩铃销售等下游出口，而且长期坚持深入基层，陆续举办了飞扬歌会一百余场，把本土原创音乐带到各大社区、校园、企业中去，让音乐真正为市民服务。目前"鹏城歌飞扬"已经成为中国知名的城市创意文化品牌。

"鹏城歌飞扬"让广播音乐节目大大跨出了直播间，打造了一个整体系统化的创意活动，流行音乐传播最大化过程中，系统结构的诸多领域实现了较为完美的构建：

第一，传播控制角度分析：该项目得到深圳市政府的高度重视，给予宣传文化基金支持，并鼓励增设最佳男歌手、最佳女歌手、最佳新人、最佳专辑、最佳作词、最佳作曲、最佳编曲等单项奖，繁荣创作氛围。

第二，节目内容分析：该节目自 2003 年创办以来，即在黄金时段晚间 7 点推出直播节目，每期时长 60 分钟，每周播出 5 期，每周固定推荐一位新人作为"原创主打星"，以其在深圳的成长故事为切入点，以歌手创作演唱的音乐贯穿始终，并在每周末邀请本周主打星做客直播间接受专访。

第三，传播渠道分析：除了广播节目之外，另增加特色现场活动，如每月选定一位最受听众欢迎的"原创主打星"参加衍生品牌"CLUB 英雄会"，在与节目合作的的音乐茶座、酒吧等地推出免费的现场表演，把广播听众变为现场观众，把寂寂无名的原创新人逐步打造为小有名气的本地新人王。此外，还坚持长期坚持深入基层，陆续举办了飞扬歌会一百余场，把本土原创音乐带到各大社区、校园、企业中去，还多次在深圳音乐厅进行专场免费表演，让音乐真正为市民服务。2007 年开始先后唱响悉尼歌剧院、洛杉矶帕萨迪纳歌剧院、以色列红海爵士音乐节，这是深圳向世界递出的最精彩的文化名片。

第四，受众与社会反馈分析：该节目每季度都会根据听众的短信投票，选出 20 首点播率较高的候选歌曲，邀请本地富有经验的评委听评，最后综合专家意见和短信票数，评选出季度十佳金曲，并进行季度颁奖。每年 12 月下旬则会邀请中国音协流行所评出的共计 40 首季度金曲再度听评，最终选出年度十佳金曲和各个单项奖，并举行隆重的颁奖典礼。

第五，大众传播与组织传播交叉角度分析："鹏城歌飞扬"经常组织本地作者召开创作经验研讨会、交流会、大师班、音乐采风等活动，并在活动中整合创作过程中可能出现的需求，让作词、作曲、演唱、编曲等不同环节的创意者可以利用"鹏城歌飞扬"这个平台最迅速有效地找到合作对象。

第六，有效开发产品链：和全国各大唱片公司均保持紧密合作关系，为本地的好作品提供走向全国乃至世界的途径，并向华纳唱片、太合麦田、原创联盟、百代唱片等国内顶级唱片品牌推荐新人新作，使其中大量的优秀素材成为全国音乐行业的生力军。

总之，"鹏城歌飞扬"烘托深圳移民文化的理想人文色彩，通过音乐创作表达出数百万移民从故乡到他乡的心理迁徙诉求，以深圳音乐频率为平台已经成为这座城市民间音乐生态的助推器。这个案例的启示不言而喻，结合区域音乐文化特色，利用以广播为核心的多媒体传播途径，推广优秀艺人及其作品，创意事件营销与主题活动，推动原创音乐事业发展，深圳音乐频率在全国开发了"独一无二"的异质化资源优势，为国内其他城市音乐频率树立先锋榜样。

案例：

中央人民广播电台"音乐之声"的朝气蓬勃之路[①]

作为中国大陆第一个类型化的音乐频率，"音乐之声"自2002年12月2日开播以来，打开了中国音乐频率类型化运营的全新空间。"音乐纯化、频率进化、平台云化"成为"音乐之声"独特的发展路径，更是"音乐之声"成长、成熟、成功的"三步曲"，奠定了在全国音乐广播多元化格局中的领导者地位，

一、"音乐纯化"——塑造大陆第一类型化音乐频率

从2002—2008年，"音乐之声"以开播为标志，进入了破旧立新的"音乐纯化"时代，完成了类型化的彻底革命，用"窄播"实现了广播，为"音乐之声"打造了如下的鲜明特色：

（一）类型："音乐之声"诞生之前，大陆广播界已开始了专业化改革，当时的音乐专业频率音乐门类齐全。"音乐之声"从

---

① 阚平：《"音乐之声"的"拾穗十年"》，《中国广播》2012年第1期。

筹划之日起，就定位于"类型化音乐电台"，即对音乐种类进行精细划分、审慎选择。最终"只取一瓢饮"，选定流行音乐这一音乐类型，因而缔造了频率整体风格鲜明突出的品牌形象。

（二）纯化："音乐之声"播出的音乐都是纯流行音乐，音乐类型专一，虽然听众定位窄众（听众范围15—45岁），但从听众的角度出发，全方位选曲，实现无缝链接，18小时滚动播出，虽然全天节目以3个小时为一个单元（周末以6个小时为一个单元），并且还有不同的节目名称，其中间或穿插短小单元，但大节目板块概念的确使得"音乐之声"成为单纯的流行音乐频率，整体基调纯正。

（三）艺人："音乐之声"从诞生之日起，首创"艺人整点报时"新模式，改变了过去的"北京时间 X 点"的旧方式。从那时候开始，很多地方电台也逐步采用了这种报时方式。同时"音乐之声"在线上线下广开渠道，通过请艺人做代言等，提升自己的知名度。

（四）品牌："音乐之声"创立伊始，就开始了品牌形象从无到有的塑造过程。"音乐之声"打造的第一个品牌是"中国 TOP 排行榜"，目的是"振兴原创流行音乐，表彰音乐行业对社会的贡献。以及提升文化产业的能见度"。"中国 TOP 榜"是由国家级媒体举办的最具权威性的流行音乐榜，年度颁奖晚会更是经中宣部批准的流行音乐盛典，每年会对一百余名音乐方面的卓越人士进行表彰，是华语流行音乐的风向标。

（五）慈善："音乐之声"从开播至今，一直高举公益大旗。倡导人文关怀、从2003年起，"音乐之声"启动了"我要上学"大型公益活动，目前已经发展成为国内重要的公益品牌活动（由"音乐之声"和中国儿童少年基金会共同主办）。经过多年的成功实践，"我要上学"活动已形成标准化的运作方式，发展出年度公益主题由、实地探访、慈善晚会，邀请艺人担任爱心大使全程参与等一系列的组成要素，在全社会撒播公益爱心。

（六）规格：对于"音乐之声"来说，广告经营也要"计算"规格，广告即节目，广告和节目不能"骨肉分离"，"音乐之声"要留住听众，不仅仅要在节目时段留住人，更要让听众在广告时段不换台，冈此，从开播之日起。"音乐之声"对广告的规格就进行了标准化设定，将时间长度、文案创作规格化。希望广告像音乐一样具有聆听的价值。

（七）活动：各类活动始终伴随着"音乐之声"的诞生与成长。目前，"音乐之声"每年都会举办歌友会、签唱会，"DJ Search"（寻找主持人）、"Pub 巡回演唱会"等，尤其是"DJ Search"（寻找主持人），最先是由"音乐之声"在全国发起的音乐 DJ 海选活动。

（八）多样："音乐之声"覆盖全国三十多个省会城市，这既是优势，也存在着"众口难调"的压力。因此"音乐之声"将节目布局多样化，以最大限度地满足全国大多数城市听众的音乐诉求。同时，"音乐之声"拥有《音乐之声》杂志，还建立了自己的网络平台、创办了电子杂志等，这些都无限延伸了"音乐之声"的传播平台。

二、"频率进化"——全面升级音乐频率品牌影响力

从 2009 年至今"音乐之声"以 2009 年 2 月 14 日全新改版为标志，正式进入"频率进化"时代，通过频率包装、节目设置等环节的再造，通过品牌活动的优化升级，"音乐之声"步入了"节目与活动双翼齐飞"的成熟期。

（一）思维升级，以音乐为名的"二次革命"

基于当时全国已有三十多家类型化音乐广播的态势，"音乐之声"从升级视野、全面进化入手，用"加减乘除"创新思维，大力改造自身。"加"就是大力提升品牌美誉度，增添更多的音乐元素，特别是国际元素；"减"是追求音乐零距离，让听众或

艺人直接参与到各项音乐盛事中；"乘"是兼顾亚洲视野与国际指标，展现出崭新的国际化魅力；"除"就是去除冗长繁杂的包袱，实现律动满载的聆听感受。

（二）视野升级，增添音乐广播的国际性

音乐无国界。过去有人认为，大陆的流行音乐比港台落后5年，而港台又比西方落后5年。在2009年的全新改版中，"音乐之声"扩大视野，囊括全球各国重要流行音乐榜，推动大陆流行音乐向国际化迈进，让大陆听众和世界其他地方的听众同步感受流行音乐的发展脉动。

（三）艺人合作升级，打造音乐立体平台

"音乐之声"利用自身的传播平台，团结和集合整个流行音乐界的艺人。在"音乐之声"艺人们可以整点报时与推介歌曲，还能参与"音乐之声"的大型活动，进行演出和展示才艺，"音乐之声"此时已经不仅仅是一个广播频率，已经成为扶植艺人成长的重要立体化平台。

（四）品牌升级，优化创新品牌经营

在以往"中国 TOP 排行榜"、"我要上学"大型公益活动的基础上，又重磅推出"全球流行音乐金榜"，年度三大品牌活动的架构由此形成。"全球流行音乐金榜"是由"音乐之声"发起，全球华语广播电台及流行音乐电台自愿加入的合作组织，旨在整合各方资源与优势，共同推动华人音乐的成长与发展。创始会员台包括"音乐之声"、山东城市之音 City FM、台北之音 Hit FM 联播网、洛杉矶 KAZN 1300 中文电台等 11 家全球优秀华语电台，覆盖全球近 14 亿华人听众。

2010 年 1 月 3 日起，"音乐之声"每天中午 12 点到下午 2 点播出"全球流行音乐金榜"节目，"音乐之声"与会员台互换资源，同时播出每周集体投票的音乐榜单。2011 年 3 月在中国台北"小巨蛋"举办的盛况空前的"全球流行音乐金榜"首届颁奖晚会，成为了中央电台首次在台湾地区举办大型活动的成功范例。

"音乐之声"与多家唱片公司合作深入，分享演艺资源与经验，发展艺人经纪良好关系。开展跨行业、跨地区的演艺合作，实现资源最大化。"音乐之声"的台歌和 LOGO 伴随着《畅游中同》《明星好忙》等节目在许多电视台播出。

2010 年 5 月，权威杂志《国际广告》公布了"2010 中国理想品牌大调查"消费者最喜爱的媒体前十强，中央电台"音乐之声"荣获"消费者最喜爱的音乐类广播媒体"第一名。

（五）慈善升级：坚守媒体公益理念

以 2010 年"音乐之声"助学行动为开端，"音乐之声"升级公益行动，一对一地帮扶贫困孩子，每一位获得资助的贫困孩子都将获得 3 年帮助，每人每年可以获得 1200 元生活费，截至 2010 年共有 4901 位小朋友受到"音乐之声"的帮助，此外，2010 年"中国 TOP 排行榜"的年度颁奖盛典恰逢玉树地震，在晚会现场为灾区募捐了两千多万元人民币，受到各方好评。

2009 年在"春蕾计划"实施 20 年之际，"音乐之声"荣获了全国妇联颁发的"中国儿童慈善奖"，2011 年 6 月，"音乐之声"又荣膺全国妇联颁发的"中国儿童慈善奖——突出贡献奖"，"音乐之声"是获此殊荣的唯一媒体。

（六）活动升级，线上线下齐头并进，品牌影响力倍增

从 2009 年至今，"音乐之声"品牌活动全面升级，不仅策划组织音乐活动，还参与电视节目制作，演出歌舞剧，每四天就有一场活动。每年推出"校园行"、"音乐狂欢节"、"音乐星势力"、"乐队龙虎榜"等系列活动，同时举办了《哈里·波特6》《哈里·波特7》《变形金刚》《蓝精灵》等电影首映礼。"音乐之声"全体主持人排演的话剧《大大大明星》在北京保利剧院上演。此外，"音乐之声"还承办了中央电台、中国广播电视协会

等主办的各类大型活动，其中包括庆祝人民广播事业 70 周年的综艺晚会、交响音乐会、流行金曲晚会、相声晚会、戏曲晚会等共七场系列晚会，以及"全国十佳 DJ 大赛"等等。

（七）经营升级，事业与产业共同推进

2009 年随着央广智库文化传播有限公司的成立，"音乐之声"的触角向产业延伸，涵盖了演艺、会展、主持人经纪等领域，整个公司的运营围绕"音乐之声"平台进行，正努力打造音乐文化产业集团。2011 年以来，央广智库陆续组织了"唱响中国"、"唱响沈阳"、孟庭苇演唱会、拉萨雪顿节开幕式等与音乐相关的演艺活动。

三、"平台云化"，领先音乐广播的未来时代

展望未来，音乐广播必须充分利用人类最新科技成果，布局"移动、随取、海量和智能"的多元音乐传播平台，音乐广播也将进入平台运化时代。

移动，让音乐无处不在；随取，让人们能够随心获取音乐；海量，将打破传统音乐广播的有限数据库，通过新兴科技提供呈几何级数增长的音乐资源；智能，正如时下极度细分化的网络音乐电台等，基于科技成果提供的传播平台，基于海量的音乐库存，实现个性化订制，编配出个人化音乐频率。

"音乐之声"下一个十年发展期，将不仅仅依靠现有的传统广告平台，还将着眼未来音乐产品的开发，以互联网平台和其他最新技术为助力，云化发展平台，让类型化音乐广播的未来成为无限体验的音乐时空。

第二节　故事频率

2005 年 3 月 27 日，合肥人民广播电台故事频率的正式开播，拉

开了我国故事广播发展的帷幕，这意味着我国类型化广播进展的又一次重要创新，纯语言类广播节目的传播优势与魅力再度引起广播界的高度瞩目，根据赛立信和央视索福瑞公司的市场调查，2005 年 9 月开播仅不到半年的故事广播在合肥收听市场份额中名列前茅并且受到多方好评。

故事广播的内容定位好似一座取之不尽、用之不竭的金矿，各种类型、风格、形式的故事都是其中蕴藏的宝贵资源，各种兴趣爱好的听众也总能在其中找到适合自己口味的故事。在此之后，拥有广泛的受众市场基础的故事频率如雨后春笋般成长起来，截至 2015 年，我国已经设立北京故事频率、上海故事频率、贵州故事频率、辽宁故事频率、新疆故事广播等三十多家故事频率。

广播的传播优势在于内容的通俗易懂，对于听众的受教育程度以及理解能力都没有太高的要求，故事频率在承袭了广播这一天然属性的基础上，不仅迎合了人们长期以来喜欢听故事、讲故事的本质心理，还激发了人类天性中喜欢追根寻底的好奇心理。同时在吸引听众、策划节目等方面都有着独树一帜的优势，在特定音乐音响的配合下讲述故事，比阅读书本上单一的文字更增添了一份惟妙惟肖的意境，同时又比观看影像化的电视剧多了一份想象的空间，这也是故事广播能够受到听众青睐的个性化亮点。

一、题材与播讲特性

（一）题材的价值倾向

第一，相对故事频率而言，题材是节目内容制作编排的基础，题材本身的潜力直接影响着节目制作者以及主持人的发挥空间，如果没有好的故事题材，后期有再多的加工手段都是无济于事的。一般而言，故事频率题材的选择倾向应当注重体现"永恒经典""惊险悬念""重大揭秘""人物情感""温馨励志"等普适性强的构成特征。比如，中央人民广播电台"文艺之声"于 2005 年 6 月 6 日为纪念世

图7–1 上海故事广播官网首页

界反法西斯胜利60周年，全天连续完整播出盟军诺曼底登陆40集长篇纪实文学《最长的一天》，再现61年前6月6日早6点开始改变世界历史的非凡一天，20位知名演播专家精彩播讲加上大量影视录音剪辑的完美之作，创造了中国文艺广播史上"最长的一天"。

某些题材的复杂内容，如果采用短时间灵活的安排，能够更好适应现代人工作生活的快捷节奏，2007年中央人民广播电台"文艺之声"推出《长书短播》节目，改变将一篇作品从头到尾完整播出的老做法，仅仅摘选一些比较精彩、比较有代表性的片段呈现给听众，压缩长篇联播的周期，收到了出其不意的效果。

第二，时刻关注最新的获奖作品题材，紧密结合时下的文学发展趋势，借助热点作品来进一步争取听众，内容的选取要重视题材的时效性与新鲜度。各类广播频率数量的不断增加，不仅带来了对听众市场的分割，同时也展开了对节目资源的争夺，各个频率都试图掌握最新的资源、抢占先机，这对故事频率的新闻敏感度又提出了更高的要求。新疆故事广播的策略之一就是力争"首播权"，从全国近百家节目公司引进门类丰富的经典评书、当代畅销小说、新闻纪实、幽默文学、市井故事、童话故事、恐怖故事、武侠小说、惊险迷案、世界名著等节目。

并非所有的文学获奖题材都可以在广播节目中播出的，因为国内外在某些奖项上的认可度肯定存在一定差异，尤其是部分涉及政治立场等问题的作品，一定要谨慎选择，不能仅仅为了获得受众热捧而犯了思想导向上的错误。

第三，关注热播的电视剧信息，这在制作广播剧方面是非常有用的契机。媒介的传播形式在一定程度上制约着传播效果，比如先阅读小说，再看这部小说改编的电影、电视剧、收听电影的录音剪辑，不同媒介传播的内容带给人们的感受迥然有异。电视热播剧在人物关系、人物形象、故事情节、以及悬念设置等方面都有较为精当的设置和引人入胜的内容，在此基础上采用广播的方式对其进行再次艺术加工，能够吸引听众较高的关注度，因为与电视剧相比，广播为听众留下了广泛的想象空间，而非被电视里角色的具体形象所限制。

第四，掌握好连播节目的内容安排进度。故事频率中的很大一部分节目都是按照连播的形式来播出的，比如评书、小说连载以及刑侦类节目，因此对内容叙述的节奏以及每一期节目中情节的安排都要经过慎重的考虑，这不仅仅取决于故事本身的特点，更要针对听众的心理期待来编排。对于部分故事性极强而且悬念迭起的题材，一定要将悬念的吸引力发挥出来，牵动听众一步步地跟着节目走，以此获得他们长时间的关注。连播过程中避免被原著中的情节篇幅所局限，因为每一期广播节目都是有时间限制的，如果一期节目的时间长度不能够将原作中的故事高潮展现出来，就要求节目编排者对故事进行适当的改编，以使得故事本身能够很好地包容在节目中，在适当的时候讲述高潮部分，在结尾的时候留下悬念，用这样的方式来满足听众的心理期待。

好的题材离不开典型音乐音响的映衬，音乐音响的主要作用体现在故事情境的模拟以及相应氛围的塑造，从而增强听众的收听体验。故事频率的音乐音响选择首先要注重与故事主题的契合度，对于不同风格的故事以及情感基调各异的题材，音乐音响的选择肯定要灵活恰当，宗旨就是要配合主持人将故事铺展开来。比如在故事引入的时候用什么音乐，酝酿情绪的时候用什么音乐，情节达到高潮的时候应该用什么音乐推波助澜等等，这都是要纳入考虑的细节问题。其次，音乐音响与节目的配合应当是很自然的，而不是为了有配乐才生拉硬套。某些时候，并非一定要有音乐的，可以尝试此时无声胜有声的静默效果，有了音乐反而弄巧成拙。最后，一定要强调音乐音响的真实感。运用配乐的时候一般都是采用提前录好的声音题材，这些题材一定要有真实感，能够真实的反应当时的故事情境，切忌粗糙填补节目。

（二）播讲特殊要求

要想将故事频率的栏目做得成功，不仅要求内容充实丰富，还要看主持人的演播水准是否能够将题材的优势彻底发挥出来。故事频率的节目，不管采用哪种形式，最根本的特点就在于"播讲"，而"播讲"与"播音"是有根本区别的，前者更多融入了主持人对于某一个故事的个人感悟，丰富激越的演播魅力，而且要求主持人要有一定的文学素养，对于故事当中的人物感情以及发展脉络有充分的理解，并且能够设身处地体会主人公心理活动，用真情实感将听众也带入故事当中。因此，故事频率的主持人必须具备敏感、细腻，热爱文学作品的基本人文素养，并且具有较强的语言表达能力，有强烈的与听众分享精彩内容欲望的职业素养。节目的演播过程中，能够敏锐地预察听众的收听心理状态，善于从一个普通听众的角度出发去讲述故事，不断提升自身的讲述技巧，对节目的影响进行可持续有效开发。故事频率的主持人还应具备丰富的、更好的声音塑造质素，用声音效果创造引人入胜的画面感，所以声音条件要高于其他类型节目主持人。

故事频率的主持人应当注意个人社会影响力延伸途径的开发，通过微博、QQ、个人主页等方式与听众进行互动沟通，对一些故事情节以及主人公的命运进行交流。尝试从幕后走向前沿，将栏目的影响力与自身形成一个相辅相成的统一体，从而打造一个有魅力的播讲人形象。

二、时间版面的设计

故事频率的主要节目一般有以下几种，小说连载、情感故事、相声、幽默故事、小品、电影、财富故事、市井故事、评书以及电视剧录音剪辑等。合肥故事频率的节目设置，虽然构架简单、栏目数量不多，但是每一档栏目都是紧紧围绕着"讲故事"这一宗旨展开的，真正做到不间断地伴随式播出，能够让听众无论在什么时候打开收音机都可以收听到自己喜欢的节目。故事类节目有非常广泛的听众基础，不仅有赋闲在家的老年人，也有青年人以及学生群体，合肥故事频率在栏目设置上也充分的利用了这一特点，中午以及下午的休息时段安排了主要针对青年人听众的《大话娱乐圈》《绝代双娇》《新书抢先听》以及周末同时段播出的《男左女右》，晚上八点播出主要针对少年儿童的《童话亮晶晶》，午夜时分播出情感类栏目《情爱夜话》《单身男子／女子俱乐部》以及《惊情夜话》。

故事频率在栏目编排上都紧紧抓住三个时间段，早间时段、午间时段和午夜时段，最显而易见的就是大家都不约而同的将案件侦破类节目或灵异故事放在午夜播出，比如苏州故事频率选择在午夜1：00 播出《拍案惊奇》，中午则播出《档案解密》，下午播出《故事下午茶》。合肥故事频率早上6：00 到8：00 之间依次播出《我们的早晨》《故事中国》《东哥西妹早点铺》等内容，晚上11：00 播出《愈夜愈惊心》。

北京故事频率和重庆故事频率采取一天24 小时不间断的播出模式，还有某些故事频率除去单日的栏目时间设置有异同外，工作日与周末节目内容安排上都有较大的变动，比如上海故事广播的《闲话上海滩·双休版》《在路上·双休版》，重庆故事频率周末早上七点播出的《欢乐盛宴》代替了工作日该时段播出的《第一时间》，上午10：00 的《1035 故事会》代替了《刑侦档案》，总共有八档节目进行了调整。贵州故事频率在栏目研发中充分借势电视的传播效应，贵州电视台《百姓关注》的栏目中播出的一些生活故事与社会现象在观众当中引起了较大的反响，贵州故事频率在晚上18：30—20：00 这一时间段对其进行了转播，抓住时机并且把握好对象的收听需求。

总体看，故事频率时间版面设计定位于以语言类节目为主体，以音乐娱乐欣赏为辅助，顺应各个年龄层面目标听众群体的生活作息习惯和收听状况，进而使整个频率的时间版面，节目形态得到优化，有利于培养听众的稳定收听习惯。

但是也存在一些需要改进的问题，比如，第一，某些节目重播的周期太短。节目重播是一种比较常见的现象，很多频率都会在午夜时间重播白天的精彩节目，这样不仅可以将节目的收益最大化，也可以让错过首播的听众再次收听，但是如果节目首播与重播的时间不超过12 小时，往往是上午刚刚播过，下午就迅速重播，那么对于流动性较强的听众，可能不大会发现这一节目是重播的，另外对于频率的忠实听众来说，已经听过的节目多半不会重复收听。所以，优秀栏目内容的重播一定要把握好间隔的周期，否则，就是对有限时间资源与受众资源的浪费。第二，栏目形式与内容存在表里不一现象。某些栏目从命名到内容都不符合"故事"这一范畴，令听众质疑"故事"频率类型化可信度。第三，广告播出量过大影响收听。尤其是部分时间长并且以谈话形式播出的广告很大程度上迷惑了听众，当听众专心收听并试图发现这是一个什么节目的时候，才发现原来是广告信息。因此，广告的播出应该合理缩短时间，并且适当改变形式，与节目内容有所明确区分，主动有意识地为受众提供一个清爽安静的收听空间。

三、品牌竞争的途径

故事频率作为综合化广播文艺频率的细分类型，虽然历经数年的发展已经获得一定的市场认可度，但是它发展的难题也恰恰在于受众的泛化构成，我们不妨将之喻为一把"双刃剑"，一方面故事频率具有宽泛的受众基础，另一方面这种宽泛性不易于聚拢特定受众人群，很难向广告商勾勒出目标受众人群的基本特征，因而这一类广播频率由于缺乏受众市场细分的针对性，在一定程度上制约着广告市场营销的精准性，在实践运营中往往令很多故事频率的管理经营者产生不少的困惑。

通过对 CSM2009 与 2010 年收听市场调查数据分析，"获得名次提升的以戏曲广播为主，其次是评书广播，名次倒退的以故事广播为主"。[①] 这些数据验证了故事频率在媒介激烈的竞争中此消彼长的过程，类型化创新的首发效应已经渐渐消散，下一步故事频率的竞争战略必须借助品牌的建构强化媒介形象。

媒介品牌的效用体现了媒介最具魅力的无形资产，同时也是赢得广告客户、拓展广告市场的开路先锋，能够成倍增加媒介竞争能

---

① 王兰柱主编:《2011 中国广播收听年鉴》，中国传媒大学出版社2012年2月第1版，第123页。

力，从而实现收益最大化。由于媒介品牌所具有的巨大价值，必然转向注重媒介品牌的高端建构，应当成为故事频率获得持久竞争力的重要途径之一，故事频率如何实现品牌战略的策略有以下几方面：

（一）鲜明的栏目个性

类型化广播始终强调的是"淡化节目、淡化主持人、突出频率整体风格"，但是绝对不能把"淡化"二字简单的理解为平淡、平庸，类型化广播的特点就在于内容的一致性、统一化，此处的"淡化"是指各档栏目都应当遵循频率的整体风格定位。因此，首要是对频率整体风格的塑造，确定了这一基本前提之下，争取打造出一批优秀的栏目，有意识地做拔尖的节目，大胆的将主持人与节目结合起来，争取在同类频率的竞争中有自己的优势所在。比如上海故事频率就有《梁辉说法》《张公开讲》这样个性鲜明的节目，与其他频率一成不变的评书、广播剧以及刑侦剧这样命名的栏目相比，这两档栏目更加注重主持人与节目的一体化，具有高辨识度与鲜明的个性。辽宁故事广播《花喜鹊与啄木鸟》突破传统播讲新闻方式，以"讲故事"形式，营造一个"空中书场"，将相声、快板等风格形式融入其中，独辟蹊径说新闻，细说调侃天下事，幽默诙谐拉家常，俏皮幽默抖机灵为目的。

（二）加强本土化建设

注重对本土文化资源的开发，比如上海故事频率的《闲话上海滩》《阿拉讲故事》，这两档栏目无论是节目名称还是内容都有浓郁的上海特色，再比如重庆故事频率的《院坝龙门阵》和贵州故事频率的《多彩贵州》，都比较注重对当地特色文化的运用以及传播。广播媒体本身就是一种文化现象，其产生与发展都是以特定的区域文化为支撑的，因此，独具特色的地域文化是媒体发展的巨大财富，广播不仅可以从中获取丰富的节目题材，还可以将浓厚的地域风情融入节目当中，传播地方文化的同时能够塑造鲜明的频率形象，在媒体间激烈的竞争中能够有自己的制胜王牌。

（三）族群化与互动

某些故事频率针对广泛受众进行市场再细分，比如广西南宁的895汽车故事频率，面向有车一族以及汽车司机等人群，针对特定人群做族群化电台。

在微博客户端的利用方面，南宁895汽车故事频率的做法比较成功。衡量其成功与否的首要标准就是粉丝数量，其次就是主页发布的微博条数与更新周期。895汽车故事频率发布的七百多条微博里面，涉及的内容非常丰富。第一类内容就是及时发布正在播出的节目，比如该微博在2012年1月22日8：52发布的一条微博："亲们，早！895正在播出《财富达人》，即将播出《省钱大作战》，一起带上耳朵出发吧，一路顺利！"这样的内容不仅为听众传达了节目讯息，更重要的是双方有一个人性化的对话，让听众觉得自己面对的不是一台冰冷的收音机，而是一个充满人情味的团体。第二类内容就是发起互动有奖活动，895汽车故事频率发起了一个名为"拍就送"的活动，只要听众将收听该频率的收音机频率显示或者是手机、电脑界面进行拍照上传，发微博并且@895汽车故事广播，就可以到电台办公处领取精美礼品。听众对这个活动的参与度比较高，不仅达到了双方互动的效果，对于扩大频率的知名度与影响力也具有很重要的意义。第三类内容就是主页转发的一些与路况以及交通规则、行车安全须知等相关的信息，以帮助听众在日常出行中能够提高安全意识。

综上所述，故事频率的品牌建构战略可以借助上述三种途径，形成自身颇具竞争力的品牌经营方式，扩大品牌对提升整个频率社会影响力的贡献，保障品牌战略管理的整体效果。

案例：

合肥故事广播的大众休闲之路

2005年3月27日合肥电台故事广播正式开播，一批充满理想的年轻人怀着对这一新锐广播媒体的向往与信心，加盟故事广播，立志要开辟合肥广播新天地，打造中国故事第一台。创办第二年，据央视索福瑞、广州赛立信两大权威媒介调查公司调查，合肥电台故事广播在合肥上空所有广播媒体中平均收听率第一，市场份额占有率第一，合肥电台故事广播的成功运作，在全国掀起了创办故事广播的热潮，引领中国广播步入语言类广播的新时代。根据 2010 年央视索福瑞最新收听调查数据，合肥电台故事广播列合肥市场收听份额第四位，一直保持较为出色的业绩。

图 7–2　合肥故事广播网页

表 7–1　2010 年合肥市场份额排名前五位的频率[①]

名次	频率	市场份额
1	央广"中国之声"	11.5
2	合肥交通广播	10.8
3	合肥新闻综合广播	10.5
4	合肥电台故事广播	9.4
5	安徽交通广播	7.7

① 王兰柱主编：《2011 年中国广播收听年鉴》，中国传媒大学出版社 2012 年 2 月第1 版，第 309 页。

合肥故事广播设置全天七大剧场，内容新鲜独特，武侠、悬疑、爱情、惊竦等各类故事连播节目精彩纷呈，上午9：00至10：00，晚间19：00重播，为书迷而设《说古道今听评书》，专门荟萃单田芳、刘兰芳、张少佐、孙一、连丽如等一批新老名家的力作；《988剧场》上午10：00至11：00剪辑之后精彩呈现，选播最热门、最经典、最难忘、最值得期待，贴近现实生活的热播影视剧；《畅销风云榜》11：00至11：30，主持人演绎最流行小说、最畅销书籍，将平面阅读转化为最具魅力演播，语言生动形象、讲述扣人心弦；《刑警803》上午11：30至12：00播出，一个因屡破大案要案而闻名遐迩的名字，一部在全国各地屡创收听奇迹的精彩广播剧；《新书抢先听》下午14：00播出，合肥故事广播抢先一步，新鲜奉送名家新书佳作；《金色藏书馆》带领听众重回往日播出的《夜幕下的哈尔滨》《刑警队长》《岳飞传》《杨家将》等经典评书，回首黄金般记忆；《愈夜愈惊心》在深夜23：30播出恐怖心理故事。

此外，合肥故事广播自创多档引人入胜的故事综艺栏目，早7：00播出的《东哥西妹早点铺》，相声、小品、各色笑话是主打内容，幽默、开心是它的调味剂，主持人东哥和西妹为听众搜罗当地当日各类打折信息。《胡小图闯江湖》早8：00和下午6：00播出，轻松谈笑间，大事小事了然于心。《滴滴叭叭故事会》在下午4：00汇集各种生动的小故事，汇成一本独特的有声杂志，开车人觉得是自己的故事，坐车的觉得是身边的故事，所有的人都认为是有趣的故事。主持人大胡、小图、东哥、西妹、灵儿、燕子、元元姐姐、小帅、小非等拥有一群忠实粉丝，听众群体涵盖极广，从职业司机到企事业白领，从赋闲听书的老人到追求时尚的青年、迷恋童话的小朋友都是故事广播的忠实听众。合肥故事广播还成功举办"故事进幼儿园""跨越时空的爱恋""全家欢乐总动员""岁末狂欢嘉年华"以及"给山区孩子送广播，送故事、送去一片天"等一系列社会活动，强化了故事广播的概念，扩大了品牌影响力。

一、媒介品牌准确定位

合肥故事广播成功创办的主要特点是媒介品牌的准确定位，与其他媒介竞争者实行有效的区分。品牌定位的需要由品牌运营的动力所决定，美国品牌研究专家艾克和乔瑟米赛勒认为："品牌定位能够突出品牌辨别的焦点，确定传播目标，即什么样的信息最能体现差异化，最能够吸引目标市场。"① 所谓品牌定位"是指为某个特定品牌在受众和消费者心目中确定一个适当位置，目标是为了让受众能够对媒介品牌产生有益的认知，进而产生品牌偏好和消费行为"。② 媒介品牌定位主要通过两种方式：

第一，受众体验定位。每一种媒介产品的传播方式与功能特性不同，带给受众的消费体验也完全不同，合肥故事广播通过受众的收听体验定位，提出"大众休闲娱乐"口号——面向老百姓的休闲娱乐电波，打开收音机一定能够听到故事，故事广播品牌的诉求点就是大众娱乐，带来放松身心与愉快的心理感受。与此不同，北京故事广播则定位于"有故事的人听故事广播"，突出媒介品牌厚重的历史人文内涵，以及独特的生活历练和感悟。

第二，情感形象定位。按照心理学的观点，情感是人对客观事物是否满足自己的需要而产生的态度体验，包括道德感和价值感两个方面，具体体现为满意、愉悦、幸福、美感等积极体验，或者反面的不满意、厌恶、憎恨等消极体验。日本松下幸之助十分提倡"销售就是爱"，这在媒介产业经营中同样值得提倡。

---

① [美] 大卫·A.艾克、艾里克·乔瑟米赛勒：《品牌领导人》，曾晶译，新华出版社2001版，第31页。

② 邵培仁等：《媒介战略管理》，复旦大学出版社2003年版，第151页。

传媒产品的信息属性，本质上就是为满足受众的各类需求，提倡传媒产品的情感属性，能够促进受众对媒介品牌的活跃认知，情感形象定位也是实现品牌战略的重要途径。合肥故事广播的情感形象定位于"阳光娱乐、绿色电波"，这种定位的诉求点符合广播低碳化、低污染、低能耗的绿色环保传播方式，感召受众对健康生活的追求，倡导人文关怀的精神，从而塑造别出心裁的媒介形象。

品牌的定位就是媒介形象，媒介多元化时代竞争的实质就是媒介形象的竞争，没有一个从传播理念到传播行为以及传播内容的鲜明形象区分，就难以将媒介有形或无形因素结合起来，从而打造具有吸引力的媒介形象。合肥故事广播通过对受众收听体验、情感形象的定位，这些特征因素在受众心目中的固定化和标识化，已经成为受众品牌认知的重要基础。一个受众熟知的品牌，很容易得到受众的认可，为提高媒介市场占有率起到重要作用。

二、产品组合开发策略

媒介产品组合开发策略，往往指对同一种创意产品，采用不同媒介传播形式进行组合开发，实现媒介市场价值的弹性增值，这种组合开发策略不仅能够提高媒介产品的综合影响力，而且有效降低综合成本，提高整个投资的经济效益。

合肥故事广播的产品开发战略是在对原有受众较为充分的了解基础上，对原有受众市场继续开发新的潜能，寻找新的市场机会。2006 年 12 月 3 日，合肥故事广播分频率播出，倾力推出"1170 小说畅听频率"，实现了统一呼号、统一品牌、两个频率、两套节目的全新运作模式。调频 988 立足合肥、辐射周边，内容丰富、音质优越，1170 中波发射、覆盖全省、精彩小说、无限畅听，两个广播频率共享主要播出内容，而后者的着眼点侧重于小说联播。

合肥故事广播作为我国首家故事广播，其类型化的创新属于有特色的单一产品开发策略，这一策略在媒介市场已经取得一定业绩同时，再延伸新媒介产品所体现的启示在于，有利于摆脱对某个单一消费群体的依赖，降低单一传媒市场风险，对于媒介竞争领域的拓展与再集中，有利于形成相对竞争优势，实现传媒主副品牌的规模效应，这样使媒介的两种产品在受众心目中有一个整体概念，既在两种产品之间形成一定区分，又使产品在同一性中保持差异，走主要和附属品牌之路，在媒介经营中以主要品牌为重点，附属品牌处于从属地位。

三、首发优势的持续性

以中国广播从 20 世纪 80 年代中期至今的发展轨迹为例，经历了综合台—系列台—专业台—类型台的清晰多元化路线，这个进程总是表现为某一种广播发展的主要模式从快速创新推广到衰落，新创的发展模式在一定程度上取代先前的模式而成为广播市场的领先者，由此不断形成"代际更替"的循环态势，推动广播的媒介市场增长率始终保持比较高的程度。因而我们不难看到，广播作为一种单位传媒由综合集中化的成长模式转向多元类型化的路径，打造创新传媒产品进入高增长率市场并获得领先地位，从而积累起足够的核心能力和传播资源，当目标市场进入衰退期时，则通过多元化经营战略转入新的传媒市场，使传媒获得高速增长的促进力量，由此不断拓展并培育潜在受众群体。

合肥故事广播作为我国首家故事广播，创办初期传媒市场潜存的高增长率赋予它较大的成长空间，由于传媒市场的高速发展，使得故事广播处于初期有利的媒介环境，这时抓住媒介市场机遇，及时塑造以"故事"为核心的传播能力，力争获得较好的市场回报，取得首发优势带来入市后的良好效应。

但是，当新创传媒产品由快速成长期进入成熟期，传媒市场增长率逐渐放缓，较低的市场增长率使得传媒产品的收益成长空间变得相当有限之际，传媒及时进行产品创新，寻找到潜在的增长率市场空间是明智之举。我们已经看到，合肥故事广播依托"故事"传播的核心能力，推出新的小说系列中波频率，通过新的传媒产品系列，再度寻求传媒的多样化生存空间尤为紧迫。

　　未来合肥故事广播的可持续发展要进一步认识潜在受众，善于发现和培育媒介市场，扩大受众数量，潜在市场的形成首先不可能脱离宏观经济环境和广播产业的发展背景。此外，利用创办初期与受众需求对位性较好的基础，以相对较小幅度进行改版，从微观层面增加广告市场的促销力度，改进故事广播的内容特性，优化栏目播出的风格和样式等等，同时增加对受众服务，开发制作销售广播产品链等策略，对现有媒介产品不断的改进，必然促进媒介利润的可持续增长，以进一步培育自身独特的价值优势与发展目标。

第三节 体育频率

　　追溯体育广播频率的历史，要从新中国广播史第一个体育节目开始，中央人民广播电台于 1955 年 4 月创办《体育谈话》节目，节目内容主要是关于国内外的赛事情况以及中国体育代表队所取得的主要成绩。历经半个多世纪，这个节目全面记载了中国体育发展的辉煌历程，在中国体育广播界始终处于龙头地位。

　　以全国各省市台的体育节目为基础，在其后的多年探索当中，我国的体育广播频率逐渐成长起来，并且涌现出了一批主题鲜明、栏目设置齐全的体育专业化广播媒体。南京体育广播于 2002 年 1 月 1 日开办，是我国第一家专业体育广播媒体，其他比如北京体育广播、泉州体育之声、中国国际广播电台奥运频率以及沈阳体育休闲频率等等，这些频率在类型化发展的道路上进行了积极的探索，不断地进行经验总结，不仅树立了自身发展的标杆，也为后来的体育广播频率创新奠定了扎实的基础。

顾名思义，体育广播频率是以体育爱好者为主要听众群体，栏目内容以体育赛事以及介绍体育人物为主，并伴有大型赛事直播、解说等播出形式的类型化频率。随着时代发展"体育"的概念范畴也在逐渐地宽泛，体育广播的栏目形式与内容也不断地得到扩展，比如针对栏目的内涵与外延尽可能多地进行延伸与关联，与人物、健身、时尚、购物等社会领域，甚至与国际政治局势等内容能够都产生广泛联系，这不仅为栏目制作提供了丰富的内容素材，更为体育广播带来了各个年龄阶段的听众。

一、潜在的发展空间

"体育"一词来源久远，毫不夸张地说这一概念的正式产生与正规体育运动及重大体育赛事的举办，构筑人类发展史上的一个个重要的里程碑。我国的体育运动一度曾经担任着辅助国家外交的重要职能，其本身也演变成为一项特别的外交活动，历史上我国体育代表团出访其他国家或者是接待使团来访，并组织友谊赛，这一过程本身就是国与国交流互动的一个重要环节。1950 年我国接待了第一个来华访问的体育代表团——苏联体育代表团，并分别与北京学联、体联等机构开展了友谊赛，中央人民广播电台对比赛进行了实况转播，并由张之和陈述两位老师解说，开启了新中国体育实况转播的先河。1952年的赫尔辛基奥运会上，新中国首次派出 40 人的代表团参赛，1961年我国在北京举行了第 26 届世界乒乓球锦标赛，这一时期内体育的竞技功能早已超越强身健体的范围，而是被赋予了更加重要的"兴国外交"的内涵，70 年代"乒乓外交"的成功实现也正是这一指导思想的集中体现。无论单纯为了竞技运动的胜负还是出于对外交关系的考量，体育运动在我国一直都备受重视，这为体育广播的稳定发展奠定了深厚的历史渊源。进入 21 世纪，国家之间的竞争与合作不仅仅体现在经济、政治方面，体育运动在国际关系上的重要作用，为体育广播提供了更广泛的关注度与更丰富的素材，为它的发展注入了更崇高的使命与意义。

随着人们生活水平的提高，普通民众关注的焦点从温饱水准逐步转向了如何更加健康地生活，如何提高自身的身体素质，加之信息社会办公室一族的增多，人们开始意识到体育锻炼的重要性，这些因素都直接或间接地促进了全民健身意识的增强。社会民众加强体育锻炼，接触参与的体育项目越多，就会对健身等活动产生越浓厚的兴趣，这会促使他们有意识地去了解最新的健身咨讯以及相关的比赛信息，而广播所具有的伴随性非常适合他们在运动或者是闲暇之时收听，专业化的体育广播自然而然就是他们最好的选择之一。由此看来，民众注重体育锻炼，追求健康的生活方式，不仅有利于增强国民身心素质，更是体育广播发展创新所凭借的宽广社会基础。广播媒介差异化、个性化竞争的新阶段，创建以"体育"为核心传播内容的类型化频率，足可以预见其广阔的发展潜力。

二、栏目的设置编排

体育广播的栏目形式主要包括以下几种：体育新闻专题、重大赛事直播以及转播、全民健身和健康专题、娱乐类栏目以及各类互动式栏目等。

大多数体育频率的栏目设置，是以体育新闻为主线把一天的播出时间分割为几个大的板块，大型赛事的直播转播可以极大地吸引听众的关注度，而且有可能将其发展为长期忠实听众，因此，这是体育广播要重点把握的龙头栏目，此外将健康专题与全民健身栏目作为辅助力量，并用娱乐类栏目适当调节，这样一来就可以使所有栏目的特色各取所长，协同构建体育广播的总体风格。

比如，泉州体育之声的栏目设置就非常符合这一通用做法，每天上午 9：00 的《体育资讯·快乐生活我做主》、10：00 的《体育资讯》、下午 16：00 的《体育资讯·乌鸦与麻雀》、晚上 19：35 的《新闻天天报》以及 21：30 的《天下体育》都是以新闻资讯为主要内容的，每个时间段以资讯类栏目为中心内容，并配合以《音乐跑道》《笑一笑十年少》以及《健康快车道》等轻松愉快的栏目，丰富频率整体的播出内容。此外，周六周日也推出了不少的特别栏目，以适应大部分听众在周末休闲娱乐的需求。首先，对于部分栏目的播出时间做出了调整；其次，提高体育资讯栏目的播出频率，周六增加到了六档，周日也有五档，这样的调整完全是以听众的时间安排为依据，极大地体现了以"听众"为中心的传播理念。

作为国内首家体育专业化广播媒体，南京体育广播的类型化发展程度较高，栏目内容设置别出心裁、丰富多样，全天 24 小时不间断播音，开设《湘宁体育观点》《聊聊体育—听听歌》《体育世界》《天天足球》《大嘴体坛》以及《篮球部落》等等，尽管这些栏目都紧紧围绕着"体育"这一核心主题，但是内容的着眼点却各不相同，有的是关于足球，有的是关于篮球，可见该频率在寻找话题切入点方面下了许多功夫，围绕一定的主题对内容进行创新，这也是考验节目策划者的洞察力和创造力所在。

南京体育广播不仅百分之百有效覆盖了南京地区，同时还辐射镇江、扬州以及安徽省的相邻地区，这也是在扩大自身影响力方面做出巨大努力的成果。目标听众为 15 至 45 岁热爱体育、关注健康、追求生活质量、最具消费能力的城市人群。南京体育台的综合收听率和市场占有率在南京地区广播媒体中位居前列，尤其擅长组织各类大型全民体育社会活动，比如在 2009 年组织了南京全民羽毛球俱乐部双打挑战赛，此类活动大都广泛深入社区、高校，有广泛社会基础和社会美誉度。

表 7–2　南京体育广播节目时间表①

南京体育广播 FM104.3 节目表（2013 年 4 月 22 起执行）			
	周一至周五 Mon-Fri	周六 Sat	周日 Sun
0：00—04：00	评书大夜市		
0：40—06：00	健康生活		
06：00—07：00	CMD 健康生活		
07：00—08：00	体育晨报		
08：00—08：30	1043 资讯榜		
08：30—09：30	家有好房	体育沙龙（复播）	
09：30—10：00	小芳健康网		
10：00—11：00	广播体操＋声动体坛	广播体操＋全民青奥汇（复播）	广播体操＋声动体坛
11：00—11：30	收藏品		
11：30—12：00	风尚家居	书香南京	欢乐制造
12：00—12：30	体育午间报		
12：30—13：30	体育大猜想	市民学堂	公安警事调频
13：30—14：00	搜狐体育		
14：00—15：00	男婚女嫁		

　　北京体育广播以"大体育"为核心内涵，传播体育资讯，搭建全民健康健身传播平台，将大块的时间预留给了体育新闻资讯类栏目，每天的 10：00、11：00、14：00、15：00、20：00 及 21：00 播出《体育新闻》，剩余的时间将体育类栏目、娱乐类栏目以及养生类栏目相结合，对时间进行了合理的利用。该频率的其他节目有《百年笑声》《1025 书场》《百姓健康大讲堂》《体坛夜话》《星光体育》等。

　　作为一种非常有益于身心健康的户外项目，热爱体育的听众朋友也大都喜爱旅游活动，因此，北京体育广播也特意安排了与旅行相

---

① http://www.njgb.com/njtygb.html，2013 年 5 月 15 日。

关的栏目《中国国旅环球行》。随着收入水平的提高，有车一族也逐渐热衷自驾游，这也为体育广播的栏目制作提供了新的资源平台，很多体育广播都新增驾驶、路况、行程等内容，争取在节目中为听众朋友提供非常实用的服务信息。

上海五星体育广播于2004年8月8日创办，该频率滚动报道体坛资讯，现场转播重点赛事，主要品牌栏目《空中体坛》早中晚三个时间段播出体育新闻。其他品牌栏目有《球迷俱乐部》《第三只眼看体坛》《网球周刊》《开心一点》《体育大擂台》《王小毛聊体育》《天天体育》等等。五星体育广播的最大特色就是和五星体育电视的联动。每天中午广播的《强强三人组》节目中，唐蒙、娄一晨、译男、张迅等优秀电视主持人倾力加盟，尝试广播节目的主持和制作，让听众朋友们欣赏到这些"大腕明星"别样的主持风彩。另外，在赛事方面，作为中超联赛的主播台，五星体育广播和体育频道一起拥有中超联赛、CBA联赛以及其他国内外重大比赛的丰富版权，这意味着赛事直播这一体育迷最为关注的节目将会得到最有力的支持。同时，广播主持人和电视主持人在赛事解说方面也有更多的合作。广播和电视的记者资源也一直共享，电视记者经常为广播做连线直播，而广播记者在电视记者无法到达现场的情况下，也会为电视发回电话报道，或者成为出镜记者。沈阳体育广播采用的也是24小时不间断播放节目的形式，其中也有不少的主打节目，比如《新闻全垒打》《新颖播报》《阳光环球之旅》以及《笑傲体坛》等。作为东北地区唯一的专业体育广播，覆盖了沈阳、抚顺、本溪、辽阳以及鞍山等周边地区，以"弘扬体育精神，打造健康人生"为理念，不断地努力创新，在当地培养了一批忠实的听众。

三、主持人特殊质素

喜欢收听广播、关注大型体育赛事的听众朋友肯定都有这样的感受，在一场比赛中，最先吸引人的是比赛双方的阵容与赛场的激烈程度，然后就是主持人的解说风格与技巧，如果这三个要素能够在同一场比赛中都表现出较高的水平，那么这场比赛绝对会有极高的影响力，听众在比赛结束后也会觉得回味无穷。其实，按照非常严格的定义来区分的话，体育节目的主持人与大型赛事的解说并不是一个概念，常规的体育节目主持人与一般的节目主持人并无太大差异，二者都是负责将节目内容生动有效的传递给听众，他们的职责重在引出某些内容并采用通俗易懂的方式将其阐释给观众，只不过这里的内容换成了与体育有关的。

体育节目主持人的工作特点，要求他们对体育运动有较高的兴趣甚至达到热爱的程度，如果主持人本身就非常热爱体育运动，那么工作对于他来说就完全是一种乐趣，不仅可以随时了解到最新的体育资讯，还可以与兴趣爱好相同的朋友圈进行互动交流，这肯定会极大地促进节目主持人的工作积极性，在节目中自如地运用自己所掌握的体育知识，揣测听众的所思所想并及时地与他们达到沟通共鸣。所以，拥有对体育的挚爱是成为一名体育节目主持人的最基本要求，这也是引领他们向优秀主持人行列迈进的一个基本素质前提，只有真正的兴趣才能源源不断地散发出前进的动力。

通常，赛事解说要求主持人具备更加精深的专业比赛知识，解说者不仅仅要熟知赛场上的所有规则，还要对比赛双方的实力有准确的判断，要了解两支队伍近几年的赛场成绩，预测这次比赛可能出现的成绩，最重要的是对每一个参赛者的信息有系统的梳理，对他们经常使用的比赛技巧以及赛场定位都有相当了解，这样才能在比赛中进行到位的解读与评价，善于抓住场上出现的精彩时刻，毫无遗漏的传递给观众。一般而言，体育爱好者们大都对于自己支持的队伍和球员都有非常准确的了解，如果解说者传递的信息有误就会被立刻指出，这不仅会大大降低听众的信任度，更会让人们怀疑体育广播的专业化程度。

众所周知，我国广播界曾经涌现了不少著名的解说员，宋世雄、黄健翔、孙正平、刘建宏等就是大家耳熟能详的优秀解说员。他们依靠自己扎实的知识积累与过硬的业务素质，抓住每一次的机会锻炼自己，终于形成了独特的解说风格，让自己的声音成为每一场比赛不可缺少的典型音响，让每一位体育爱好者听到他们的声音就热血沸腾，像是亲身回到了比赛现场，这就是他们用声音创造的神奇效果，将声音传播的魅力都挥到了最大限度。

解说员在比赛过程中除了要用较快的语速介绍场上情况外，有时候还会用非常激动的语气，采用极富感染力的排比句抒发情感的炽热与豪迈，比如，1981 年的女排世界杯解说中，宋世雄在比赛激烈的时候最高语速竟然达到了每分钟 400 字，而在这场比赛取得胜利后，宋世雄激动地用几乎是含泪的声音说道："感谢中国女排的姑娘们为祖国赢得了荣誉，感谢全国排球工作者的辛勤劳动"，"各位观众，各位听众，台湾同胞、海外侨胞，经过几代女排队员的努力，今天终于实现了贺老总的意愿，拿下了三大球之一的女排世界冠军……诗人们希望你们写首诗吧！作家们，希望你们写篇文章吧！讴歌我们女排的姑娘们，咱们中国姑娘的拼搏精神。"[1] 这几段话是宋世雄在比赛胜利的时候有感而发的一串感叹，这几句带有排比性质的感言非常形象地表达了他内心的激动、骄傲、自豪，极大地激发了听众的情感共鸣，让所有收听那场比赛的人都感觉到祖国的日益强大，心中油然而生一种民族自豪感与自信心。解说员应当及时抓住这些关键时刻，进行适当的情感升华，用这样的方式能够在听众心中留下永不磨灭的回忆！

目前我国体育广播数量并不算多，而且在定位上单一坚持"体育"方面内容的也较少，类型化的发展程度并不高，有相当多的频率将自身定位进行了多元化的复合。这一点从其频率的命名上就可以看出来，比如广东文体频率、沈阳体育休闲频率、以及青岛音乐体育广

---

① 何慧娴：《百名体育记者自述》，人民体育出版社 2000 年版，第 423 页。

播等，某些体育广播在栏目内容的安排上也相对宽泛，比如广东文体频率设置《成语新故事》《有文有路》《伊人驾驶》《驾驶俱乐部》等与文化休闲较为贴近的栏目，真正能体现体育主题的只有《老编体育在线》等少数栏目。甚至还有在网络收听列表里被归在体育广播一列的楚天交通频率，大部分栏目都是关于交通情况、车友信息、美食推荐等内容的，只有一档在湖北省内颇具特色的节目《奥林匹克风》是真正关于体育的。

总之，体育广播在我国历经初创、成长十余载，以南京体育广播等为代表的类型化发展已经跨入成熟化发展阶段，这些体育广播频率已经形成了较好的知名度、相对独特的风格特点以及相对稳定的质量和标准。未来对于体育广播发展而言，广播时间销售面对买方市场的特征将更为突出，一方面随着媒介多元化发展，三网融合的不断深入，用以替代收听体育广播节目的其他媒介类型势必越来越多，许多听众将会转而选择互联网、手机电视等媒体收看赛事直播，体育广播节目在几十年前一枝独秀的局面将不复存在，专业化体育媒体的竞争将不断加剧；另一方面，现代受众的生活节奏越来越快，用来接触媒介的时间越来越少，有可能导致受众需求总量不变甚至可能减少的状况。

这两方面的矛盾对于体育广播而言，需要在内容及产业经营层面有所突破，围绕广播媒介时间销售的二重性展开：第一是销售节目时间，第二是销售广告时间，第二次销售取决于第一次销售的状况。首先，广播频率的时间由节目时间和广告时间构成，节目时间、广告时间的质量决定频率时间质量；其次，频率时间的总体风格、质量决定节目时间、广告时间质量；再次，节目时间决定广告时间质量；最后，广告时间质量制约节目和频率时间质量。体育广播有效掌控节目时间、广告时间、频率时间三者之间相互制约、相互影响的关联力量，才有可能产生环环相扣的良好效应，迎来蒸蒸日上的发展前景。

案例：

奥运频率迎接巅峰赛事之路

2006 年 8 月 8 日正式开播的中国国际广播电台奥运频率，英文呼号 CRI OLYMPIC RADIO。频率以宣传"科技奥运、人文奥运、绿色奥运"三大理念为主要内容，以"服务北京 2008 年奥运会，展示中国形象"为宗旨，以履行"向世界介绍中国，向中国介绍世界，向世界报道世界"的职责为自己的目标，为增进中国人民和世界各国人民的了解和友谊搭建桥梁。

该频率全天播出 24 小时，首播为每天早上 7 点，节目分别采用 9 种语言交替播出，其中有汉语普通话、俄语、法语、西班牙语、阿拉伯语、日语、韩语、德语以及英语，频率对各语言节目的播出时间也进行了细致的规划，每天播出汉语节目 3 个小时，英语节目 7 个小时，其他语言各 2 个小时。

从频率的定位以及语言选取的方向可以看出，奥运频率以国外听众为主要目标，在此基础上兼顾国内听众群，争取做到能够全方位地为体育爱好者与奥运关注者提供最新的相关资讯。鉴于英语是世界上使用频率最高的语言，因此，英语栏目占据的比例是最大的，这也是为了确保对外传播的有效性与准确性。栏目设置上，内容主要包括体育、奥运资讯、生活服务信息及中国政治、经济、文化、旅游、奥运英语、学汉语等专题。

汉语普通话栏目有《奥运新闻》《奥运大讲堂》《我与奥运》《奥运故事》《奥运轻松英语》以及《奥运歌曲》等，每种语言都分别设有《新闻》《时事》《奥运新闻》以及《学汉语》等几档基本栏目，在此基础上又为每一种语言搭配了创意特色栏目，比如西班牙语《乐在北京》《老外看中国》《中国旅游》《文化时空》以及《通向 2008 奥运专题》等子栏目，法语《民族大观园》《中外音乐》，阿拉伯语《中国时事》《国际纵横》《中国穆斯林》《流行中国》，日语《运动中国》《文化冲击波》等等。一个 24 小时不间断播出的频率本身就需要很多的内容来进行丰富填充，更何况还要针对世界不同的语言与文化接受心理进行制作，不仅对采编播水准提出了更高的要求，而且不宜于涉及人权、种族以及宗教信仰等敏感话题，奥运频率的栏目设置大都是关于时事、文化、风光旅游以及体育专题等内容的，都是较为中性的话题，以避免引起不必要的麻烦。

作为一个以国际传播领域为高度进行定位的频率，奥运频率对每天同一时间内容都进行不同安排，比如在 20：25 分播放的朝鲜语栏目就鲜明体现这一特点，周一播出《文化新干线》、周二播出《社会广角》、周三播出《经济广场》、周四播出《汉语讲座》、周五播出《空中导游》、周六播出《中国音乐》、周日播出《科教在线》，这一时间段播出的栏目能够做到一周七天都不重复，极大地体现出了频率内容的多元程度与专业水准。由于栏目众多而播出时间有限，很多栏目的播出时间大概在 5 到 20 分钟左右，可以说是个短小精悍，从节目制作的角度来看，时间短的节目对制作上的要求反而要更高一些，能够代表一个栏目的定位与风格，这一时间段内呈现的内容必定是核心与精华的，当然对信息的筛选与编排有了更高的要求。

北京举办的 2008 年奥运盛会为我国体育广播的发展提供了一个契机，它为奥运频率所带来的不仅是传播内容与经济资源，更是一种精神驱动的鼓舞。奥运频率的成功运作又恰到好处地为其他体育广播的开播树立了榜样，它的栏目设置形式、主持人风格以及整体的运作模式都成为了后来模仿者的参考范式，可以说，奥运频率在我国体育广播的发展史上有着极大的领先意义与开拓功绩，迎来了我国体育广播迅速发展的春天。

2009 年 5 月 18 日奥运频率更名为巅峰体坛网络电台，是中国国际广播电台（CRI）推出的国内第一家体育资讯网络电台。

该网络电台的成立首先依托的是体育运动的独特魅力与超高人气，再将其与互联网所聚集人气的强大力量相结合，拥有了自身的基本受众群体。

该网络电台不仅设置了传统的广播节目，同时也加入了许多的新元素，比如在线互动点播、精美图片下载、视屏节目观赏等各种媒体形式，为受众提供全方位、新形式的在线咨询及互动内容，带给受众全新的听觉、视觉体验。巅峰体坛网络电台的成功开播，为体育广播探索出了一条全新的发展道路，与新媒体的结合上做出了有益的尝试。

第四节　戏曲频率

戏曲广播节目历史悠久，是广播文艺的重要组成部分，追溯到上世纪五六十年代收音机被老百姓亲切地称为"戏匣子"，当时那些年代，广播是人们收听戏曲的主要载体。进入信息时代，广播戏曲节目日益受到流行大众文化，生活娱乐方式多样化，以及新兴媒体崛起等社会变革因素的强劲挑战，广播戏曲节目的"光环"不再，似乎成了"过气"艺术，陷入了困顿的低谷境地。

追溯漫长的历史长河，我国的戏曲艺术不断繁荣发展，尤其在陕西、安徽、河南、江苏、天津、上海、河北等戏曲大省，优秀戏曲广播栏目融汇了广播媒介特色与时代精神的戏曲艺术形态，如江苏文艺台戏剧广播的《梨园漫步》栏目、山东台故事乡村频率的《戏迷大擂台》、河南戏曲广播的《粉墨人生》和陕西农村广播的《戏曲百花园》等。

目前，我国大概拥有陕西、安徽、江苏、上海、天津、河北、河南、山东、湖北等省级电台的戏曲频率，以及绍兴、苏州、无锡等地市级电台的戏曲频率共二十余家，戏曲频率在各省市广播媒介细分市场中独占一席。"以绍兴电台戏曲频率为例，两个调频频率在 2010年绍兴市场份额中分别名列第二位和第三位，河南台的戏曲广播在郑州收听市场的位次也居于第二位，都仅次于当地的新闻综合广播。"①

戏曲广播频率在"坚守"与"创新"的进程中注定不平凡，坚守戏曲的传统文化内质，蕴涵千百年来人们所寻觅的善良、正义、忠诚、勇气、坚韧等普世价值元素，与地域文化异构表现为各个地域受众的同质化需求。安徽戏曲广播主打以黄梅戏为代表的"徽文化"，河南戏曲广播主打以豫剧为代表的中原文化，陕西戏曲广播主打以秦腔为代表的西北文化，上海戏曲广播主打以越剧为代表的吴越文化，戏曲广播吸引的不仅仅是一批忠实听众，更重要的是它被听众珍视为独一无二的心灵归依与娱乐家园。用时代精神挖掘传统经典力求创新，用现代传播手段多角度展示梨园风采，弘扬与发展戏曲艺术，彰显戏曲深沉内涵与受众血脉精神之相联，扩展戏曲广播个性化生存空间与发展前景。

一、发展概况及联盟

（一）发展概况

我国戏曲拥有三百多个剧种，戏曲艺术一度是普通老百姓获取知识和文化娱乐的最主要的途径之一，但是目前，丰厚的戏曲文化资源急剧消失的现状已经引起各界有识之士的深切关注。从 2002 年起专业化的戏曲频率应运而生，日益被广播界和戏曲界关注，戏曲频率义不容辞地担负起了传承弘扬民族戏曲文化的历史使命，全国各地比较有代表性的戏曲广播频率是：

上海电台戏剧曲艺频率于 2002 年 7 月开播，全天播音 18 小时（5：00—23：00），是全国历史最悠久、库存资料最丰富、播出剧种、

---

① 王兰柱主编：《2011 中国广播收听年鉴》，中国传媒大学出版社 2012 年版，第 449页。

曲种最多的纯戏曲专业频率。播出的主要剧种有京、昆、越、沪、淮、扬、锡、甬、绍、黄梅戏、滑稽戏等。播出的主要曲种有相声、独角戏、南北说唱、苏州评弹、北方评书以及情景剧、滑稽小品、广播剧和影视剧录音剪辑等。戏剧曲艺频率拥有许多深受听众喜爱的著名节目主持人和资深编辑，以丰富多彩的节目使听众朋友"生活精彩，天天有戏"。

北京电台有线戏曲曲艺调频于 2003 年 9 月开播，全天 24 小时播音。有线戏曲曲艺调频，是北京人民广播电台文艺广播的重要组成部分，具有鲜明的专业特色。突出艺术欣赏性、知识性和娱乐性。

浙江绍兴电台戏曲频道于 2003 年 11 月开播，每天播音 17 个小时（5：00—22：00），绍兴是我国的戏曲之乡，深受广大群众喜爱的越剧，最早就诞生在这里，绍剧更是绍兴的地方名牌。绍兴戏曲广播，以本地戏曲为主兼顾全国其他剧种，开设《越乡清韵》《绍兴戏院》《好戏你点》《名段欣赏》《说说唱唱》《相声与小品》等栏目。

长春乡村戏曲广播电台于 2004 年 6 月开播，体现"小鸡儿炖蘑菇"的节目理念，融农业、科技、生活信息资讯、戏曲娱乐为一体，打造雅俗共赏、城乡兼容的品牌节目。

潮州电台戏曲之声于 2004 年 10 月开播，为弘扬潮剧文化艺术方面做出了有益的探索，有《潮人潮腔唱潮剧》《好戏连台》《名家名段欣赏》《潮剧留声机》等十多个节目。

河南电台戏曲广播于 2005 年 1 月开播，2008 年元月盛装改版，以"大韵中原"为核心，新推出了《梨园留声机》《有你就有戏》《俏花旦》《说吧》《票友排行榜》等栏目。

陕西电台戏曲广播于 2006 年 3 月开播，每天播出《三秦大剧院》《爱美戏缘》《爱美剧社》《南北梨园》《名家说戏》《梨园春秋》《今天我是角儿》等以秦腔为主的戏曲节目达 8 小时之久，同时听众还将欣赏到《陕西方言说书》《冈冈谝吧》《热播剧场》等全新制作的精彩节目。

江苏文艺台戏剧广播于 2006 年 4 月开播，以"振兴戏曲艺术"为宗旨，主要面向中老年群体，覆盖南京以及周边各大中城市区域，利用大众传媒的优势平台，融汇民族艺术的经典元素，旨在打造一张江苏戏剧文化的有声名片。

苏州广电总台音乐频率·戏曲广播于 2007 年 9 月开播，涵盖越剧、昆曲、沪剧、京剧、锡剧、评弹、相声、滑稽戏、民歌、民乐等多种听众喜闻乐见的戏曲、曲艺、音乐种类，为苏州戏迷架设了一座"空中大戏院"。

安徽电台戏曲广播于 2008 年 7 月开播，戏曲频率以黄梅文化为核心，以皖南花鼓、皖中庐剧、皖北梆子三个地域性较强的剧种为辅助，力求形成"徽黄庐泗花鼓梆"齐头并进的安徽戏曲特色文化，展示徽风皖韵，该频率设有《梨园晨风》《江淮大戏苑》《今天我是角儿》《开心茶馆》《南腔北调》《点戏台》《名家教唱》等栏目。

（二）戏曲广播联盟

我国戏曲联盟经历了发展的三个里程碑阶段，由江苏电台牵头，各市台参与的"江苏戏曲广播联盟"于 2007 年 6 月宣布正式成立。该联盟的成立得到各地市电台的热烈响应，目前开设戏曲节目的江苏省电台全部积极加入这个联盟，包括江苏戏剧广播和南京台、常州台、无锡台、苏州台、扬州台、泰州台、淮安台、盐城台和徐州台。

2008 年 3 月江苏戏曲广播联盟再次升级，江苏广电总台文艺广播部与上海文广传媒集团广播文艺部，浙江广电集团文艺频道的负责人在上海聚首，最终商定在江苏戏曲广播联盟的基础上成立长三角戏曲曲艺广播联盟。

2009 年 9 月首批由北京文艺广播、上海戏曲曲艺广播、江苏文艺广播、安徽戏曲广播、河南戏曲广播、陕西戏曲广播、河北新闻广播、湖北楚天新闻广播、四川文艺广播、广东电台南方生活广播等 10 家省（直辖市）级电台齐聚南京，发表全国戏曲广播联盟成立宣言，共同宣告全国第一个戏曲广播联盟的正式诞生。

二、舞台实践广播化

戏曲广播节目内容主要再现戏曲的舞台艺术实践，经过若干年长期历史发展，戏曲广播节目已经具备了相当成熟的节目样态与内容，除了常规的戏曲选段欣赏、录音剪辑等传统形式与内容之外，应当更好地利用广播声音传播的特性，对戏曲内容进行重新广播化的编排与组合：

第一，戏曲组合。找出一批作品的某一相同点，再以这个相同点把作品串联起来，组成一组节目，如戏曲专题、戏曲选段等。主题、题材、剧种、剧目、演员、剧团、科班、行当、流派、声腔、板式等都可以成为组合节目的相同点。可以使用非线性的编辑手法，欣赏到同一演员在不同年代的演唱录音，从中看出他的艺术发展轨迹，如梅兰芳早期和晚期的唱段。也可以欣赏到同一出戏的不同版本，比如不同年代、不同流派演员演唱的，或者同一个流派不同演员的唱腔，设置可以安排同一出戏的古典版和流行版，比如经典的越剧唱段《天上掉下个林妹妹》与零点乐队中国传统戏曲专辑《风、雷、动》中的同一唱段。此外，还可以将不同剧种、不同行当、不同流派、不同演员、不同风格的精彩演唱综合在一起，让戏迷在有限的时间里，得到无限的艺术享受。

第二，戏曲评说。主要包括戏曲专题，戏曲录音剪辑、录音报道、戏曲知识讲座、专题唱腔欣赏等。这类节目的特点是选播戏曲片段时，增加广播编辑主持人的介绍说明与赏析评介等有声语言。

这种样式的戏曲节目涉足范围很广，从戏曲知识、戏曲艺术理论到戏曲创作、表演与欣赏，从戏曲史的纵向发展到戏曲各剧种各行当的横向联系，从台前到幕后，从专业剧团、专业演员到戏曲票友、业余戏曲爱好者等各个方面都可以成为表现对象。戏曲广播主要借助编辑主持人的主观意识导入，使得戏曲作为舞台艺术的表现空间得到延展，极大地体现了戏曲广播声音艺术的丰富想象力。

第三，戏曲故事。主要包括戏曲广播剧、广播戏曲故事等，利用戏曲音响创造广播听觉艺术形象，往往以一种完整的"剧"的形式出现，具有相对独立性，是一种突破了对舞台戏曲直接依赖的戏曲广播的能动形态。

它的结构形式主要依靠的是"戏曲音响"、写实音响与解说等内容的有机结合。与前两种表现形态相比，这类节目中的"戏曲音响"是创作听觉艺术形象的元素，是一种高度广播化了的"戏曲音响"。换言之，既是广播编辑创作戏曲听觉艺术形象的手段，也是戏曲节目内容本身。经过编创者有意味的取舍，以及充满思想和有主题的创作后再呈现在听众面前的戏曲片段，已经改变了从属于舞台戏曲的传统地位。它的独立性是在广播人拿来为我所用的过程中，经过广播化的变形和重构而体现的。

广播戏曲故事要充分体现"讲"和"说"的特性，因而广播戏曲故事与舞台戏曲、用唱做念打等手段来"演"故事存在较大差异，事实上，广播戏曲故事与其他广播节目类型中的"讲"与"说"也存在明显区分，具有突出的形象性和高度的综合性，包含着文本撰写、故事演播、音响组织、节目制作等多个方面。

三、节目创制的时代感

注重传统与现代元素的有机交融，事实上，传统与流行两者的本质存在相互联系、相互映衬的紧密关联。戏曲艺术中的一些经典元素经过时代感的包装，可以成为一种既有古典韵味，又有现代时尚风潮和特色的音乐，比如李玉刚的《新贵妃醉酒》，借助戏曲《贵妃醉酒》的故事，在歌曲中既加入了流行元素，又融合了戏曲元素。

栏目形态不妨采取受众耳熟能详的形式，如河南戏曲广播的《票友排行榜》，主要是票友打榜的唱段展播，并且安排在其他的节目中有初评、复评阶段。陕西戏曲广播的呼号"戏曲正流行"、江苏文艺台戏剧频道口号"戏曲也流行"显示出节目旨在加强戏曲与流行的结合力度。

强化节目内容的现代性和时代感，以吸引更多年轻人的关注。绍兴戏曲频率注重戏曲与其他节目内容的有机组合，如晨间节目，戏曲频率通过"娱乐早餐＋生活服务"的特色编排大大提升收听率，这些节目又反过来带动戏曲节目收听率的提升。又如每当季节变化时推出应季编排，夏秋季节主打早间节目，冬春季节主攻晚间节目，而对春节、国庆等长假都有特殊安排，创造良好的社会与经济效应。

利用互联网、手机媒体等新兴媒体形式促进戏曲广播节目发展，很多戏曲广播栏目在网络上已经有在线点播收听的服务，广播和网络的结合，使戏曲广播节目突破了时空的收听限制，拥有了互动性与灵活性的传播优势，网民可以根据需要选择收听以往的节目，同时也吸引了一批年轻的戏曲爱好者。

策划大型活动也是创新节目的一条事半功倍的捷径，2006 年是越剧诞生 100 周年，绍兴戏曲广播策划创作了百集广播专题《越剧史话》并且在全国多家城市台播出，同时推出了"越剧大家唱"广场文艺系列活动；在第四届"江浙沪越剧"大赛期间，全程跟踪报道所有越剧团演出，并与听众互动。该频率开设的《戏迷俱乐部》栏目还推出了"越剧明星戏友会"、"越剧明星听众见面会"、"全国越剧票友大赛绍兴赛区"海选等活动。

开台的几年中，有戏的地方就有陕西戏曲广播的足迹，"大秦正声戏曲名家三秦行"走遍关中各地，举办戏曲活动近百场，所到之处，人潮涌动，气氛热烈，现场观众累积达数十万人；"千年等一回——黄土地原生态艺术绝响品鉴会"作为 2006 年中央电视台陕西戏曲展播周开幕式演出，荟萃了陕西 13 类珍稀剧种，集合了近百名民间艺人，以原生态的演唱和表现形式，为全国观众展示了一场原汁原味的陕西戏曲，充满浓郁的黄土地韵味，给人以心灵震撼。陕西戏曲广播在长达七个月的时间里，走遍了陕西的山山水水，对陕西省地市县现存的 23 家剧团进行了全面的挖掘与整理，涉及秦腔、眉户、碗碗腔、老腔、商洛花鼓、线腔、弦板腔等 15 个剧种，为三百多位中青年演员录制了六百多段唱段。多年以来在陕西省举办的秦腔节、艺术节、各类戏曲大赛中，戏曲广播全面跟进与报道，录制各类演出近四百个小时。2008 年，由陕西戏曲广播作为发起单位之一，联手全国戏曲电台成立全国戏曲广播联盟，之后接连在上海世博会、西安世园会的舞台上亮相，该组织荟萃全国优秀剧种，汇集戏曲名家，展现缤纷多彩的中华戏曲魅力。

案例：

上海戏曲广播的悠悠执着之路

上海戏剧曲艺广播秉承悠久的广播传统，执着于弘扬戏曲艺术，从原上海人民广播电台文艺频率脱胎而来，于 2002 年 7 月 15 日宣告成立，是全国第一家专业戏曲广播频率，同时也是沪上独有的以方言播音为主的广播频率，半数以上节目用沪语播音，向听众传送、教授正宗的上海闲话，播送沪剧、滑稽戏等沪上特色的戏曲曲艺节目。

一、精彩栏目介绍

戏剧曲艺广播立足戏曲欣赏，保留了一大批有着二十多年，甚至五六十年历史的老品牌，如《广播书场》《说说唱唱》《谈天说地阿富根》《星期戏曲广博会》《滑稽王小毛》《刑警803》《笑声与歌声》等栏目。

《星期戏曲广播会》创立于 1983 年元月，开办之初以"荟萃名角、选唱精华"为特色，轮番邀请沪上各剧种、各剧团名家新秀登场，强大的阵容、整齐的行当、众多的流派、精妙的演唱，成为那个时代戏曲舞台难能可贵的记录者。

近三十年来，上海戏曲广播举办了许多演艺盛举，新版《星期戏曲广播会》提出听戏、看戏、说戏、学戏的口号，恢复直播以来经常邀请江、浙、皖等地剧团到上海演出，涉及

图 7–3　上海故事广播官网首页

京、昆、越、淮、徽、甬、锡、评弹、滑稽、莲花落、扬州曲艺等十多个剧种、二十多个剧团。《滑稽王小毛》于 1987 年 5 月 11 日开播，是上海家喻户晓的广播名牌节目。节目中的主人公"王小毛"热情善良、耿直诚实，憨厚中不失聪明，机灵又寓纯朴，已成为上海滩人人皆知的艺术形象。《说说唱唱》以上海地区独有的独脚戏、滑稽小品、说唱为主要内容。周六播出的《滑稽档案》以封存多年的节目为载体，以现代人的视角剖析介绍节目的起源、背景、原创演员。周日播出的《老里八早》由老上海的人物传奇、筵席小酌、常言俗语、风土人情等小板块构成。《谈天说地阿富根》主要设置"听听讲讲新农村""欢乐农家游""阳光聊天室""猜猜本地话"等栏目。以嘉宾访谈的形式介绍上海新农村的新特色、上海郊区特有的历史文化和旅游资源、食品、特产等信息。同时讲述百姓的故事，聊聊如何心理调适，和谐处理家庭、同事、朋友、邻里等人际关系等话题。《京昆雅韵》栏目周一、周二播出京剧名家名段；周三播出听众点播的京昆选段；周四播出昆曲名家名段；周五是一档综合性资讯类节目，为戏迷介绍京昆演出信息、采访京昆名家；周六为听众播放京昆折子戏。力求让京昆戏迷在节目中关注剧坛资讯、欣赏京昆唱段、了解戏曲常识，让戏迷过足戏瘾。

《笑声与歌声》诞生于 20 世纪 80 年代，以北方相声小品为主要内容，兼有搞笑段子和优美歌曲，让上班族能够轻松走过上班的路，让在家中安然享受的中老年听众可以在一早收获美好的心情。坚守传统的上海戏剧广播同时也保持着锐意创新的精神，新创即兴广播小品《杨戏迷和马大嫂》周一至周五下午三点，这两个人物将准时出现在广播里。刚从股市回来的杨戏迷和马大嫂说说天气、股票，聊聊报纸、杂志、网络上的新闻和养生、购物等信息，有时前来串门的亲朋好友（特邀嘉宾扮演）也将前来聊聊旅游等话题，街坊邻居（欢迎听众电话参与）也和杨戏迷、马大嫂一起聊聊家长里短。最新开张《老搭子茶馆店》和《戏曲大家唱》特邀专业演员空中教唱，《粉墨春秋故事会》讲述梨园人物的精彩故事。

二、内容特征分析

第一，上海戏曲广播栏目设置与节目内容，贴近生活化、故事化的特征比较突出。节目内容的编制少了一些艰深晦涩，不易理解的专业戏曲术语，多了一些平易生动活泼的故事情节与元素。

第二，强化节目内容的时代感，尽可能多介绍初出茅庐的新演员和老戏新唱。比如，《星期戏曲广播会》历来都有提携青年演员的传统，许多当今明星都是从这个舞台走出去的，尤其是新版《星期戏曲广播会》立足为青年演员提供机会，经常举办青年演员专场和戏校专场。

老戏新唱、匠心独运，精心组织策划一些独创的主题专场，如汇聚"五对宝黛"——"红楼梦·缘"上海越剧院演唱专场，纪念尹桂芳的"芳馨香如故"越剧专场，以及以上海世博会为契机的曲艺专场和上海沪剧院民俗专场等等。

第三，主持人热情的风格与内涵素质。上海戏曲广播拥有多位沪上知名的主持人，如葛明铭、肖亚、叶进、肖琳等人。尽管现如今的沪语广播不仅在数量上与前些年无法相比，受众的老龄化也是一个这不能不让人忧虑的状况，但是，这些主持人常年坚守戏曲广播平台，不仅是为了他们心中那份热爱，更是为了热爱沪语广播的听众朋友们。

主持人热情亲切、通俗晓畅的表述语言让节目充满了吸引力，就像是听身边一位戏曲行家朋友在谈天说地，让受众感受到轻松愉悦的氛围。戏曲节目和一般化的娱乐直播节目的差异在于，这一个是值得多次重复收听的听觉文本，而且是具有深厚文化内涵的节目类型。对于戏曲频率的主持人而言，不断提升戏曲专业艺术素养和综合素质，能够自如驾驭更加丰富的戏曲知识，才能制作出更多的戏曲广播节目精品。

概括来讲，上海戏曲广播从创办至今，它在沪上找到了一个专属戏曲广播产品的市场空间，这个空间具备的基本特征是：拥有上海及周边地市较大的媒介受众市场需求，受众的这类较大需求使得上海戏曲广播一开始就发挥内容传播的资源优势，另外就是在这个空间内竞争对手相对不多。

综上所述，上海戏曲广播拥有的专业化资源优势，并非意味着传媒产品在媒介竞争市场中必然胜出，通过打造优质节目内容，创新节目形式，延展丰富的舞台资源，它所遵循的广播听觉艺术规律，与不断提升的戏曲艺术广播二度创作的能力，已经使其较为充分具备了传播的优势结构，即资源优势与能力优势。

第八章　类型化广播受众群体

第一节　女性频率

　　女性频率，简而言之就是集纳与女性相关的各类信息作为主要节目内容，将女性锁定为目标听众的广播频率。现代女性多姿多彩的生活为女性频率的发展提供了大量的社会资源，女性频率赖以生存的社会基础是全社会女性地位有所提高，反过来，女性频率的开播又吸引了社会各界对于女性相关问题的关注，力求提升女性在社会中的地位，二者是互为基础、互相促进的关系。

　　现代女性在家庭和社会中扮演着双重角色，社会和家庭的正常运转都离不开她们的奉献，她们是奋战在各行各业的职场女性，精明、果断、干练、潇洒是她们的标签，回到家中她们是孝敬父母、支持丈夫、爱护孩子的贤妻良母，温柔、谦和、不辞辛劳、善解人意是她们的代名词。女性本身所具有的这些特质，聚合女性频率多样化的受众群体特征。

　　根据某些机构对都市女性群体的相关调查，结果表明："年龄是影响都市女性群体主观幸福感的重要因素之一，与老年女性相比，中年女性正处于人生最忙碌时期，身兼社会和家庭的多重角色，这导致她们的知足充裕感不强、心理健康状况不好、社会信心和目标价值体验较低，主观幸福感不强。而青年女性对事业和家庭充满期待，但由于经验不足常常遇到挫折，理想和现实的冲突使得她们的心理健康体验得分不高，主观幸福感水平也比较偏低。"① 因此，都市中青年女性群体迫切需要一个排忧解难的平台，能够有人倾听自己的诉说，在迷茫中为自己指明前进的方向，这也正是创建女性频率最直接的社会受众基础。

2000 年 10 月 1 日，我国首家女性广播频率——黑龙江人民广播电台都市女性频率诞生，此后经过数年的酝酿与探索，在全国范围内女性广播频率才真正地繁荣发展起来。2004 年 11 月湖北人民广播电台妇女儿童频率开播；2005 年 10 月贵阳人民广播电台女性频率开播；2006 年 1 月杭州余杭丽人广播开播；2009 年郑州人民广播电台女性时空广播开播，湖南人民广播电台网络广播女性频率开播。在这一系列广播频率的初创和成长过程中，我国女性频率逐步探索出了一套自身的发展模式，并且在此后的时间里不断地进行改革与创新。

截至 2015 年，我国已有近十余家省、市电台开设了专门的女性广播频率，一部分是针对受众类型采取粗略的划分框架，比如郑州女性时空频率、湖北人民广播电台妇女儿童频率等等，满足各类女性听众的收听需求。也有针对女性受众再细分的频率，比如专门面向都市女性的黑龙江电台都市女性频率、余杭丽人广播、贵阳都市女性频率等。

一、传播的社会价值

如何在广播传媒中强调女性气质的差异化，扩大与女性受众的沟通交流，在贴近性与服务性中突出关注与关爱，这是创建女性频率的基本价值方向。

女性频率传播的社会价值，首先在于促进全社会提升对女性群

---

① 刘晓霞等：《城市女性群体主观幸福感研究》，《山东师范大学学报》2007 年第 3 期。

体的关注，共同维护女性的话语权。类型化广播的发展过程中，各家电台针对女性受众的群体特点专门设立了女性频率，足以显示媒体对女性听众的重视，这一专门类别频率的创建，使得女性群体从此拥有了自身的传播平台。女性媒介传播者和受众之间自由地展现内心世界与情感，增强女性自我表达的信心，对于形成都市女性的话语体系有着重要的意义。女性频率在不断的发展中逐渐摸索出自己的一套栏目形式与话语体系，为女性群体树立话语表达与沟通范式，并以此作为自身的媒介定位。

其次，传播时尚理念，引领女性消费潮流。女性频率在时尚购物这一方面设置了非常多的栏目，时尚栏目在引领女性消费时尚、构建女性消费心理方面发挥着较大的作用，它所提倡的消费模式以及品牌资讯不仅为女性听众提供借鉴，而且形成一种消费风尚，主持人与听众经常会就某一流行趋势进行讨论，引领听众理性消费的原则。

再次，关爱女性群体，体现媒体的人文关怀。女性身上所肩负的使命以及她们本身所具有的特质是值得全社会进行关爱的，女性频率的很多栏目鲜明地体现了对女性群体的包容与关心，表现为关注女性群体的生存发展，关心她们、爱护她们、尊重她们，着眼于对女性群体的生命关怀，对女性个体心灵情感的关切和抚慰，毫无疑问让受众由衷地感怀进而油然激荡起一股暖流。

女性频率凭借其独特的传播定位所弥散的真情实感，让听众感觉不仅是在听节目，更是在体会一种关爱与温情。女性频率对人文精神的深切关注，从深化报道主题和扩充报道内涵入手，引发受众群体的思考与共鸣，从而完成信息传播与文化价值的双重构建，为自身的发展开拓了更为广阔的社会空间。

二、栏目的设置编排

通常女性频率采用的栏目形式有以下几种：新闻资讯、音乐时空、健康讯息、家庭、职场、女性故事、情感解读、小说连播、时尚购物以及生活智慧等等，其实这些栏目都有一个共同的特点，那就是以传统的广播节目分类为基础，建构不同于男性观察角度的问题解读点，这是女性频率在节目编制过程需要明确把握的鲜明特征。

郑州女性时空频率的《健康好女人》《亲子课堂》《当家理财》，贵阳女性频率的《我家生活秀》《天使爱美丽》《她观点》，黑龙江都市女性频率的《女性资讯网》《母爱好时光》《女人街》《女人故事会》等等，这些栏目从节目名称到内容都具有极强的女性色彩。

湖北妇女儿童频率对各个栏目集中编排，形成有新意的版块集群，将一天划分为四个版块，凌晨 4：00 到上午 10：00 是"七彩阳光"，这一部分播出的是早间节目，包括《健康家园》《新闻报纸摘要》《阳光早班车》《阳光生活》以及《娱乐新主张》；上午 10：00 到下午 15：00 是"动感阳光"，这一版块播出的节目较为多样化而且充满活力，主要有《维权热线》《伊人点歌台》《妈咪宝贝》《城市生活》《红领巾广播》与《才子佳人》；下午 15：00 至 18：30 分为"温馨阳光"，此时正是西阳西下，下班回家的时刻，因此这一版块的名称也透露着家的温暖气息，播出的节目有《美丽夕阳》《开心杂货铺》《畅游黄昏》；傍晚 18：30 至凌晨 1：00 是"魅力阳光"，这个时间点是家庭用餐和休养精神，褪去一天疲惫的时候，因此这一版块有比较浓郁的轻松愉快氛围，此时设置的节目有《体坛风云》《一听可乐》《才子佳人》《伊人点歌台》《看虹夜话》《小生怕怕》以及《伊甸园信箱》。以上是湖北妇女儿童频率结合各时间点的特性进行的版块划分，我们发现这样划分的好处是每一个版块的栏目具有鲜明的风格集群，并且彼此明确区隔开来，能够较好地契合听众一天之内不同时间段的生活安排与心理状态。

三、塑造媒介影响力

传媒市场差异化竞争背景下，女性频率影响力的独特优势与价值在于：其一，女性频率要成为一种对目标受众发挥影响的力量，这种影响维系传受双方建立稳定的传播关系；其二，女性频率要力争成为女性受众购买意向与行为的重要影响因素，这是女性频率作为媒介产业化存在的经济基础前提。

提升女性频率品牌档次，塑造提升媒介形象至关重要，第一，要打造知名的品牌栏目，培养知名节目主持人。知名品牌栏目必须包含受众容易识别，而且具有吸引力内容的品质，促使受众喜爱并且向其他人推荐，品质保证还应具有持久性，在量变与质变有一个"度"的问题，相对稳定的品质形式，对名牌栏目来说始终重要。

黑龙江都市女性频率的《叶文有话要说》就是一档比较成功的栏目，大体经历了三个发展阶段。第一阶段，在节目的创办初期名为《有话好好说》，更多关注市井新闻，后来突出频率个性特点，定位成了"说女人的情感"、"天下女人的新鲜事"；第二阶段增加受众与主持人的短信互动方式；第三阶段开通直播热线电话，听众在节目中倾诉很多感情、家庭、婚姻方面的困惑烦恼。自2007年1月更名为《叶文有话要说》，主持人叶文细腻的情感中既融合着北方女性的豪爽与泼辣的谈话风格，又能够以敏捷的思维来解答听众日常生活中遇到的各类难题，这样的栏目形式与主持风格颇受听众的喜爱。《叶文有话要说》不仅成为该频率的王牌节目，而且这种形式和内容还被同类频率模仿与引进。

第二，女性频率要培养和形成良好的信誉和公众形象，必须关注社会热点问题，积极服务大众，建立公正和向善，以及洋溢着爱心的品牌形象，树立鲜明的媒介特点和专业权威，塑造充满社会责任感的媒介形象。比如，黑龙江都市女性频率《母爱好时光》节目于2008年第一时间为家境贫寒，不幸被重度烧伤的小女孩——"小甜甜与她的妈妈"募集善款数十万元，及时挽救了母女二人的生命。2013年3月黑龙江都市女性频率工作人员再次来到庆安县城的廉租房，为甜甜一家带来书籍和生活用品，为这个不幸的孩子带来生活的温暖和希望。

郑州都市女性时空广播长期以来一直关注贫困大学生群体，与郑州市共青团联合开展"希望工程圆梦行动"社会公益活动，动员社会力量，资助家庭困难的寒门学子顺利进入大学。曾于2010年举办《亲子课堂》主题见面会，上半时邀请著名亲子教育专家周虹老师以"好妈妈如何爱自己"为主题做了爱与技巧的分析，下半时邀请色彩顾问以"靓丽女人的服装色彩搭配"为主题，指导现场每一位嘉宾了解色彩搭配的知识以及自己最适合的色彩类型。上述这些活动都是女性频率采取广告、公关或者其他可取的传播营销形式，让受众熟悉媒介的品质理念所努力营造的文化传播活动，使得频率品牌得到明确定位与有效强化。

第三，合理选择频率内容的延伸领域，建立媒介品牌权威，为受众提供更全面的信息服务，提高媒介的社会影响力。从女性频率在我国目前栏目设置编排现状看，主要关注女性健康、时尚购物、音乐休闲、心理谈话、家庭教育等内容，集中倚重于情感化的传播策略，应该说女性频率单一彰显情感化效应的策略是远远不够的，未来内容生产与传播的重点可尝试继续延伸内容的民生化，拓展新闻资讯的公共化领域。

在女性频率的亲和力与媒介公信力之间找到一个平衡点，让女性视域内的新闻资讯既体现民生内容，关注民生、反映民情，还要表达民意，以一种适合女性接受偏好的特征呈现，既能够以民生的内容体现国家方针政策的传达情况，对女性频率的新闻资讯进行民生化策略的运用与探索，牢牢把握"权威发布、资讯管家、意见领袖"的媒介定位，同时展现女性频率的情感特质，反映专业化大众媒体所代表的亲和力，以期获得受众的认同感与市场经济效益。

中国社会转型引起社会利益分层、社会矛盾多样乃至思想意识多元的现实情况下，要求女性频率也同样必须具备专业化大众传媒更加开阔的视野和理念，不仅报道问题，还要努力解决问题，较为深入解读新闻内涵的意义。尝试构建公共话语表达交流的空间，"借鉴公共新闻的理念，将受众视为有独立思考能力和对话能力的主体，为受众提供解决问题和协调利益的场域"，① 而非以自上而下自居，始终面对处于被救助地位的受众。女性频率转向并且涉足公共话语空间，追求新锐与博大的品格，比一般的情感化、民生化传播策略更具有现实推动意义，因而更能够获得目标受众群体的认同。

第四，女性频率应当不断地主动融合新媒体的影响力来拓宽自身的发展。利用新媒体来加大对自身的宣传力度，及时更新与频率相关的信息，比如栏目播出时间以及主持人的介绍等，成立 QQ 群，将频率的忠实听众聚集起来，与他们进行线上的互动，发布官方微博，随时随地与听众分享正在直播的栏目讯息，培育粉丝的支持规模。黑龙江都市女性频率的官方微博就做得比较好，拥有十多万粉丝，微博会不定时地分享一些育儿心得、职场心理学、天气信息、亲情感悟以及生活小妙招等等，都与栏目内容密切相关。

第五，女性频率除了建立官方微博之外，各栏目主持人也应当有意识地加强与听众的互动，逐步树立作为媒介"意见领袖"在现实生活中的形象，让听众对自己有更多的了解。比如湖北妇女儿童频率的许多主持人都比较注重个人微博的更新，经常在微博中发布自己所主持的栏目的内容，向粉丝展示自己的工作感悟以及生活状态，让受众随时随地感觉到主持人与自己的生活产生很多交集，极大地增强受众对主持人以及节目的熟悉感。主持人发布了微博后，该频率的官方微博会及时转发，帮助主持人培育粉丝，积累人气，从而达到提升频率知名度的最终效果。

第六，尝试将网络播客与节目制作联系起来，选编网络海量内容构建自身的素材库，邀请优秀的网络主播到栏目当中来，互联网中层出不穷的新内容完全可以丰富频率的栏目元素。2006 年，余杭丽人频率成立之初就第一次将"播客"搬上了专业电台，引起了社会相

---

① 欧阳宏生：《21 世纪中国电视文化建构》，四川大学出版社 2011 年版，第 285 页。

关各方极大的关注。

案例：

余杭丽人广播的翩翩飞扬之路

2005 至 2006 岁末年初，浙江的电台争霸战高潮迭起，先是浙江电台文艺广播大张旗鼓宣传自己的"蓝色频道"品牌，接着由"西湖之声"团队打造的浙江省内首个女性电台"丽人广播"也正式宣告开播，并且成为浙江省首个推出网络播客节目的专业电台。

图 8-1　杭州丽人广播官网

丽人广播覆盖杭州、嘉兴、湖州地区以及浙江绍兴、江苏吴兴等地，全天播出 18 小时，早间推出《晨晨与妈妈的幸福生活》栏目，搜罗天下趣闻，母女齐上阵、笑声乐翻天，《凯丽的下午三点》，不仅有生活消费、娱乐休闲等内容，还涵括新闻资讯、法律信息等内容。知名栏目《男人说话》，吸引了男性听众的关注和参与。近年来丽人广播策划组织了一系列的大型主题活动，如"姐姐妹妹去旅游""丽人当道车队自驾游""母女 PK 秀"，引发良好的社会反响。从 2013 年开始，丽人广播全新改版，展现了女性频率独有的魅力与风尚。

一、流程化设置编排

2013 年 3 月 11 日起，FM102.1 余杭电台丽人广播以"全新阵容、全新组合、全新编排"与听众见面，新版节目突出"碎片化传播"和广播的"伴随式收听"，进一步满足女性群体对健康生活娱乐等信息的需求。"碎片化传播"就是对原来长时段大板块的 60 分钟、30 分钟广播节目加以分割，使之向更短的时间段过渡，节目设置编排也更为精炼。

2013 版丽人广播在节目包装上特别设置了多个小片花，分别以"漂亮"、"养生"、"环保"、"读书"等关怀女性的内容为主题，以"丽人广播　丽人陪伴"和"丽人广播　丽人出品"为片头和片尾，由音质音色各不相同的的多位丽人主播精心制作，在全天不同时段滚动穿插播出，同时所有小片花还在每天 18：00—18：30 开设的《丽人告诉你》节目中进行集中展示。

丽人广播在 2013 年版的节目编排中开辟了三个时段的"直播进行时"，分别是 9：00—10：00、14：00—15：00、16：00—17：00。每个时段都由一位主持人在直播室完成，将每 30 分钟的单元分割成 2 分钟新闻资讯、4 分钟交通信息、两个 5 分钟的"丽人陪伴"小片花、2 分钟气象服务等。新版节目内容在原有的健康、交通、法治等生活服务类节目基础上，增加了相关专业人士参与主持的房产服务类节目《房产我来说》。新节目进一步强化娱乐性，每天午间的 11：00—12：00 和晚间 19：00—20：00 增加了以点歌互动聊心情为主的音乐节目《就爱淘音乐》和《音乐淘不停》，晚间 20：30—21：00 安排的是《走进娱乐圈》，而午后时段 14：00—14：30 增加的《1021 微空间》则取材于时下热门的微博、微信，意在进一步扩大广播影响力，增加整体收听率。

与原有节目采编播合一的自主简约式生产流程不同，丽人广播在改版的设计中，尝试更精准的流程化管理，内容与风格的类型化采用了相对同质化的标准，包括频率的标志音乐、片花及其内容选材和运转模式的标准化。

二、品牌的重新定位

"西湖之声"成立于 1992 年，是全国第一家以娱乐定位的电台，在华东地区率先实现全天 24 小时直播，"声声有情、心心相印"的台呼传遍了杭城的大街小巷，在杭州市场收听份额始终居于前列。相比之下，余杭电台只是一家县级综合台，余杭县近距杭州市 28 公里，被中央及省市十几家电台强势覆盖，两家电台的合作经过深入调研考察，将频率定位于"丽人广播"，"丽人"一词兼具古典与时尚的韵味，将主要收听群体定位于 18 至 45 岁之间的女性听众。

丽人广播在杭州市可收听到的十六七家众多频率中独树一帜，是大众传媒中第一个以性别定位的媒体，个性鲜明、时尚，具有很强的媒介品牌识别性。社会经济文化不断发展的促进，城市女性的社会影响力不断提升，在杭州这样一个精致、温婉的城市打造丽人广播，可谓"天时地利人和"，年轻女性自身的消费力和都市女性在家庭消费中的主导作用历来为商家所重视，都市丽人一族更引领着时尚消费的潮流，是广告主强力争夺的人群，丽人广播直观上的人群定位，已经为广告经营奠定了良好基础。

地处杭州经济圈丽人广播的媒介定位，是"西湖之声"与余杭电台战略重组，进入受众细分市场重新精准定位的双赢之举。由于媒介市场竞争环境、规模与结构的不断变化，"西湖之声"目标市场中受众的需求也会随着年龄、收入水平、生活方式、对媒介接触习惯等因素而改变，"西湖之声"原先的成功定位可能因上述变化而逐渐失去起初的竞争优势，"西湖之声"勇于开拓创新开展媒介联合，开启了另一个适合自身发展之路的机遇之门。另一方面，以都市女性为目标市场的丽人广播，对于作为县区层级定位的余杭台而言，一改沿袭已久的综合电台模式，走差异化的个性之路，开展并引进都市品牌广告，在听众中建立都市时尚电台的形象，其中的创举意味着要从杭州媒介竞争的大市场中分得一杯羹。

丽人广播的频率定位不仅在传播的基本功能层面符合都市女性群体的需要，深入拓展从女性视角出发广播内容生产、广告营销、文化传播等特定功能的开发，强化女性频率的产品定位诉求，培育和发展女性频率稳定的受众群体，成功确立了自身在媒介市场竞争中的位置。

三、跨区域的整合发展

余杭电台丽人频率的开播被业界称为"丽人广播合作模式"，覆盖杭州、嘉兴、湖州等地区，并且延伸至绍兴以及江苏吴江等地，与浙江省内其他广播频率的覆盖面相比，丽人频率已经实现了一个大跨越，不仅在省内覆盖多个区域，其影响力还延伸到了相邻省市。

虽然杭州与余杭都是属于浙江省的，二者的区域发展背景有一定的相似之处，但由于杭州"西湖之声"与余杭广播电视台在媒体资源上存在较大差异，况且两地的区域市场、听众群体以及广告商完全不同，这为它们之间的互补合作奠定了基础。

两家电台在达成合作以后，实现了优势互补、打破区域限制、扩大市场与听众群体目的，形成了促进双方更好发展的新局面。

目前在四级办台机制下，我国各地区、各层级的电台受到行政区隔限制，彼此封闭生产，独立经营，媒介资源无法通过市场实现优化配置，而市场竞争的压力又迫使许多广播电台必须向外寻求发展。"西湖之声"与余杭电台的合作，打破行政区域层级的制约，首创全国市级与县（区）台级深度合作的模式。

"西湖之声"组建了丽人广播项目工作组，嵌入式地输出管理方式，为余杭电台推出了全面的管理方法，规范新频率节目质量管理、广告运作规程等各项工作。项目工作组结合余杭台自身机制，优化新频率的人力资源结构，确立新的中层领导干部，培养有能力的骨干负责业务管理，推出竞聘上岗机制；另一方面，加大对专业人员的培训，指导主持人创新自我特色，开发特色节目。双方节目人员与业务人员开展双向交流，并通过挑选、培训、外聘等方式优化队伍，提高丽人广播的整体素质。总之，以丽人广播为代表的典型个案展现了女性频率发展的现状，其办台水平、受众认可、经营业绩在近些年取得了长足的进步。女性频率发挥的独特优势在于与受众的互动沟通程度较高，内容的贴近性和服务性较强，对女性受众的关注度和关爱度较多。未来发展的重点是培育并不断调整具有鲜明特色的媒介文化，通过媒介文化的力量，女性频率在遭遇竞争环境、结构变动、经营方式革新等情况下，永葆可持续性发展。较强的文化特色将会通过员工的共同价值观念表现为媒介的特殊个性，使媒介发展战略得到有效的贯彻和实施。

女性频率文化的构建中，需要特别关注女性的社会地位，以及女性对社会进步所作出的贡献，为保障广大女性的各项权益鼓与呼，改变把女性受众一味看作是弱势群体，抑或只当作消费者的片面认知倾向。建构女性集体自觉、集体认同的"女性话语"的媒介再现，还原女性群体的原貌和本质，打破女性在以男权为中心的意识形态中的刻板印象，树立女性自身的价值意义参照，女性频率在此诸多方面任重而道远，期待它行进在类型化广播的中国发展路径中，翩然起舞、绽放夺目的风采魅力。

第二节　青春调频

青春调频是专门服务于18—35岁年轻人群体的类型化广播，为青年群体提供一个思考对话与娱乐分享的广播平台，截至2015年各省级电台主要开办陕西青春调频、甘肃青春调频、黑龙江高校广播、广州电台青少年广播等频率，在内容风格方面相似性较强的还有云南教育广播、吉林教育广播、河南教育广播等为数不多的几家频率，网络电台有团中央开办的中国青少年广播网"青春之声"、北京电台"青檬台"、广东电台"理想频道"。

一、励志引导之定位

作为面对青年人电台，青春频率的外在形象要打造健康、明朗、阳光、动感的个性风尚，此外敏锐、包容、学习、激情等内涵特征是青春调频外在媒介形象的整体延展。

在内容定位方面，青春调频应当首先保证播出内容是健康向上的，情感基调是积极、明朗的，给青年人以正确的心理引导，帮助他们树立正确的世界观、人生观，拥有完整的人格。青年群体正处在形成人生观、价值观和世界观的重要阶段，对于这个年龄阶段的人群来说，保持健康心理与学习文化知识、提升磨砺个体的能力非常重要，青年时期养成的观念、看问题的角度以及心态，都决定着其一生的发展情况，所以积极的心态与健全的人格是在人生道路上大胆前进并且取得成功的重要基础。比如青檬校园台邀请大学生嘉宾到节目当中做客，讲述他们自己在学习、生活、工作中的奋斗故事，分享他们的兴趣爱好，以激励身边的同龄人，传递正能量。

功能定位方面，青春调频在发展中应当明确自身所承担的社会服务功能，青春调频面对的是国家未来的希望、民族最主要的生力军，如果能够在青年的健康成长中发挥关键性的作用，那么就可以说是达到了社会传播的长远预期目标。明确自身的社会服务功能，有助青春调频真正做到用心、用情，争取成为青年人的良师益友，从整个频率的文化品味、精神理念、主持人培养等各个方面都进行严格要求，只有自身做得足够出色才能以人生导师的身份定位来面对众多的年轻听众。

服务定位方面，重视频率的服务性还要求青春调频通过掌握最新的教育、求学、考试、求职等实用资讯，在学习与工作领域都能够适时提供给青少年朋友。信息爆炸的时代，如果不能在资讯领域跟上年轻人的前进步伐，必然会在众多的同类频率竞争中被淘汰，因此，注意加强服务性也是保证听众规模的一个关键性举措。

二、概况及主要问题

（一）发展概况

甘肃青春调频的前身是少儿广播，2011 年 9 月经国家广电总局批准，更名为"青少广播，青春调频"。2011 年 11 月 26 日，甘肃电台青春调频开播仪式暨"品味兰州夜——1048 酒吧歌手大赛决战之夜"隆重举行。主要受众为 16 到 35 岁青年人群，主打 25 到 35 岁年轻上班族，内容为类型化流行经典音乐，风格简约时尚、突出都市品位，全天播出经典流行音乐，让"70 后"回味青春，让"80 后"记录青春，让"90 后"张扬青春。

陕西青春调频的前身也是陕西少儿广播，经过受众定位的调整之后，以倡导新观念、新生活、新人物为主要内容，以关注当代青年现实生活、反映当代青年精神风貌、搭建青年与社会对话平台为频率宗旨。广大受众的范围包括陕西一百多所大中专院校，近二百万青年学生以及所有关注青年成长的人。节目设置方面，以丰富而新鲜的新闻资讯满足广大青年心系民生、关注社会的收听需求。个性而真诚的情感节目陪伴青年听众充满激情和困惑的感情生活，新锐全面的知识类节目让求知求新的青年人听则有益，时尚和动感音乐节目为多姿多彩的青春生活更添亮色，名人大家的访谈则让青年们与自己的"精神领袖"直接对话。主要设置《HAPPY 响档档》《音乐不停歇》《MUSIC 40》等栏目。

广州电台青少年广播是广东省唯一的专业服务于青年听众的频率，根据青少年性格兴趣特点，融入新时期青少年教育理念，开办了许多青少年喜闻乐见的节目，帮助青少年健康成长。

云南电台教育广播，主打"青春 100——快乐至上"的口号，以流行音乐和情感教育内容为主体，开办《城市快跑》《100 炫不停》《翻阅日记》《无线音乐地带》《教育总动员》《岁月留声》等栏目。

（二）主要问题

综观各省市青春调频节目设置，不难发现青春调频的传播内容总体比较单一，缺乏长期打造的品牌栏目，还处在发展的探索初期，内容获取的资源渠道比较狭窄，栏目内容的选取上大多以流行音乐为主，节目形式也不够丰富，缺乏经过长期探索知名度较高的媒介品牌，能够在同类频率中形成一定影响力的名牌栏目还比较少。

青春调频对听众群体的再细分也远远不够，没有深入了解青年人所处社会各个阶层的生活际遇，不明确特定听众的各类多元化需求，栏目编播者通常大致推断听众的收听偏好，如此节目内容的出发点肯定与听众的期待存在明显偏离。因而，只有深入到青年人听众群体所处的教育、职业、文化生活、经济收入等社会背景的各个层面当中，才可以敏锐感知他们在生活中遇到的各类需求，并为此编排愉悦实用的节目内容。

三、传播营销侧重面

根据青春调频的受众特点，应当把微博和 QQ 群以及线下的大型活动作为主要传播营销策略。

（一）QQ 和微博进行宣传

青春调频之所以要重点打造 QQ 和微博营销推广平台，主要是结合青年听众的特点来进行判断的，青少年群体对于新事物的接受能力非常强，对于互联网、手机媒体等新兴的软件及功能都掌握得非常快，与其他频率相比，青春调频在网络营销这方面具有比较优势。

（二）线下组织活动

青春调频应当积极的寻求线下大型活动的策划与举办，频率可以与校园社团合作，举办大型宣传推广活动。青春调频率可以与学校合作举办作文比赛、图书推广活动、志愿者服务等内容，在高校中，青春调频可以与校内社团或者是校园广播联合起来举办歌手大赛、主持人挑战赛、辩论赛以及创业大赛、模拟考试等等各类活动。这些活动当中，频率可以极大地扩大自己的影响力，加强与听众之间的互动交流，收集他们对于各栏目的意见和建议，丰富学生校园生活的同时还可以为本频率吸纳优秀的人才，比如主持人大赛和歌手大赛就是非常好的机会。大型活动是电台推广营销的绝佳机会，不仅可以宣传自身，还可以与相关企业进行合作，建立线下的友好关系，真正地了解听众的心理需求，知道他们所关注的热门话题，情感上与他们进一步拉近距离，搭建心灵的桥梁。

案例：

黑龙江高校广播的"青苹果"之路

2008 年 10 月，由黑龙江省委宣传部、黑龙江高校工委、黑龙江省教委等单位协办，黑龙江广播电视总台主办的黑龙江高校广播正式开播，传播范围覆盖黑龙江省大部分地区。龙广高校广播的台标是一个"青翠欲滴"的苹果，象征青春的朝华与无限未来，主要以大学生群体为主要目标受众，迄今为止这颗"青苹果"在校园之路已经冲荡四年有余，它更为芬芳馥郁并一路向前，梳理其中比较成功的做法，主要有以下几个方面：

一、针对受众再细分

与某些面向18至35岁青年人群体、定位较为模糊的类型化广播不同的是，龙广高校广播从一开始就锁定大学生群体，以人口和行为要素对青年人群体进行二次细分。龙广高校广播的大量实践证明，它对受众二次细分的方法成功之处在于：第一，可识别性。细分出来的大学生群体的媒介市场范围相当明晰，比较容易判断出大学生群体的心理需求、行为特征与购买力大小。第二，可进入性。对于在校大学生来讲收看电视并不方便，广播具有进入大学校园的竞争实力与资源条件，大学生群体通过广播能够便捷收听到广播节目。第三，可盈利性。针对大学生群体的消费行为特征，确保社会效益同时能够获得一定的经济收益。第四，可稳定性。大学生这个校园群体在一定时期内稳定不变，有利于媒介制订较长期的内容生产与经营策略。

二、合理生动编排节目

龙广高校广播的节目板块分为早间（06：00—09：30），午间（11：00—16：00），晚间（17：00—20：00），夜间（21：30—23：00）。早间节目以资讯和文化传播为主，午间以音乐文化信息内容为主，晚间是综艺音乐娱乐，夜间是情感和故事广播，对不同播出时段基本遵循大学生群体的日常学习生活作息时间，进行科学合理设置。

从营销定位观点分析，龙广高校广播的定位方法属于"比附"的方式。美国营销专家里斯和特劳特认为，定位并非指产品本身，而是指产品在潜在消费者心目中的印象，也就是产品在

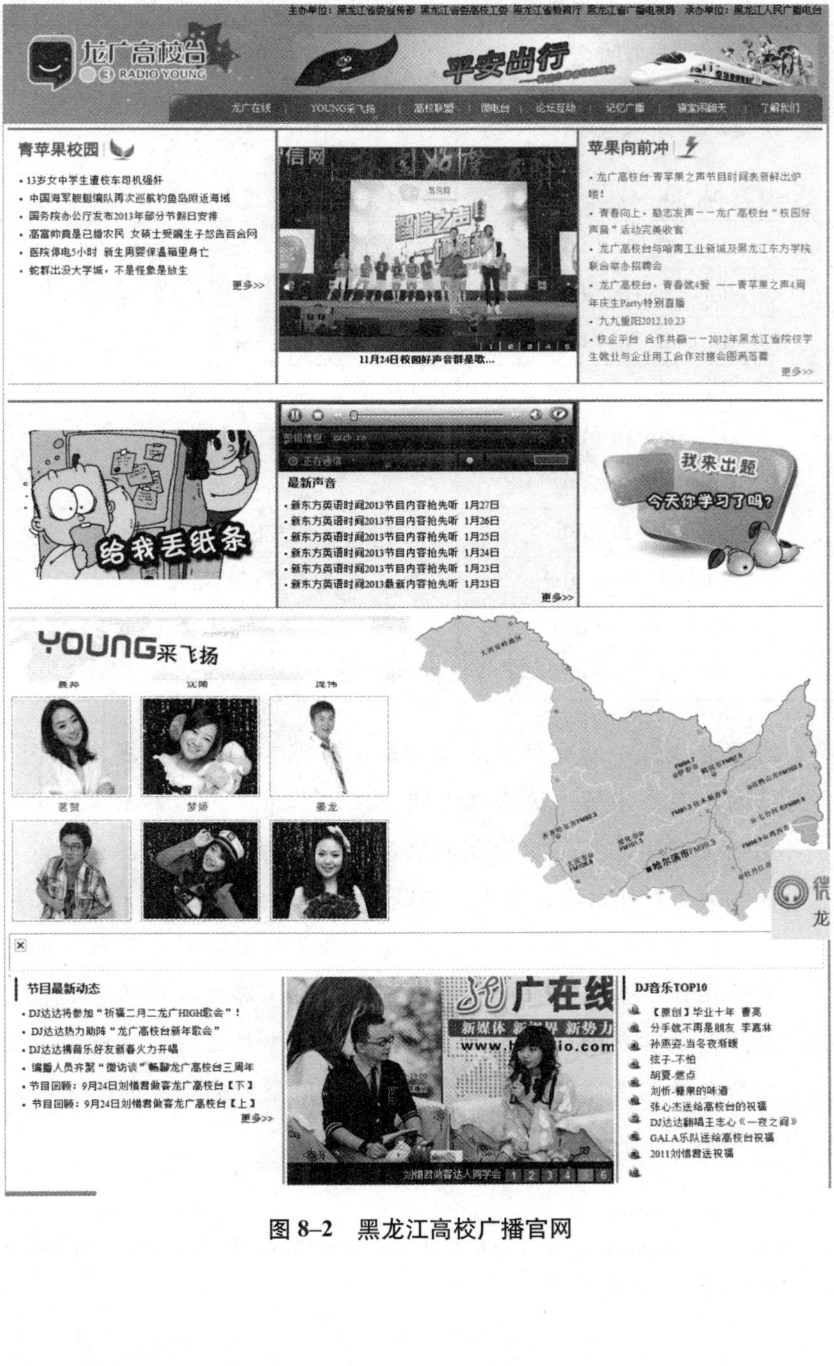

图 8-2　黑龙江高校广播官网

表 8–1 龙广高校台·青苹果之声节目时间表①

节目时间	节目名称	
6：00—7：30	三味书屋	
7：30—9：30	P·S 早安秀	
9：30—11：00	高校大讲堂	
11：00—12：00	音乐传奇	青苹果来了 （周六、周日）
12：00—14：00	音乐听了没	
14：00—16：00	三味书屋	
16：00—17：00	好好学习	
17：00—18：00	校园晚点名	
18：00—19：00	赢在未来	
19：00—20：00	校园大歌星	
20：00—21：30	寝室闹翻天	
21：30—23：00	星座魔法校园	
23：00—24：00	校园故事会	

消费者心目中的地位。定位理论认为，不存在能够覆盖整个市场的产品，市场永远存在空间，任何媒介和产品都可以从中寻觅适位空间，媒介的受众定位是一种逆向思维模式，它不以自身能够生产什么为出发点，而是以市场需求为出发点。

比附定位成立的前提是自身不必与强大的对手进行正面竞争和交锋，如果一个领域没有强大对手，那么占据第一的位置自然是最理想的，但实际上，竞争格局中早已存在这样强大的对手之时，选择建立第二位置或者其他空白点就成为非常有效的方法。

---

① http：//www.hljradio.com/folder43/folder66/folder3556/2012/11/2012-11-28159540.html，2013 年 11 月 28 日。

龙广高校广播进行"比附"定位的作用，没有在休闲娱乐的风潮中随波逐流，盲目陷入雷同频率的激烈竞争中，而是向大学生受众提供具有鲜明个性的媒介产品，将媒介力量集中于有限的目标受众市场，效果比较显著。

三、大型公关营销活动

积极举办一系列各种大型公关营销活动，有效促进与大学生群体的双向沟通，在公众中树立良好的形象和信誉，以扩大更多目标受众的喜爱、信任、支持与合作，为媒介发展创造良好的社会环境。2012 年 4 月 19 日，龙广高校广播志愿者联盟开展了第三次志愿服务行动——"扶贫助困"志愿公益活动，组织东北农业大学艺术学院志愿者小分队为燎原中学的学生们捐赠一千多件衣物，帮助那里的贫困学生渡过难关。

2012 年 10 月 26 日，龙广高校台迎来 4 周岁生日，晚上 8：00—11：00，"龙广高校台·青春就 4 爱——青苹果之声 4 周年庆生 Party"特别直播活动在龙广视频直播间举行，省委宣传部、省委高校工委、省教育厅、共青团黑龙江省委员会等单位纷纷发来贺电，全省近 20 所高校的大学生代表来到龙广直播间，与高校台共同庆贺 4 周岁生日，龙广高校台、龙广在线网站对本次活动进行了现场直播。当天活动中，四位与龙广高校台有着很深渊源的大学生朋友，还有 20 位昔日高校台节目主持人做客直播间，与现场各大高校广播台的代表们共同追忆这 4 年来高校台的发展历程，从感人至深的"温暖校园，爱动你我"活动的讲述，到暖意融融的志愿者联盟行动的开展，从"创业梦想团"的紧张到"新年歌会"的欢乐，从曾经创办过的各色节目到制作过程的酸甜苦辣……主持人与听众朋友再聚首，回忆起龙广高校台的青葱岁月。自成立以来，龙广高校台为全省大学生朋友奉献了近三十档丰富多彩的广播节目，举办各类活动 200 余场，为大学生解决就业岗位万余个。

图 8–3 龙广高校台节目演播现场①

2012 年 11 月 16 日，龙广高校台与哈南工业新城及黑龙江东方学院联合举办大型人才招聘会，现场 210 家企业提供了食品类、计算机类、教育类、酒店类、艺术、外包、家居、营销、机械、外贸等众多领域的五千三百余个岗位。招聘会当天四千五百余名省内高校大学生参加了现场招聘活动，黑龙江东方学院三百余名学生与用人单位达成就业意向协议。这次招聘会是当年 6 月份龙广高校台与哈南工业新城达成的战略协议中的重要项目之一，助力地方政府中心工作的的同时也为龙广高校台广告创收拓展了渠道。

2012 年 11 月 24 日，龙广高校广播与智信网联手打造的"龙江励志音乐歌手大赛——校园好声音明星歌会"在哈尔滨会展中心体育馆举行。歌会力邀"中国好声音"实力学员：李行亮、刘振宇、汪妤凌与"校园好声音"三位终极学员同台献唱。"校

---

① http://www.hljradio.com，2013 年 5 月 17 日。

园好声音"活动旨在丰富大学生的课余生活，为大学生们提供一个展示自我的平台。活动一经推出就受到了龙江高校学子的追捧，活动小组历时 3 个月，足迹遍布省内 13 所高校，吸引近三千名高校学生报名参与，微信参与万余人。

以龙广高校广播作为典型案例的重要意义，验证受众定位必须精准有效，媒介瞄准自身的市场竞争机会，制订针对性的媒介市场发展方略，集中力量充分满足特定受众群体需求，提升媒介的应变能力与竞争能力；有利于媒介从小到大逐步拓展新市场，扩大市场占有率，一切都来源于对媒介市场精准细分的入市策略，这是龙广高校广播成功经验所带来的规律和启示。

第九章　类型化广播与网络融合

　　人类的传播系统是一个复杂的、具有适应性的系统，在传媒新技术和社会发展的变奏之下，这个系统正在经历联合变型的过程。早在 1979 年，尼葛洛庞帝就洞察到了这一点，他在巡回演讲时开始宣讲媒介"汇聚"的观点，各种各样的技术和媒介形式都汇聚到一起，产生多媒体传播新形式。"多媒体，或者也称为复合媒体，通常被定义为两个或者更多种的传播形式集合为一个整体的任何媒体。"[①] 类型化广播的多媒体形式中，最显著的就是与网络传播形态融合。

　　类型化网络广播随着广播网络化进程不断发展而来，传统类型化广播与网络融合的第一种主要形式就是网络广播，指传统广播媒介以网络为介质，提供在线广播或网上点播的全新广播形式，其本质是广播的网络版。认识广播网络化的正确前提是，既要正确评估网络媒体在拓展传统广播发展空间的能力，也要充分认识传统广播内容的原创优势和品牌效应，利用网络媒体为传统广播发展服务，最终实现传统广播和网络传播技术的深度融合——引导听众成为网友，把网友变成听众，创造传统广播与网络广播 1＋1＞2 最大化的受众资源。

　　传统广播收听的伴随性、便捷性以及情感化的特质是其他任何媒体无法取代的，目前，传统广播在媒介竞争格局中显著优势之一是

---

① 罗杰·菲德勒：《媒介形态变化——认识新媒介》，王晓钰译，华夏出版社 2000 年版，第 22 页。

移动收听。显而易见，在一对多的传播状态下，传统广播与网络广播相比较而言，前者更具有传播优势。但是在一对一的传播状态下，网络广播的交互性、便捷性的传播优势更加突出，收听不受地域、时间的限制，网络广播开放式的互动空间，节目可留存、可检索、可反复收听，广播由"声播"的传统形态，转变为"网播"的新媒体形态，两者的融合发展有着广阔的前景。

类型化广播与网络融合的第二种主要形式是网络电台，并非前述传统广播的网络版，其节目构成和运行模式有别于传统广播的网络版，它是以互联网为原地，专门针对网民发送音频文件的网上广播。尽管它同样突破了传统广播地域局限，拓展了传统广播的传播范围，但是相比之下，它比传统类型化广播的网络形态更具有针对性，个性化风格化更为突出，在节目的互动性、贴近年轻受众兴趣爱好、节目的多样化方面更具有优势。

手机广播是传统类型化广播与网络融合的第三种主要形式，主要包含两层含义，一是随着 GPRS、3G、WAP 等无线通讯技术和服务的发展、完善，依托于移动通讯网络和互联网络，用手机软件实时上网收听或点播网络广播节目；二是通过手机内置了 FM 广播调谐器，直接收听电台广播节目。

与新媒体融合的衍生媒体代表世界广播发展的潮流，全媒体是世界各国一流的卓越广播传媒不断追求的目标，它不仅意味着信息通过多种介质的媒体形态传播，更体现广播媒体整体资源的优化配伍，各类媒体之间的相互补充、相互呼应，达到传媒竞争影响力的最大化。新的技术手段对于广播来说带来了全新的传播方式与受众不同以往的体验，以及更加多样化的传播平台，国内以中央人民广播电台和中国国际广播电台为旗舰的强势广播，已经乘着新技术的"翅膀"，依托政府强大的支持平台，拥有内容制播的强大优势。

第一节　类型化广播网络化

一、从"声播"到"网播"

类型广播的网络化是网络信息技术、现代广播技术发展应用的结果，依托类型化无线广播电台建立的网络广播，内容方面具有较强的专业性。具体来讲，从"声播"到"网播"，内容的不变是把整套的广播节目原封不动地在互联网实时直播或在线点播，其他变化包括重新编排优质音频节目、分段式供网民点播，以及配合音频内容提供文字、图片、视频等信息。相对传统广播，网络广播在传播形态实现了三个"转向"：大众传播转向个性化传播、单向传播转为双向互动传播、"自上而下"传播转向平民化传播。

以英美为代表的西方发达国家一直都较为重视网络广播的发展，作为世界上最知名、历史最悠久的广播电台，BBC 一直走在新技术浪潮的前沿，"早在 1991 年，BBC 就在互联网上注册了域名 www.bbc.co.uk，经过试运行几年直到 1997 年，BBC 在线获得英国政府批准正式对外发布并开始运行"。① 主要通过 BBC 在线网站为受众提供与传统媒体同步的音频在线收听以及下载业务。

美国网络广播发展规模颇为庞大，"2005 年 4 月 11 日 AOL（美国在线）与 XM Satellite Radio（XM 卫星广播）宣布，提供 200 个频道的网络广播服务，进入竞争日益激烈的网络电台市场。2008 年 3 月，哥伦比亚广播公司将其 150 个网络电台与美国在线（AOL）200 多个网络电台合并，并接管其网络电台广告业务，同年 12 月 CBS 又接管

---

① 高铁军：《从 BBC 的新媒体发展看中央电台的新媒体战略》，《中国广播》2010 年第 9 期。

了雅虎的 150 多个网络电台的业务,一举整合了拥有 5000 万听众、占全美互联网用户总数四分之一的网络电台市场"。①

我国广播网络化的发展历程主要经历了三个发展阶段:1996 年前的摸索阶段、1996—1998 年的提高阶段、2000 年以后的快速发展阶段,从全国整体情况来看,2000 年以后逐步初现端倪。

1996 年 12 月 15 日,珠江经济广播电台开办网络广播,成为大陆第一家节目上网的广播电台。随后,广东人民广播电台其他三个专业频率也实现了广播网络化。

1997 年 1 月 4 日,北京人民广播电台《新闻热线》节目推出网上专栏,《网路人生》开广播热线节目上网之先河。

1998 年 10 月 1 日,上海人民广播电台正式开通上海电台国际互联网站,将上海台的新闻、文艺、音乐等节目上传到网上。

1998 年 8 月,中央人民广播电台网站注册英文域名 www.cnradio.com,并在网上开通中央人民广播电台简介及节目介绍宣传页面。

2000 年 5 月,中央人民广播电台网站进行第一次改版,推出全新页面,首次系统设计并开始使用网站标识。

2000 年 6 月 14 日,全国政协主办的"21 世纪论坛 2000 年会议"开幕,中央人民广播电台网站派出记者与广播记者一道,对大会进行全程跟踪报道,同时推出"21 世纪论坛"专题站点。这是中央人民广播电台网站第一次专门派出自己的记者采访重大题材。

2000 年 8 月,中央人民广播电台网站实现全台第一、二、三套广播节目在线实时直播,《新闻和报纸摘要》《新闻纵横》《午间半小时》《中国民族歌曲榜》5 个重点节目增加在线点播功能。

2000 年 9 月 15 日,中央人民广播电台网站全面投入悉尼奥运报道工作。整个奥运会期间,网络部每天及时发布前方记者来稿,全面报道奥运盛况。网站开通"奥运之旅"专题点,设有"奥运快

① 王岚岚:《美国网络电台的发展特点及启示》,《中国记者》2012 年第 4 期。

讯""奥运史话""奥运项目""中国与奥运""历届奥运""奥运会成绩""奥运人物"等栏目。

2001 年 3 月 23 日，中央人民广播电台《医药资讯台》节目和网站联合推出的"世界防治结核病日"特别节目开播。中央人民广播电台网站对该节目进行网上音频、视频直播。这是网站第一次进行网上音视频直播活动，也是第一次进行广播、网络互动直播。

2001 年 5 月 31 日，由湖南人民广播电台和湖南广播在线（网站）承办的"广播网站经验交流会"在长沙召开，中央人民广播、中国国际广播电台以及北京、上海、天津、广东等电台网站负责人参加会议，主要议题是全国广播网站互相联合发挥优势、互利互惠、资源共享等。

2001 年 9 月，中央人民广播电台网站实现了全台 8 套节目全部上网，在线点播节目增加到 32 个。

2002 年 1 月 1 日，中央人民广播电台网站改版，正式启用新的网站名称："中国广播网"。全新的"中国广播网"设有"新闻""财经""体育""调频""书院""汽车""军事""民族""台湾"9 个频道，三百多个专题栏目以及八套广播直播节目和 34 个点播节目，音频文件的容量达到 600GB，这是我国类型化广播开始触网的重要标志。

2002 年 9 月 1 日，中央人民广播电台网站开始实行 24 小时新闻发布和技术保障并实行值班制度，标志着网站进入全天候运行状态。

2002 年 11 月，中国广播网被指定为十六大宣传报道重点网站。

2003 年 2 月，首届中国广播网网络新闻奖评选揭晓，这是中央主要新闻单位网站首次开展的网络新闻评奖。

2004 年 10 月，中国广播发展论坛暨全球华语广播协作会议在北京举行，会议决定由中国广播网来建立"全球华语广播协作网"，促进华语广播之间的交流与合作。

2005 年 7 月 13 日，国际在线正式开通多语种网络广播，2007 年 11 月 1 日正式转型为全天直播的 4 个类型音乐广播，向全球网民提供音乐、娱乐、资讯、外语教学等内容。

2006 年 3 月，中央人民广播电台网络中心正式成立，该中心的成立对中央人民广播电台、中国广播网的事业发展具有里程碑的意义。

2006 年 11 月，中央人民广播电台成立全国高校广播节目联盟，来自北京的 46 所大学广播站（台）成为了首批加盟成员，中国广播网银河台建立专门网站，展播联盟成员推荐的优秀自创广播节目。

2007 年 8 月，全国优秀新闻作品年度最高奖——第十七届中国新闻奖评选结果揭晓，中国广播网的新闻专题《落实科学发展观》获得一等奖。

2008 年 4 月 31 日，北京奥运会倒计时 100 天之际，北京人民广播电台主办的北京首家外语广播网络版正式上线开播，这是北京电台第一个拥有独立域名、同时面向听众和网友进行节目传播和交流的类型网络广播平台。

2009 年 1 月 7 日，工业和信息化部正式发放 3G 牌照，中国移动、中国联通和中国电信三大运营商都获得了运营资质，这意味着我国由此步入"3G 时代"。随着 3G 技术的广泛使用，手机广播将大放异彩，广播的"移动传播"和"互联网传播"的时代已经到来，为类型化的拓展提供了无限丰富的可能途径。

2009 年，"全国互联网与音视频广播发展研讨会"在南昌举行，就网络广播、网络电视等网络视听新媒体业务及相关技术问题进行深入探讨。

目前中央人民广播电台已经成为我国网络广播发展的核心力量与旗舰，中国广播网依托中央人民广播电台最大的音频核心资源，全力打造全球中文网络广播第一品牌。

凤凰"优悦广播"是网络广播的一支新锐力量，凤凰卫视针对目前香港 13 条模拟广播通道中只有一条普通话通道，并没有因普通话需求扩大而增加的现实情况下，推出普通话广播以丰富香港现有广播内容，"优悦广播"于 2012 年 1 月推出，传播目标是香港最受欢迎的普通话电台，以及中国内地最受欢迎的网上电台，带给听众两岸三地的优质资讯、正能量和快乐。目标受众群体是想了解中国内地和想学普通话的香港人，本土普通话居民（包括香港优才计划引入的专业人士、新移民和普通话学生）、普通话游客。主要受众定位年龄为 20—45 岁的"U 世代"，优：优秀 / 优越、中高端；Youth：心态年轻、充满活力；U：有个性、有主张。

凤凰"优悦广播"采用固定标准循环格式，比如早间的《优悦早新闻》，同时格式化编排中采用多样化的栏目交叉复合方式。总之，从全国整体情况来看，在广播与互联网融合整体大背景前提下，网络广播发展与我国广播媒介发展不均衡的整体状况相一致，经济发达地区的电台网站建设明显优于欠发达地区，影响力比较大的电台网站主要集中在东南沿海和北京、天津及经济发达省份。

二、传播的技术特征

传播技术不再仅仅是某种产品和知识被"创新"和使用的方式，它带来社会政治、经济、文化等诸多重要变化。传播技术的法律维度调整，对于社会信息传播形式与其意义系统的延伸在逻辑上成为必然。任何传播技术的深入研究，都应当是对于人们之间社会交往形式的深入研究。

网络广播的广泛普及，技术的应用与传统广播与互联网融合的速度不断加快。对于网络传播形态的媒介技术探讨，主要集中于广播媒介内部、与受众之间联系以及建构一种新的经济文化媒介形态。

（一）延伸传播时空

因特网完全打破了电波传送在物理空间的范畴，网络广播的信息在全世界"网及"之处传播，广播地域上的空间距离已经失去意义，无限的传播范围使得广播在传统意义上的地域与国界都不复存在。传播空间的无限延展，很大程度上提升了传统广播的社会影响力。

网络广播完全摆脱了传统广播时间媒体的线性传播限制，传播的时间完全由传播者来决定，个人能够决定在什么时间接收信息，信息可以随时获取，信息接受者可以自由选择传播的内容，由被动分享信息变为主动索取信息，受众需求的多样化使得受众的分众化、小众化倾向越来越明显，这种趋势的发展，要求网络广播具备比较明显的"窄播"化特征，比传统广播内容更加细分化和专门化。

类型化网络广播更加细分具有针对性的内容，通过内容的高品质、专业化，以此最大程度吸引不同需求的受众。北京电台外语广播的听众调查显示，尽管它的类型化地域特征比较明显，但其受众范围远远超出北京乃至中国范围，甚至有包括欧洲、非洲、大洋洲等国的IP登录地址。

（二）整合传播内容

对于传播内容的整合，不仅简单指向传统广播节目在网络中的二次传播，或者来自网络用户的信息反馈在电波节目中的体现，面对受众更加广泛的信息需求，需要整合以音频为主，包括视频、文字、图片等各类内容。整合包括两个层面：

1. 网络广播对传统广播的整合

由于网络表现形式的多样性和容量的无限性，网络对传统广播可以进行视频、音频、图片、文字等多媒体形式整合，也包括论坛、调查、投票等多种交互功能。

消息、专题页面、频率页面、论坛、名人博客、微博和微信等是网络对广播进行整合的形式。对传统广播某一具体活动的宣传，一般情况下以文字加图片的消息稿为主，并附有一定的背景资料，突出事件性和时效性。对传统广播的重大报道会提前推出一个专题页面，对传统广播的各个专业频率，一般都会有一个专门的频率页面，增加与广播节目的互动，网络会通过论坛提前征集与广播节目相关的网民意见和建议。

比如，北京广播网在"听友之家"论坛开设后，电台近期的活动、各广播频率即将播出的重点节目，听众对节目意见和建议等内容都及时发布在"听友之家"论坛上，使得听众与电台的联系更为紧密，交流更为顺畅，提高了听众参与节目的积极性和主动性。

由北京广播网、千龙网、新浪网等18家网站联合北京文艺广播连续举办8年的"原创新春祝福短信微博贴文"大赛，历届比赛信息均可在北京广播网这一专题页面的资讯、互动、回顾、相关4个板块全部查询到。参评的作品首先在网络PK，待30个作品初次入围之后，前20名进入下一轮的电波PK，在北京文艺广播《音乐一线牵》节目中，邀请选手讲述与短信微博有关的情感经历和故事。网络对传统广播的互动整合呈现出，容量"无限"与"有限"，形式"多媒体"与"单一音频"的局面，这种局面决定网络广播与传统广播具有永远的互补协调的可行性。

2. 传统广播对网络广播的整合

"常态宣传"和"活动预告"是传统广播对网络广播内容进行整合的主要手段，"中国之声"《新闻和报纸摘要》是全国收听率最高的节目之一，节目中间经常能听到预告中国广播网当天推出的"视频访谈节目"、"特别策划"等活动，节目结尾通常有一句常态化宣传语"网络查寻，中国广播网"。通过在广播节目中宣传推广网站名称，也会起到宣传网站、提高网络点击率的作用，也使传统广播增加了除短信以外及时交流的一个新平台。

（三）多媒体互动传播

广播与网络的融合，突破了广播线性传播形态上的局限，将声音、文字、图像等诸多元素相互融合，大大提高了广播节目的重复利用率，强化了传播效果。网民可以在网上收听节目，还可收看相关视频、浏览背景资料，与其他网友通过QQ、MSN、手机短信、微博、聊天室等多种途径互动交流。

2008年北京奥运会期间，中国广播网获得了北京奥运会官方互联网、移动平台转播机构的转授权，台网一体报道北京奥运会的全过程中，中国广播网提供奥运赛事及相关节目共计 5000 多小时，刊发奥运稿件 19000 余篇、图片 9000 余幅。其中原创视频节目近 300 条，时长约 2060 分钟，转播央视网视频 217 条。奥运期间，中国广播网获得了近 2500 万人次的访问量，日均点击页面近 3000 万次，达到了空前的传播效果。

网络广播包括视频、图像等更加生动直观的多样化形态传播能够吸引更多的受众。据国外媒体报道，2011 年成功上市的热门网络音乐电台服务商 Pandora 网站注册用户突破 1.25 亿之多，预计数字音频电台的创收速度在不久的将来成飙升之势。

（四）拓展经营途径

世界各国网络广播的盈利状况差别很大，比如，美国已经开始普及流式媒体发行收费业务（Gold Pass），以收费方式发行全美职业棒球联赛内容，以及各类影视内容，目前已经拥有 40 万以上的收费会员。

中国互联网络信息中心（CNNIC）2011 年 1 月 19 日发布的《第27 次中国互联网络发展状况统计报告》最引人注目的是，网络购物用户 2010 年增长了 48.6%，是用户增长最快的应用项目，而网上支付和网上银行也以 45.8% 和 48.2% 的年增长率，远远超过其他网络应用，我国更多的经济活动正在加快进入互联网时代。结合网络广播大量开发网上购物、远程教育、网络交互性游戏、证券、生活类信息服务和音视频有偿点播服务，及其他信息增值服务配套的业务将会为传统广播带来一个全新的大市场。

近些年的中国互联网络统计报告表现出一个普遍的趋势，中国互联网络的网民数量不断增长，网民年龄段比例最高的是青少年，这说明青少年对网络的使用与依赖程度也在不断增加。赛立信调查公司的报告显示，学生与老人是广播的最重要的两部分听众，青年学生对广播有着内在的需求，这种需求随着学生"触网率"的不断增加，可能逐渐转化成对网络广播的需求。

早在 2005 年 9 至 11 月，国际在线、中国广播网、央视国际网络与中国社会科学院新闻与传播研究所网络与数字传媒研究室合作，进行了一次网络电台与网络电视的受众调查。调查表明，"青少年是网络电台受众的主体。18—38 岁的受众占 78.9%，28 岁以下受众的比例为 68.3%，18 岁以下的受众比例远高于 39 岁以上的受众比例，在网络电台的受众中，男性超过 2/3，学生比例较高，大学以上文化者达到 74.1%"。[①]

网络广播的技术传播优越性和发展潜力，促使网络广播在过去的十多年，数量不断递增并发展迅速进入了成熟时期，呈现出鲜明的跨越式发展阶段，为类型化网络广播带来汇流的广阔天地。

三、媒介的汇流扬帆

媒介汇流的现象从 20 世纪 90 年代中期，随着波及全球的信息技术浪潮而出现，传播技术成为一切信息传播形态的基础，提供与信息相关产业一个统一平台，大众传媒包括新闻、出版、广播、电影、电视、音像等，与有线和无线通信，以及计算机和网络信息业三者汇合为一，通过数字网络为受众提供信息服务。

类型化广播与互联网融合发展，从以往早期通过网络搜索频率名称，到当今的广播链接网站，乃至专业化的搜索引擎，互联网为类型化广播提供了广阔数字化空间，不断构建互动互融的媒介关系，类型化广播频率已经驶出江河浅滩，扬帆信息传播的汪洋大海。

第一，节目收听平台到门户网站。

国内类型化网络广播节目收听平台主要有两个，"中国广播网"——听天下之全国电台链接，以地域作为划分标准链接全国各省、市级主要广播频率。电台世界（www.fifm.cn）通过地域与流派两类

① 柳芳：《网络广播的发展现状分析》，《新闻前哨》2008 年第 2 期。

标准链接大量国内外广播频率。

表 9–1 电台世界（www.FIFM.CN）推介国内类型网络广播一览表

1. 国际广播 CRI 怀旧金曲频道
2. 国际广播 CRI 都市流行频道
3.MY FM 西安 FM105.5
4. 国际广播 CRI Hit FM—FM88.7
5. 中央电台"音乐之声"
6. 北京电台 音乐广播 FM97.4
7. 江西电台 音乐广播 FM103.4
8. 上海电台 动感 101 FM101.7
9. 成都电台 Only 音乐广播 FM103.2
10. 江苏电台 音乐广播 FM89.7
11. 广东电台"音乐之声"FM93.9 FM99.9
12. 广西电台 北部湾之声 FM96.4
13. 香港电台 第二台
14. 佛山电台 真爱 FM94.6
15. 福建电台 音乐广播 FM91.3
16. 扬州电台 流行音乐广播
17. 浙江之声 FM88 AM810
18. 河北电台 音乐广播 FM102.4
19. 石家庄电台 音乐频率 FM106.7
20. 湖南电台 青春 975（文艺广播）FM97.5
21. 苏州电台 音乐广播 FM94.8
22. 云南电台 香格里拉之声 SW6035
23. 常州电台 音乐广播 FM93.5
24.DBC 数码大歌台
25. 凤凰卫视 优悦广播 U Radio

经过多年的积累发展，以中央人民广播电台"中国广播网""银

河网"中国国际广播电台"国际在线"为代表的电台网站与一般的新闻网站相异不大,已经体现出大型门户网站的诸多特点,其网站除了提供在线直播收听与点击下载收听等广播节目外,还有快讯、评论、商业、视频、社区、论坛、博客等大量多样化的内容板块。

早在 2008 年伊始,中国广播网的战略转型为建设全球最大的中文音频门户,针对网络音乐成为网民第一大网络应用服务,计划经过几年时间发展实现全国五百家左右广播电台的在线实时收听和点听,成为全球中文网络音频的最大集散地,努力搭建面向海内外的互联网节目交易体系,构建中国广播网视听节目集成节目交易平台和分发渠道。

通过中国广播网——"听天下"全国电台链接,一共可以收听到北京人民广播电台 16 个频率,各类型频率受到网友点击收听,喜爱指数依次如下[①]:交通广播(★285)、音乐广播(★146)、怀旧广播(★120)、文艺广播(★99)、古典音乐(★90)、新闻广播(★75)、外语广播(★61)、体育广播(★55)、城市广播(★46)、戏曲曲艺(★40)、长书联播(★29)、故事广播(★24)、爱家广播(★22)、教学广播(★22)、通俗音乐(★22)、欢乐时光(★22)。

大型门户网站的飞跃发展,已经跳出了增加广播媒介传播途径的辅助意义,而是具有深化广播的品牌内涵,提升广播媒介的接触率以及扩大广播社会影响力的更深层意义,作为单一频率的类型化广播在线上线下的发展具备了更加广阔的依托空间。

第二,播放器到网络收音机。

广播诞生早期,业余无线电爱好者通过自行专配元器件接受无线电讯号的历史早已一去不复返,广播网络化发展初期,需要通过 Windows Media Player 和 Real One 等播放器收听,现在只要下载网络收音机软件就可以收听到许多电台的节目。

---

① http://www.cnr.cn/,2012 年 3 月 11 日。

比如，"龙卷风""优听 Radio""酷狗""QQRadio"等网络收音机软件，所提供的国内外电台应有尽有，支持多种语言以及超过六千个频道在线播放。数量巨大、覆盖全世界，有新闻、财经、娱乐、流行、摇滚、爵士、民歌等各类型电台，具备云收藏功能，把收藏的电台同步到云端，随时随地查看自己喜欢的电台，支持电台节目录制，支持各类网络接入，WIFI、NET、WAP 随时随地使用，并且有电台辅助信息、电台论坛互动交流、流量监控、定时闹钟等功能。

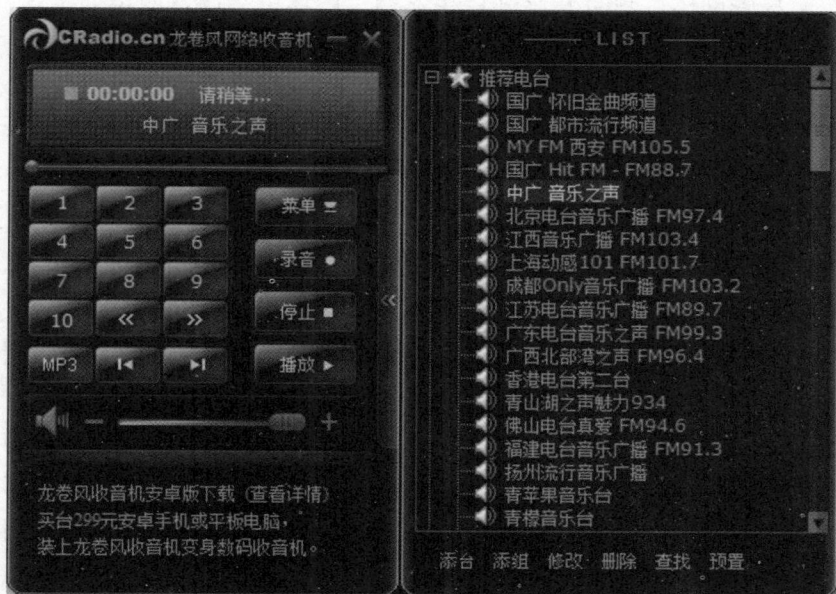

图 9–1　龙卷风收音机 Windows 电脑版

据有关汽车市场研究报告，除了车载卫星广播之外，未来全球装备网络收音机的汽车销量将增长几十倍以上，带动一系列车载应用的网络广播在今后几年内将集成到汽车电子系统之中。美国将引领汽车网络收音机市场的发展，车载网络收音机将提供信息、娱乐和导航等服务，预计网络收音机将引领车内主要信息接收与娱乐形式的一场创新变革。

　　不远的未来，打破时空限制，提供无限量广播频率的车载网络广播与卫星广播，都将来势汹涌并挑战传统无线广播，而受众的选择可以更加多元丰富，移动收听状态中广播进一步"窄播化"的趋势将会更加突出，广播的节目内容将会更加具有针对性和专业化，最终提升内容的高品质与专业化。

四、缺失的系统支持

　　尽管网络广播日益受到广告客户、广播电台以及网民的关注，但是当前网络广播并未赢得听众主要群体构成，在家中、车中收听传统广播依然是受众最主要的收听方式。据赛立信公司调查，"在各地区的收听率调查中均遇到了听众收听异地电台的情况，通过网络收听广播的城市听众大约只占 6% 的比例"。①

　　即使在世界广播媒介最为发达的美国，传统广播依然是广播产业的主力军，2012 年 3 月 19 日美国皮尤研究中心"卓越新闻计划"在其官网上发布了《2011 年美国新闻媒体状况报告》，其中音频内容部分以阿比创等公司的调查数据为依据，"2011 年插播广告依然是美国广播产业的主要来源，网络广播广告同比 2010 年增长 3%，占到广播产业收入份额的 7%"。② 这些广播产业数据显示，传统广播仍然是美国音频产业收入的主力军，网络广播和移动终端仍然是促进美国广播产业创收的助推剂。

　　类型化网络广播作为衍生媒体的子群体，在多媒体传播格局之中，无法脱离构建媒介共生环境的融合化而生存。实际上，媒介融合不断加速的步伐与网络广播式微之间的反差，反映出类型化网络广播缺失的由内而外的系统支持因素，外部环境包括广播发展的大背景、技术瓶颈、法规调整等条件，内部因素包括内容品质、经营管理等。

----

① 　邱一江、梁毓琳：《从调查数据看广播市场发展态势》，《中国广播电视学刊》2007 年第 5 期。

② 　宋青：《2011 年美国广播市场盘点》，《中国广播》2012 年第 10 期。

（一）类型化之困

类型化广播追求分众化，乃至小众化听众群体高满意度的发展目标，基本代表了现代广播媒介发展的一种前沿趋势。它所取得的成绩有目共睹，但是对我们这样一个发展中的广播大国来讲，大量广播媒介缺乏对目标受众群体心理需求的准确把握和判断，毋庸讳言仍然徘徊于受众目标的"游移"、节目内容的"粗浅"、编排形式的"无趣"等较低水准，许多频率在类型的定位、风格、样式等方面依旧存在一些争议与难解之题，尤其当受众市场与广告市场都不充分发达的情况下，类型化广播发展势必陷入局部实践的困境之中。

因而，作为紧密依赖的一种母体背景，抛开传统广播的类型化之困，率先单独实现类型化网络广播的发展只能是一种空谈，这二者本身既相互联系又相互独立，共同构成现代广播新媒体传播格局的统一整体。

（二）内容品质

互联网的自由开放以及传播主体的个性化特点都决定了网络广播的多元化、细分化走向，内容的多媒体形态应当更为丰富，播出形式集广播、电视、网络于一体，形成声音、图像和文字的多媒体传播形态。

现实情况是，我国网络广播除了一些拥有大量采、编、播人才，业务融合性强和掌控资源优势的广播电台已经形成网络广播品牌之外，如"中国广播网"、"国际在线"等，很多网络广播仍然停留在电台节目复制到"网络版"的层面，不仅只有音频一种形式的单调感，而且休闲娱乐内容占了很大比例，新闻时政、社会文化等信息量太少。

省市一级的网络广播层面，无论区域内部抑或跨区域交流合作方面，媒体之间的资源共享尚未形成，媒介融合的道路任重而道远，在传统媒体运营规制下制造内容的"复制"版，显然无法适应互联网"共享"和"开放"的运作环境对传播内容的全新要求。

1. 技术瓶颈

虽然网络广播覆盖范围大，突破时空限制，但是收听网络广播必须借助计算机网络系统，当前互联网在中国各地区普及程度的不同，限制了网络广播听众数量的增长。网络广播不仅需要高速带宽的支持，网速也会影响收视收听效果。即使有提供视频播放的网络广播，也不能直接点击收看，仍需要下载专门的多媒体播放器。

网络广播的接收设备主要通过互联网络接入个人电脑或手机，电脑体积较大不易便携操作，手机上网收听广播通讯资费也较高，国内的车载卫星广播和网络广播尚未普及，接收终端装置的研发应用甚为滞后等情况下，毫无疑问大大限制了网络广播的发展。

2. 资金制约

加入因特网的运作需要投入大量的资金，不仅包括前期在硬件系统方面的投入，也需要维持其正常运行的费用。据有关资料，英国广播公司启动网络广播的费用就高达三百万英镑，"美国之音"的初期投入也有二百多万美元。由于融资渠道匮乏，盈利模式单一，资金方面的限制，上网电台虽然数量很多，但是一般的融资规模都不大，发展也相对较慢，制约了网站设备的进一步升级改造和节目制作能力的提升。

3. 人才缺失

网络广播从具有吸引力、号召力的主持人，到节目策划、内容监管和创意的市场营销，一个不断发展的网络广播对多层次人才的需求是非常迫切的。目前网络广播和传统电台之间的管理体制不够顺畅，机制不灵活，无论媒体还是网站都不能充分整合节目资源，从而吸引并发挥采、编、播人才优势，节目质量难以达到高品质、专业化的水平。

4. 法规调整

数字技术、网络技术的不断发展，传统广播的播出形式已经发生了翻天覆地的变化，因而现行的相关政策法规也必然需要适当的调整与补充。我国现行的《著作权法》对广播组织权的规约存在缺失，网络广播无法完全控制转播权以及录制、复制权的泛用。

"《世界知识产权组织关于保护广播组织的条约》首次将计算机网络纳入广播的范围，如果草案最后能够得以通过并被各缔约国转化为国内立法，则广播组织权就能获得与著作权相当，在网络环境中的较高水平保护。"①

将广播权主体延伸至网络广播组织，有利于网络产业发展的需求，赋予网络的广播组织以专有权能够防止未经授权信号盗版行为，避免网络收视收听率的流失。

转播权是广播组织权中最重要的一项权利，"网络时代对广播组织的最大冲击在于未经广播组织许可，把通过无线或者有线传播的广播电视信号转化成数字形式在网上传播"。② 从技术特点来看，无论是无线转播、有线转播，还是网络转播其本质上都属于转播行为，都符合同时转播的特点，信号盗版影响了广播组织的可观收益。

"广播组织权的内容应该延伸至网络环境，扩大转播权的权利范围，只有赋予广播组织单独对重播进行控制的权利，广播组织才能单独提起诉讼来保护其合法权益。我国在下次修改《著作权法》时，可以借鉴《草案》的立法，为广播组织设置一个'重播权'，无论是电视台、广播电台还是网络电台，对广播节目的重播都必须得到广播组织的许可。"③

可以想见，如果广播的组织权可以对转播、复制录制，以及点播行为进行规约，则将有利于保护广播组织的权益。从国际立法来看，世界知识产权组织正在考虑制定一部在网络环境下保护广播组织

---

① 胡开忠：《世界知识产权组织保护广播组织条约制定中的问题分析》，《知识产权》2008 年第 7 期。
② 李小侠：《利益平衡视角下广播组织邻权制度的完善》，《新闻界》2010 年第 1 期。
③ 菅成广：《网络广播组织权的保护——以扩张广播组织权威中心》，《新闻界》2012 年第 1 期。

者利益的国际条约,《世界知识产权组织关于保护广播组织的条约》草案也已形成,应当说根据技术发展趋势,进而修改广播组织权范围已经成为国际发展潮流,这对于网络广播节目内容类型化的细分绝对是一个利好的趋势,但是收费获益的前提是内容与服务必须是受众认为有价值的。

五、台网一体化之道

受众的多元化需求催生了媒介竞争市场,媒介的竞争细分了受众人群,科技进步促进传媒技术进步,为类型化广播的网络化带来新的发展机遇。网络广播大致可分为以下几个阶段,第一阶段通常是将传统广播的内容拿到网站上进行展示;第二阶段是转变信息形态、打造信息内容,使之更适合网络媒体的特点;第三阶段是融入网络多种服务功能,在信息提供方面针对不同用户需求,建立特色鲜明的网站,实现大众传播向分众传播的转变。

媒介融合转型博弈的大趋势中,我国网络广播正处于第二与第三阶段的跨越征程,其中的难解之题在于广播和互联网的媒介属性完全不同,如果把传统广播看作是一条河,节目内容随着时间的流逝而不断以新代旧地变化着,分分秒秒,年年月月,永无可能同时踏进同一条河,那么不妨把网络广播看作是一个虚拟的无限容积的水库。它以日积月累的方式不断增加着内存,这种内容"累积"的内涵特征,为受众营造了庞大的在线信息库。

所以,类型网络广播这种广播形态既不应该是传统广播的简单复制,也不应直接叠加互联网多元化媒体形态特性。网络类型化广播的未来走向,关键是如何设置网络广播独特的编排传播方式,探寻与广播台网一体化的共生之道,如何找准与各类媒体的差异优势,建构符合自身特点的媒介生态环境。

相对一般化的网络广播相言,类型化网络广播的社区化、互动化特征更为显著,运营规划与设计的核心要体现出各种不同类型的网络广播，在内容风格、受众细分层面的差异化策略，更多为用户提供可以相互交流和分享的互动环境。

（一）以用户为真正核心

创造优质的视听体验，通过简便易行和无障碍化，使用户感受愉悦的信息接受过程。首先，充分发挥网络交互迅捷的特性，让受众积极参与到类型化网络广播节目的流程之中。节目的前期策化阶段，邀请网友献计献策，倾听他们的兴趣与建议；节目制作阶段，可以广泛征集并优选网友自制的节目内容；节目的播出阶段，可以通过网络聊天室或者微博实时获悉听众的感受；节目播出后，及时总结听众的反馈，以便更好地进行下一轮节目的策化与制作。

网络传播信息环境下，类型化网络广播传播模式的转向即 DIY 模式，DIY 的含义就是 do it yourself 的英文缩写，原意起初指电脑拼装，逐渐泛指为自己动手做事，无需专业能力与素养的限制要求。基于网络的内容生产 DIY，就是全民出版、全民传播的意思，是一种全新的内容生产与传播模式。

DIY 是大众文化崛起时代的产物，也是在网络技术的支持下得以实现的一种内容生产方式，因此它也应该成为网络广播发挥优势核心竞争力之所在，DIY 模式的表明在现实社会中，传受双方在拥有传播资源以及传播能力等方面存在差异，完全平等的传播关系较为少见情形下，力求达到传者编码与受众解码同向解读的一种积极举措。

让广播用户创造内容，就是广播媒体通过强大的网络功能，利用播客等资源，选择精彩的播客节目内容，通过传统广播电台和网络电台、网络音频资料库等平台播出，使广播媒体更加贴近受众、贴近社会。DIY 模式是广播媒体与互联网更高层次和更为深入的融合形式，网络广播应积极重视并利用这一新的传播方式，促进受众自由表达观点，加大传者与受者之间的互动，主动迎接用户创造内容时代的到来。

从 2006 年开始，浙江杭州市余杭电台创建丽人广播，策划设计以播客为主题的时尚娱乐板块，该台主创人员在节目开办之初就通过门户网站，将播客制作的技术标准和流程以简洁易懂的方式告知听众，让听众了解播客并且参与制作，通过播客表达生活中的喜怒哀乐和各种诉求。节目开播两年后，共有近千个作品在节目中播出，大批听众制作的优秀播客成为节目的主要内容，播客秀利用丰富的声音题材、音乐题材、个性谈话，听上去有意想不到的效果。"这些播客作品表达了一个创新的概念，每一个播客都是一个听众，每一个听众也可以是一个播客，积极引导播客作品的思想性和艺术性，推动类型化广播线上线下的发展。"①

以用户为中心的另一个重要理念就是为不同用户提供个性化的内容定制，也就是 RSS 的理念。通过应用 RSS，用户只需将感兴趣的内容订阅在一个 RSS 的阅读器之中，这些内容就会自动出现在用户的阅读器之中，无需花费大量时间筛选他们所关注的资讯。

（二）重视微内容提升关注度

所谓微内容，在此涉及类型网络化广播中所包含的一些最小独立的内容数据，如一个内容链接、一篇网志、一张图片、音频，视频，一个关于作者、标题的元数据等等。这些微内容是数字化与传播内容碎片化交互作用的结果，同时也构成了"长尾理论"的实践基础。

"长尾理论"是由美国学者克里斯·安德森提出的，根据他的观点，网络时代由于对信息关注成本大为降低，人们可能以很低的成本关注正态分布曲线的"尾部"，关注"尾部"产生的媒介总体效益甚至会超过"头部"，这是因为，真正能够引起一个媒介质量评价以及竞争差异的东西就在厚厚的"长尾"当中，这个"长尾"不是所有人都需要的，甚至它和大家的共同需要可能是无关的，它

---

① 费菲：《广播业：行进在与网络的互动和融合之中》，《现代传播》2009 年第 1 期。

只是针对专门的需要、分众的需要。"长尾"的内容决定一个媒介的价值和它的竞争力所在。类型化网络广播对微内容的生产、经营、整合凸现了 Web2.0 时代产业的根本要求，是媒体自身附加值的体现。

例如，每年一次的江苏广播十大名优节目优选，融合了主持人视频推介、新增了听众微博关注，各类文字图片音视频资料一经在江苏广播网公布，每年都能收到听众大量的网络投票和短信投票，最受欢迎的节目网络投票点击率大约超过了 60 万。

新浪"微电台"节目是新浪网推出的将传统电台节目与微博相结合的全新产品，具有典型创新意义，于 2011 年 5 月 10 日正式上线，突破了以往收听电台的地域及终端限制，使网友在浏览微博的同时，也能收听到自己喜欢的电台节目，在"边听边聊"过程中，听众可与主持人和其他听友通过微博实时互动。2011 年 12 月 7 日，微电台改版升级，实现了 PC、MAC、iPad、iPhone，Android 全平台流畅播放，收听与参与节目更加随心随意，电台网络社交化节目给受众带来全新体验。

新浪网"微电台"所拥有的加盟电台数量、主持人以及受众规模的数量相当可观。新浪网有近 300 余家微电台，三千多名 DJ 加盟新浪网，账号粉丝超过 50 万人。微电台节目类型充分发挥传统广播内容的原创优势和品牌效应，利用网络媒体为传统广播发展服务，最终实现传统广播和网络传播技术的深度融合——引导听众成为网友，把网友变成听众，创造传统广播与网络广播 1+1>2 最大化的受众资源。

同时，微电台节目实现现代广播"族群"传播理念向新媒体平台的拓展迁移，维系"族群"关系的因素不仅出于受众的共同偏好，更由于受众在电台"虚拟空间"内小范围内聚合形成的共同归属感，所以不难理解"电台节目营造的'族群'氛围是社会真实'族群'身份的一种映射，通过电台分享共同的节目类型，可以强化现实社会个人的'族群'认同关系"。①

从传统广播与新媒体竞争融合发展的角度，正如麦克卢汉所言"媒介即信息"，新浪微电台开创听众感知和认识广播媒介新的方式，改变传播者与受众的之间的关联，创造出新的社会传播行为类型。以传统广播优质原创内容为基础平台，集纳全国各地的高端广播品牌，打造新媒体传播的广播联盟。

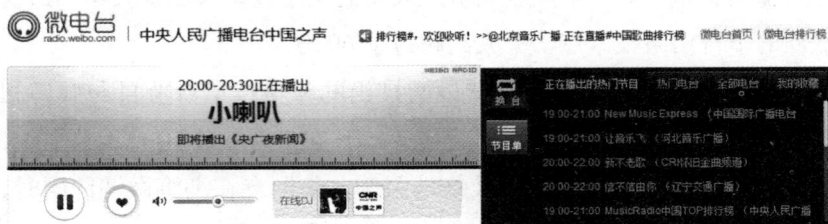

图 9–2 新浪微电台界面

（三）构建更具有互动性的交流空间

施拉姆曾经提出的循环模式适合于人际传播模式，然而五十多年后的今天，传统媒体与网络的融合所带来传播模式的演变，创新强化社会传播的互动性，把传播双方都看作是传播行为的主体。这与施拉姆曾在循环模式中重点解析传播过程的每一方在不同阶段都依次扮演着译码、释码、编码的角色，并且相互交替着这些角色的设想，可谓在媒介历史的变迁中产生了一次"穿越"。

网络必须超越单一"内容为王"的局限视域，推动传播模式从传统的内容平台加速发展到社交关系平台。目前网络广播、网络电视、手机电视等衍生媒体发展现状表明，"内容"的地位正在悄然转型，而"关系"平台的经营正在成为一个新的着力点。当今数字化网络时代发展的主要趋向就是把人与内容的关系转变为人与人之间的关联。即以内容原创为基础纽带，围绕微博、论坛、即时通信、博客等

---

① 孟伟：《当代广播"族群"传播理念的应用》，《当代传播》2006 年第 2 期。

网络应用热点，构建广播新媒体受众新的关联。这种模式呈现出以人为中心的高频度互动，形成各种特定主题下的用户聚集。打开 www.netfm.com.cn 的网页，最引人注目的莫过于一个收音机模样的聊天室，所有的听众都可以通过个性化的匿名或者游客身份与在线主持人或者编辑聊天。据统计，在线聊天功能是 NETFM 网络广播受众使用最多的服务之一。

2013 年 1 月 22 日，人民网舆情监测室发布《2012 年新浪媒体微博报告》。"中国之声"、MusicRadio、青岛交通广播、"经济之声"、HITFM 国际流行音乐广播、环球资讯广播、中央人民广播电台、FM 汽车广播、937 江苏新闻广播、直播新疆入选十大电台微博排行榜。"中国之声"以大约 343 万微博粉丝数量，互动指数 0.0551 荣登榜首，抓住传统媒体与互联网的互动融合，对广播事业发展具有重大意义。

因此，优化自身内容质量的同时，必须为用户提供网络社区等自如的交流平台，以彰显新媒体衍生媒体的传播优势，克服其传播的劣势方面，提升受众对新媒体业务的偏好度与忠诚度。维系新业务的关键在于共享者彼此的交流、信息互动与情感共享，从中产生新的反馈，有利于吸引新的受众继续加入。某种意义上看，类型化网络广播的社交关系平台的创建的关键在于聚合受众的号召能力，以及提供丰富多元有价值的信息。

（四）与商业化网站的合作链接

网络广播的内部不仅要构建互动交流的平台，同时必须通过外部链接形成一个更大的网络环境。较之商业化的网络电台，类型化网络广播从发展实践以及运营业务等方面尚存一定的差距，尤其在受众市场的竞争方面，网络电台具有先发优势，在年轻的受众群体之间已经具备一定的知名度和稳定的受众群。而类型化网络广播受到自身影响力局限、推广力度较为薄弱等原因限制，只有通过与运作较好的商业化门户网站或者网络电台合作，通过链接或者其他方式，拓展网络推介空间，以达到事半功倍的传播效果。由于商业化网站与类型化网络广播在播出平台、内容资源、运营途径等方面存在较多的互补优势，所以这两者的合作大有可为，关键是找到有效的合作支点以及合作形式。比如，北京电台外语广播以及网络版 netfm 于 2009 年举办了"全球汉语故事大赛"，通过主动与优酷合作很大程度上扩大了活动和网台的影响力，而"优酷网"也籍此获得丰富的内容资源，二者合作取得双赢的效果。

第二节　网络电台的类型化

代表广播网络化和网络化广播发展的不同侧面，与网络广播类似又具有根本区别的另一种新媒体形态是网络电台。网络广播与网络电台的共同之处，都向听众提供包括在线收听、下载以及多媒体信息服务，但是二者在受众群体、内容语态方面有显著区别。网络广播的传播主体是"广播"，无论节目编排还是内容语态，首要遵循的是传统广播信息传播的规律与特质，网络只是对传统广播内容的延伸和补充。

网络电台的传播主体是"网络"，主要针对互联网年轻受众群体，语言形态更强调活泼个性化，内容更具草根大众化，播出时间符合网民的上网时间规律，同时拥有原创的节目以及"播客"上传与RSS 聚合等独特的互动方式，四通八达的互联网络代替了传统电波的发射塔。

1995 年 4 月位于美国西雅图的"进步网络"在其网页上放置了一个 Real Audio System 的试用版软件，提供"随选音效"服务，标志着世界上最早网络电台的诞生。早期美国网络电台以 Napster、eMusic 为代表，主要提供音乐下载服务，后来经历"音乐版权"风波之后，转向提供收费性质的正版音乐下载服务，通过收费订阅项目向移动电话以及其他接入互联网设备的用户提供无限音乐流媒体服务。

我国最早的网络原生电台开始于 2003 年前后，作为中国最早的网络电台之一的"猫扑电台"开办于 2003 年 9 月，是全国第一个开通网络直播节目并且一直坚持到现在的非盈利电台。中央领导高度重视网络电台、网络电视的影响与作用。2005 年 6 月 19 日，胡锦涛总书记批示："网络上的新事物层出不穷，互联网新媒体网络电台对青少年影响日益增强，如何兴利抑弊，善加利用，需很好研究。"中央有关领导也多次批示：创办"名牌网络电台"，"不断拓展对外宣传新渠道，大力发展互联网在线视听"。在这一背景下，国际在线于 2005 年 7 月 13 日正式开通多语种网络电台，是当时中国首家由官方网站开办的综合性网络电台，其精品节目除了覆盖全球外，还在国内外多家传统广播播出，以及新浪微电台、喜马拉雅电台、龙卷风收音机、PPTV、蜻蜓 FM、优听 Radio 等，截至 2013 年 2 月，国际在线网络电台五次荣获"中国互联网站品牌栏目"称号。

2005 年 7 月，中央人民广播电台在人民大会堂举行中国广播网网络电台——银河台开通仪式。银河台致力于打造集娱乐、资讯、知识、情感、教育节目为一体的网络时尚乐园。节目制作区别于传统媒体的模式，内容、形态、风格、理念等方面均立足于网络特点，符合网络文化传播规律。技术上银河台实现了固定网、移动网、广播网络的三网合一，网民可以通过因特网和手机两种方式收听、点播，甚至参与制作银河台的节目。从开播至今，银河台经历了大时段联播——专业化——类型化三个阶段的改版，鉴于中央人民广播电台在创建网络电台方面所取得的成就，2011 年 7 月，亚太广播机构把"2011 最佳网络电台"授予了中央人民广播电台银河台。

目前我国网络电台的创办主体分为三类，一是依托国家级媒体网站或各地方媒体网站而创办发展起来的，如银河台、国际在线以及陕西菲斯特综合广播、沈阳"大耳朵广播秀"、大连彩虹台等，具有国家政策支持、强大的平台优势。二是由商业网站的音频服务发展而来，如 QQ 之声、21cn 国语广播，这类网络电台主要具有资本优势、技术优势与较为完善的市场运营经验。三是个人创办并通过管理团队运作，如欧雪天音网络电台等，网络电台的另一种个人化形式是"播客"，"播客"是个人性质的自我展现，带有草根色彩的小众或个人化传播、口语化的制作特色。"胖大海""反波""喜糖音乐"等目前是国内知名度较高的"播客"，主要内容以"娱乐""流行音乐"，或者是个性化的言论为主。

总体看，知名度较高的综合网络电台有：喜马拉雅电台、银河台综合频道、华语之声综合频道、子夜声线网络电台、猫扑网络电台、萤火虫网络电台、珊瑚虫之声网络电台、海底城堡网络电台、绿城网络电台、远信网络电台、欧雪天音网络电台等。"一网打尽"尽可能较多听众的综合编排模式比较普遍，大多数网络电台仍然属于多品类内容设置，不同节目之间有序交叉。比如猫扑电台的内容包括新闻类、音乐类、情感类、电影类、欣赏类、娱乐类等内容。珊瑚虫之声网络电台设置有新闻信息、音乐娱乐、方言节目、心情之旅、有书天天读、动漫天地等栏目。

对网络听众的收听需求进行细致规划，以明确的内容定位和群体目标，有所选择并且有所侧重，好似在网络信息密林中设置了清晰的"路标"，引导网上听众选择收听，网络电台类型化的"标签"相当明显。比如青檬网络电台以"服务青年、娱乐青年"为使命，分设青檬音乐台和青檬体育台，百度电台联盟、千千静听、搜狗音乐盒等百家音乐盒中，青檬均居第一位，青檬音乐台 24 小时播出，听众年龄多集中于 16 岁至 28 岁，日收听人数 11 万余人。

根据电台世界（www.fifm.cn）与电台之家（www.loveradio.com）链接的网络电台，从内容、流派、风格、受众群体等层面划分，主要的类型大致见下表：

表 9–2　我国网络电台类型一览表

主要类型	网络电台名称
新闻频道	安徽网络电台新闻频道
流行音乐	青檬音乐台、iRadio 网络音乐台、花开网络电台、萤火虫网络电台、态度音乐网络电台、积木音乐、完美音乐在线、纯白网络电台、AsiaFM（亚洲联播网）
古典音乐	银河台古典音乐频道
中国民乐	银河台中国民乐
摇滚音乐	摇滚北京
原创音乐	和声音乐台
青少年群体	广东青少年网络电台、华语之声新青年频道、中国校园之声网络电台、黑龙江高校广播网、南宁大学生网络互动电台、芒果Radio、99 网络电台
移动人群	地铁 0 号线（地铁人群）、口袋电台（wradio.com）（手机用户）
公益性质	中国同志之声、中国残疾人公益之声
游戏玩家	传奇世界、诛仙网络电台、新浪游戏电台、梦幻西游网络电台
旅游资讯	旅徒户外网络电台、黑皮驴声户外旅游电台、安徽网络电台旅游频道
戏曲曲艺	QQ 之声幽默相声、银河台相声小品、银河台评书频道
文学	银河台有声阅读
方言	21cn 粤语网络电台

　　表中显示出网络电台内容的关键词是：流行音乐、游戏娱乐，突出迎合了年轻受众群体轻松休闲的需要，洞察海量网络信息映射出社会之"拟态环境"，能够从不同维度分析我国网络电台类型化现状的形态特质。

一、内容与群体分合

　　细分内容资源，打造高品质网络播出平台，已经成为网络电台凭借内容优势资源竞争的首要选择。

（一）内容的细分整合

与商业网站和个人开办的网络电台不同，银河台与国际在线作为国家级网络电台具有政策优势，"无论是中广网银河台还是国际 Inet 电台，作为国家级网络电台，拥有最重要的资源——平台资源。这种天生的依托强大母体的网络电台从诞生那天起就拥有这一优势"①。

根据中国广播网丰富的内容资源，以及中央人民广播电台优质的节目原创能力，银河台发挥自身的内容优势，突出个性创意、思想无限、开放互动、时尚前卫的理念，分设综合频道、有声阅读、古典音乐、中国民乐、相声小品、评书频道，分享链接央广各套频率的日播节目，推出优质音视频作品，整合中国广播网、中国广播联盟、全国高校广播联盟资源，提升网络电台的整体水平，银河台目前已经形成多种广播形态内容互补、资源共享的良性互动态势。

国际在线联合多家唱片公司推出类型化网络音乐广播，设立了都市流行、怀旧金曲、乡村民谣频道。豆瓣电台经过不断完善，目前已经提供私人频道和公共频道，其中私人频道主要依据注册用户的收听喜好推送个性化的歌曲，公共频道则细分为华语、粤语、欧美、法语、日语、韩语、爵士、电子、R＆B、说唱、摇滚、民谣、电影原声、轻音乐、女生、动漫、咖啡、童年、七零、八零、九零等大量细分频道，最大程度满足听众的个性化需求。

专门推介某种类型的专业化内容，另辟蹊径的网络电台，比如摇滚北京就是一家专门推介原创摇滚音乐和非主流音乐的网站。

为了更好地优化整合内容资源，一些网络电台借力互增频道类型，既弥补了内容的不足，又借助对方平台传播自身，从而拓展商业运营。比如，"腾讯网"的 QQ 之声不仅与北京达人文化传播公司合作推出"秀 Radio"频道，而且联合中国国际广播电台推出"都市流

---

① 栾轶玫：《国家级网络电台的发展空间与策略研究》，《中国广播》2006 年第 10 期。

行"频道，并与四川岷江音乐台联合创建"岷江音乐"频道。

表 9-3　QQ 之声的类型频率组成及内容定位①

频率编号	名称	定位	口号	主办单位
第一频率	欢乐派对	综合内容	分享你我快乐	QQ 之声
第二频率	音乐休闲	好歌流行	音乐休闲、好歌不断	QQ 之声
第三频率	秀 Radio	娱乐八卦	娱乐无处不在	QQ 之声与北京达人文化传播公司
第四频率	都市流行	时尚音乐	品味老歌，感动生活	QQ 之声与中国国际广播电台
第五频率	幽默相声	爆笑经典	幽默风向标，每日精彩不断	QQ 之声
第六频率	岷江音乐	享受音乐	流行音乐	QQ 之声与岷江音乐台

（二）目标群体细分整合

在群体细分方面，以"中国同志之声"网络电台为例，它是中国最早建立的非盈利性质的"同志"资讯网络电台，致力于推动促进公众对"同志"群体的了解与认同。

关于群体的整合，针对网络游戏玩家，为网络游戏厂商提供专业的游戏内置音频服务的网络电台已经出现，每日播出时间16：00—01：00，金酷游戏电台是一个结合了网络游戏——生肖传说：魔界和诸侯三款游戏的特色，建立的大型网游类网络电台，以轻松、娱乐、温馨为风格特点，让玩家在游戏的同时，享受点歌、装备竞拍、游戏问答等互动节目与听众交流。

依照类型对网络电台的多品类内容进行划分，方便于网民找到多个感兴趣的分类标签，丰富多元化的节目分类能够增强网络电台的整体竞争力。当然，这样网络电台的类型化需要较为充裕的人力、资

---

① 王春美：《网络电台的内容编排及互动策略研究》，《中国广播》2010 年第 1 期。

金以及足够的节目制作播出数量作为平台支撑，否则就会造成内容粗糙，水准较低。内容单一的类型化网络电台，如果坚持节目内容和形式创新，在高品质专业化的内容上下工夫，同样也可以把节目做好做出特色。

细分与整合的优势在于：

第一，类型的结构关联。

指网络电台信息设置链接之间的关联，类型的划分及其之间的超链接形成一种无比丰富的信息结构，而且在不断的成长变化，它的"长尾效应"成为许多不同领域背景的人都可能感兴趣的的一组结构。

第二，信息挖掘优势。

"信息挖掘"，它与"信息搜索"在信息的提供方式上存在差别，尽管搜索引擎是最重要的信息搜索工具，但有时受众的某些特定信息需求也是搜索引擎无能为力的，这时网络电台主持人（NJ）通过收集多篇网页中的信息而不是某一篇网页的信息，综合互联网上广域海量动态的信息内容，发挥再分类重组的功能，使得听众可以便捷地获取自身感兴趣的内容。比如，萤火虫网络电台曾经与《海盗王online》联手，播出的都是《海盗王online》游戏里的是是非非，这是进入21世纪网络游戏休闲娱乐的另一种新方式，给游戏玩家和听众带来与众不同的体验。

第三，用户行为分析。

与受众在网络电台留下的访问"足迹"相关，比如受众收听过哪些歌曲，收听每一首歌曲停留了多长时间等等，分析这些数据信息，也就是理解用户的个性化关注，如果将此类信息的性质和产生它们的具体用户的特征关联起来，就可能对用户提供个性化的精准服务。

二、社交媒体与交互

网络电台的受众是一个喜欢新鲜和变化的年轻群体，追求时尚、思维活跃，对时下热门的娱乐方式和热门话题有很强的参与意识。

网络电台的节目设置和编排自由度较高，网友与网友之间、与NJ之间互动的内容往往容易成为节目的主导，网友参与节目的积极性也由此受到鼓励。"猫扑电台"的台标是"每个人的心中开出一朵小花儿，让更多人听见更多的声音，共同体会聆听与被听、理解与被理解、感动与被感动"等积极向上、温暖励志的话语。

网络电台吸引受众的"秘籍"在于：针对目标受众群体，围绕深度契合目标受众群体心理的精细内容，展开让信息音乐化，让音乐情感化的亲密网动，与网络听众之间的互动更加活跃便捷。

网络必须超越单一"内容为王"的局限视域，从传统的内容平台发展到打造社交媒体关系平台。更进一步看，"内容"的地位正在演变转型，"关系"平台的经营正在成为一个新的着力点。当今数字化网络时代发展的主要趋向就是把人与内容的关系转变为人与人之间的关联。即以内容原创为基础纽带，围绕微博、论坛、微信、博客等网络应用热点，构建网络电台受众新的关联。这种模式呈现出以人为中心的高频度互动，形成各种特定主题下的用户聚集。

网络在优化自身内容质量的同时，必须为用户提供社区化平等自如的交流平台，以彰显新媒体的传播优势，克服传播的劣势方面，提升受众对新媒体业务的偏好度与忠诚度。维系新业务的关键在于共享者彼此的交流、信息互动与情感共享，从中产生新的反馈，有利于吸引新的受众加入。从某种意义上看，网络电台社交关系平台的创建也可被视为不可或缺的"仪式"，这是另一个侧面对麦奎尔"仪式传播模式"的生动诠释。

新媒体的制胜点在于聚合受众的动员能力，提供有价值的信息与吸引力的内容，社区化网络电台带来更多的用户互动与丰富交流，使其使用价值与吸引力价值都大为增加。

（一）节目与专题互动

以 CRI 都市生活广播为例，这是一家针对都市白领，打造以办公室生活话题为主，分享生活乐趣的网络类型化电台，宣导的理念是在人际关系暗流汹涌的办公室当中，人们所有的快乐都是因为人与人的不同和世界的多样。

早间版 9：00—11：00，第一小时资讯节目选择与白领贴近的信息，如环球趣闻、网络热点、生活资讯、产经报道、娱乐动态，突出网络 2.0 特色让网友和主持人一起推荐当日最有价值的资讯。第二小时为两个主持人搭档，讨论职场话题的时间，展现办公室当中的人情练达、职场趣事、幽默心得，针对时下年轻白领人群在办公室的喜怒哀乐，用平视的调侃发现生活多样的乐趣，引导受众的心态更洒脱、更积极。

11：00—13：00 为《CRI Top 流行榜》和《音乐帮帮忙》的互动板块，13：00—15：00 午后版的话题，更多关注年轻白领生活层面，在办公格子间之外形形色色的生活与烦恼。

15：00—17：00 为《办公室恋物志》，节目中通过话题设置，以物言志，构建生活情趣分享的氛围并以此来强化生活消费欲望的节目。每天的主题是：浓情巧克力、顶级办公室女郎、梦幻数码世界、浪漫情人节、旅游等等。

17：00—19：00《办公室 36＋1》是针对听众的职场困惑出谋划策、缓解心理压力、疏导负面情绪的节目。每天通过一个具体的个案，以听众录音或者论坛帖子的形式引出问题，尤为注重与网友、知名的职场心理专家和主持人多方深层互动探寻良策。

除了在节目直播过程中互动，有创意的专题活动也是吸引受众关注的亮点之一，积极开拓多种渠道和途径，加大与受众积极互动的层面。例如，CRI 怀旧金曲频道"活动新闻"专栏于 2012 年推出六一儿童节特别活动、七夕情人节特别活动、父亲节特别直播、爱心主题月活动、张国荣逝世七周年特别纪念、中秋节"写一封家书"，以及"金卡带"奖等一系列活动。

（二）通讯工具即时交流

通过 QQ 群，NJ 可以与在线网友沟通聊天，了解听众的兴趣爱好，听取他们对节目的建议想法，也可以通过"微博"互为粉丝，或者在"微信"的朋友圈里共同关注彼此感兴趣的留言、图片、视频等等。利用各种辅助通讯工具，造就网络电台特色在于"音乐游戏情感与社交娱乐相结合"的社交型网络电台，网络电台可以利用这样的平台进行营销，开展线上广告、付费点播、开通无线增值业务等等。

网络论坛也是重要的交流平台，许多网络电台设置"听友之家"或者"论坛园地"，作为在线聊天互动的一种补充，对其充分加以利用有几项功用：第一，作为节目推介的渠道，论坛上预告节目、嘉宾或者推广 NJ，还可以上传往期节目；第二，借助论坛加强与网友的交流，开设网友留言信箱，引导网友交流节目收听体会，搜集节目改进建议；第三，为增进与网友感情纽带的加深，推出听友生日专区，搜集生日记录，适当时候送出祝福，或者设置歌曲点播帖子，供网友点播歌曲，细心周到的人性化设计是聚拢网络听众的重要策略。

（三）创意线下活动

线下活动也是网络电台倾力而为的举措，策划各类声势浩大的活动，借助更多的方式加大传播知名度，在目标听众中间塑造深刻印象，青檬网络电台四周年台庆活动中，演出了台庆话剧《接班人》，并为第四届北京高校青春歌会和第四届北京高校电台主持人大赛的获奖选手进行了颁奖仪式，活动取得圆满成功。

华声公益网络电台是专门为盲人朋友服务的，其中的一项活动就是制作有声电影，根据电影情节撰写讲解词，每部电影的讲解词在 2 万左右，然后由专人录音，再将电影的音轨与其混编，发到网络电台，使盲人朋友也可以无障碍听电影。

2008 年年底国际在线网络电台举办"人人都是大歌星"听友见面会，精彩绝伦的真人秀、硝烟弥漫的方阵对抗、热辣搞笑的游戏……更多惊喜大奖等待可爱的电台听友，"以歌会友、以歌传情、共庆新年"，让节目点亮网络的每一个角落，让欢乐的活动温暖每一个热爱生活的听友。

观察青檬音乐台、CRI 各类型化频率发现，这些社区不存在明确准入边界，网友之间互动有时围绕"标签"的内容展开，有时建立在"好友"功能的人际认同之上。网络电台的新型社区正是靠这些关联的纽带形成，最终这些纽带编织成复杂的成员关系网络，社区呈现动态、不断扩展的多变形态。此类新型网络社区的链式结构较为松散，灵活的结构关系，使社区成员的集中交往并不多，更多的交往是一对对成员之间的个别交往。"这样一种社区里，既有强关系链条，也有弱关系链条，强弱的对比处于动态变化之中，不同的时机和条件下激活的节点数量不同，形成的社区规模也就不同。"①

作为社交新型关系平台的网络电台，唯有采取多样充分的互动方式，才能够不断激励受众潜在的多元兴趣与情感关注，渐进培养受众对媒介的忠诚度与美誉度。这好比在一场戏之中，在主要的引起悬念的弧线上，必须加上一些唤起种种次要悬念的因素而产生的次要弧线。只有主要弧线与次要弧线的相叠，就会开启带给听众兴奋与期待的互动按钮。上述互动形式的三个方面，如果缺少哪一方面或者哪一部分薄弱了，听众的关注度都会在网络的信息汪洋中随时淹没，网络电台当然无法被听众所关注。

三、草根话语的空间

"草根"直译自英文的 grassroots，草根文化在我国是伴随改革开放思想、意识观念革命、科技进步、市场经济发展、创新 2.0 逐步引发的社会创新形态、社会形态变革及其带来的社会大众道德观念、爱

---

① 彭兰主编：《中国新媒体传播学研究前沿》，中国人民大学出版社 2010 年 3 月第 1
　　版，第 45 页。

好趣味、价值审美等社会背景变化，出现的文化多样性发展趋势，进而在民间产生的大众平民文化现象。

陆谷孙主编的《英汉大词典》中把 grassroots 单列为一个词条，其释义是群众的、基层的、乡村地区的、基础的、根本的。网络传播作为一种匿名和多元化包容性最强的媒体，自然而然成为滋养草根文化的温床，某种程度上网络电台是草根文化的彰显。

网络电台代表的草根文化是由特殊群体形成的一种特殊文化潮流，是一种"副文化、亚文化"现象，这类平民文化现象没有既定规律和标准可循而处于动态的变化进程，是社会民众的一种诉求表达，折射出社会民众的一种生活消费以及心理需求，是与主流、精英阶层相对应的大众阶层，网络电台"草根文化"的特性表现在：

第一，节目编播人员的业余化。

商业网站以及个人创办的网络电台从业人员，大多出自对网络电台共同的兴趣与热情聚合而来，主持编播由非专业人员构成而且并无薪酬，确切地说这是典型的"志愿者"联盟。

NJ，全称（Net Jockey），直译为"网络骑士"，也就是网络电台主持人，伴随信息化数字音乐发展起来。许多网络电台网页上的招聘启事中对主持人（NJ）有如下需求：拥有固定、安静的上网场所和高于 256K 的网络连接速度；拥有一台性能稳定的私人电脑，配声卡和麦克风，熟悉电脑操作；普通话标准流利，口齿清晰，音色较好，具有较强的语言组织能力和表达能力；每周应保证在固定时段播出节目，热爱网络主持事业，有敬业精神，责任心重，学习并掌握网络直播软件，有良好的创新精神团队精神以及自身的风格特长。这也几乎是众多网络电台招聘编播人员的标准，对节目主持丰富的经验与出色能力并无要求，所以只要符合上述基本条件的人员，都可以从网络电台"草根主持"开始，开启主持人的梦想。

通过对中国非常 NJ 网、国际电台 NJ 交流区等国内十余家知名 NJ 云集的网站进行观察后发现，NJ 大多为 20 岁左右，经常接触网络的年轻人。他们中的大多数人有的还是在校大学生或者刚开始工作不久，只在业余空闲时间策划制作节目。与 DJ（Disco Jockey）——"唱片骑士"，即传统电台主持人不同，NJ 拥有更加宽泛的自由度，不会受到媒介传统"把关"机制的限制，只为个人或者群体的兴趣做 NJ，在 NJ 中发现乐趣，大概是许多年轻人充当 NJ 的原因。流行的音乐、轻松自由的风格、个性的独特张扬与网友的亲密互动是 NJ 最大的追求。

网络电台对其他如导播、音效制作、节目策划等岗位也并未明确要求专门职业履历，大多编播人员的业余化使之在语音规范、综合素质、职业能力等方面都与专业传媒人员存在一定差距，但是他们身上朝气蓬勃的个性风采，以及对网络电台事业的挚爱热诚，赢得许多网上听众的支持。尽管 NJ 出现时间不长，但是从百度、GOOGLE 上共搜到十多万条项目的 NJ，可见其受到热捧的程度。

第二，志愿者的松散联盟。

许多网络电台并不具备像传统广播一样严格的组织制度管理，而以较为松散的"义工"组织或者志愿者联盟构成，有些工作人员并无薪酬，来自全国各地或者全世界的招募人员只需具备一台上网电脑，熟练掌握音视频录制技术，上传节目作品即可。

如此的组织架构与传播情境，使得网络电台的文化生产机制没有经过组织"把关"机制的引导规范，没有经过文化精英的加工改造，它充溢着大众的思想观念，直接来源于民间，成长于民间，本身就是"草根文化"的一种彰显。随着网络电台数量不断增长，对其规范管理势在必行。有些网络电台已经意识到这一点，对 NJ 制定了明确的规章制度进行约束，流行电台要求与应聘 NJ 共同签署一份协议："节目内容坚决不涉及政治、军事、宗教问题及人身攻击性及任何敏感话题；不利用流行网络电台的名义在外做一切不符合法律的行为；服从流行网络电台的各项规章制度，积极制作优秀的节目。节目语音内容保持原创，确实有必要引用其他电台的内容是特别说明，严守流行电台保密协议。"①

以欧雪天音电台为例，它的前身是欧雪天音文学社，由创始人许若依发起组织，它的个性风格定位是一个资源平台、一个桥梁者的角色、一份与大众主播共同的命运。其前身欧雪文学社以欧雪论坛为基础发展，辉煌时曾聚拢上百个 QQ 群，近六千名作者，作品上千部。实质上，欧雪天音网络电台诞生于主播群之间，更多利用和整合资源为来此平台的主播和听众服务，以现有成员为基轴，向外快速辐射扩展……

松散联盟形式既给其成员带来不受约束的自由与活力，也无法回避组织规范的松散该如何确保节目质量与数量的问题。欧雪天音的发展目标是："一切是那么的草根，一切又是那么的正规，不同于一个松散的组织，不同于一个'站壳'，坚以奉行高效率和执行力，有效规范义工组织，体现自身的价值目标，得到志愿者的认同和长久支持"，这个理念值得其他网络电台效仿。

第三，偏离社会核心议题。

网络电台对于 NJ 文化自由个性的依附和支撑，构成其"草根文化"话语空间的现实依据。网络电台的听众主要是年轻上班族和学生，每天的工作学习生活非常忙碌，需要快乐的休闲节目让他们彻底放松，所以快乐自由、八卦无厘头，寻求个性张扬的节目非常受欢迎。一个 NJ 曾谈到网络电台带给他最大的乐趣时说："最开心的事情就是和朋友去唱卡拉 OK 时偷偷录下朋友唱歌走调的片段，然后在节目里播放，同时还要通知朋友今晚节目特别好听。"网络电台 NJ 怎样做节目才能让网络听众得到最大乐趣，完全由他们自己决定，所以类似奇特搞怪的节目在网络电台中比比皆是。

为了博得网上听众的关注，一些主流广播电台无须关注的边缘化内容都往往在网络空间找到一席之地。在百度搜索中输入"网

---

① 李秀磊：《经营广播》，北京大学出版社 2010 年 4 月第 1 版，第 149 页。

络电台话题"关键词，显示"微话题——一起聊聊吧"网页的讨论
是："一个武汉妹子写给李双江的信……，救救我，我要举报的贪官
要……，张曼玉张国荣旧照曝光，情谊深……看中国实名举报人的下
场……，史上最内涵的短片，据说 youku……"，等等。

网络的多元开放性为网络电台的边缘化内容提供了相应的传播
空间，边缘化议题呈现的社会深层原因之一在于，社会性格边缘化的
集体无意识。佛洛姆对社会性格的定义是："同属于一个文化时期绝
大多数人所共同具有的性格结构核心，它不同于个人性格，也不是一
定文化时期绝大多数人性格特征的简单相加。"① 社会结构和人的本质
支配社会性格，它相对独立并可能以非理性的方式反作用于社会结构
和人的内心。

社会性格在网络电台的集体无意识体现，就是主要集中于音乐、
情感、文学、体育、游戏等内容，张扬了幽默无厘头个性风格，尽管
迎合受众轻松娱乐的需求，但是却无视社会核心议题，偏离了社会发
展的战略中心，以及重要性、紧迫性和管理成本相对较低的公共事
务，过分涉及具有争议性、人情味或奇观色彩事件。对这种表象的合
理解释原因之一就是人们通过搬弄社会边缘议题，力图回避现实危
机，以显示消极之中的有聊之感。尽管对边缘议题的关注标志公民社
会的崛起，但是回避漠视社会公平正义、民主政治、环境和食品安
全、人的全面发展等更加重要的核心议题，丧失传媒社会预警的基本
功能，不言而喻体现出草根话语空间的被动盲从一面，丧失自身主流
文化、主流价值观的导向地位。

把网络电台的文化传播特征比作"野草"，隐喻是野草看似散漫
不羁，但却生生不息、绵延不绝，野草永远无法企及参天大树的高
度，却因扎根于大地而永生长存。每一位 NJ 的社会文化价值观属

---

① ［美］埃里希·佛洛姆：《在幻想锁链的彼岸》，张燕译，湖南人民出版社 1986 年
版，第 83 页。

性，以及与受众互动的话语空间，都为网络电台的文化属性提供了广泛社会传播内容，表现了社会活动的多元化多样性存在。网络电台健康积极的"草根文化"形成对主流文化的重要补充，但愚昧落后的"草根文化"无疑会对主流文化带来一定的腐蚀和冲击。

总之，草根文化是网络文化多元性必须要平衡的问题，网络电台信息发布的自由与社会责任的冲突依然是一个亟待解决的矛盾，网络的多元化并不意味着网络电台放弃自身的主流价值观，并不意味着网络电台在娱乐至上的草根乐园中"迷失自我"走向边缘化。因而，网络电台要对节目进行长期精心策划，对网上大量信息去粗取精、去伪存真，综合验证分析，探究社会热点、难点、冰点等关系到社会、公众的根本问题，在音乐游戏情感文学等范畴之外，创新类型化与提供实用的信息和链接，而非仅仅是个感性娱乐的拼盘。

四、用户生成与协同

今天的 web2.0 技术改变了传媒业的劳动分工，Web2.0 技术优越性主要体现于"用户自制内容"方面（User—Generated Content，简称 UGC），包括论坛（BBS）、博客（Blog）、微博（Micro—Blog）、维基（Wiki）、音视频分享等各种由用户自己制作、发布和维护的网页内容，它们已经构成 21 世纪大众传媒的新型信源，"UGC 作者本身就是最积极活跃的一部分受众，所以 UGC 既是信源、又是媒体和受众的三位一体角色，传统信源由媒体中转到受众的分工界限已经被混淆甚至打破"。①

北京人民广播电台"菠萝台"是广播的类型化发展与互联网在媒介融合趋势下诞生的新兴媒介形态，它为众多喜爱北京人民广播节目的听众提供了一个功能强大的创新型互动平台。2011 年 7 月，

---

① 　彭兰主编：《中国新媒体传播学研究前沿》，中国人民大学出版社 2010 年版，第5 页。

北广"菠萝台"正式上线，与广大网友正式见面，拥有优质庞大的音频资料库，包括了北京人民广播电台 16 套频率的六百余档直播、回放节目，以及北京广播网中丰富的音频视频节目。网友可根据个性化定制需求，在这个庞大的音频资料库中自由定制节目，形成自己的专属电台，每个专属电台都具备与广播节目同步更新的功能，网友还可通过"菠萝台"的互动功能对每个"菠萝台"进行评论推荐。

具体到"菠萝台"的定制创建流程是：首先，需要听众起一个响亮的用户名并注册成为"菠萝蜜"，别忘了选择一张靓照当做个人头像。第二步，听众创建菠萝台，给所选的菠萝台起个名字和台标，做好节目介绍、标签和背景模版。然后再编辑"菠萝台"的节目单，这一步是最费时间的了，因为可以编排的节目来源实在是太多了，北京电台所有的直播节目、回放节目无论音频还是视频都可以放到节目单里去。网友推荐的简捷办法就是复制其他的节目单，然后把其中的几个节目换成最能体现自身风格的内容。如此一来，原先处于接收终端的网友听众，最快可以在十余秒内注册成为"菠萝台"台长，他们既是"菠萝台"内容的消费者，也是"菠萝台"内容的创意编排者，其中包含了大量的二次创作因素，因而，"菠萝台"与受众的关系从单向传播到双向互动，直到可持续共同维系发展。"菠萝台"是全国唯一的一家支持多路广播节目混排、自定义各节目播放时间且节目内容时时更新的网络电台，将传统广播节目与网友个人创意相结合，从而激发网友参与和分享的热情。它的 UGC 可以被理解为，"为用户创造的静态网络信息资源，用户生成创作的动态行为模式，更可以从生态层面诠释为一种秩序，这种秩序与用户群、社会网络、传播渠道、网络社区密不可分"。① 以"菠萝台"为代表的网络电台，在用户内容

① 赵宇翔等:《用户生成内容 UGC 概念解析及研究进展》,《中国图书馆学报》2012年第 5 期。

生成与协同创新的类型化形态特征是：

（一）细分聚合：内容资源与检索

"菠萝台"用户生成的内容资源细分，主要通过分类与标签的功能完成，界面设计清晰灵动、使人一目了然。只要一打开"菠萝台"的首页，映入眼帘也最让人过目不忘的就是"菠萝蜜"创意丰富且风格迥异的——"头像墙"，在这面"头像墙"组成时尚灵动的"壁纸"上面，观察"菠萝蜜"创建的"菠萝台"类型的细分，可谓五花八门十分有趣：包括欧美音乐、李霄云音乐、宋祖英音乐、幽默、戏曲、电影、体育、文化读书、生活、娱乐、英语教育、春晚文艺等。任何想要关注收听"菠萝台"的受众，只需辨识分类和标签来选择个人喜好的内容。其他庞大的音视频资源与检索，同样设置了类型的细分专区，用户只要点击新闻、音乐、娱乐、文艺、生活、体育、幽默、健康、戏曲等各主题，即可浏览检索众多"菠萝蜜"全部的创建，比如点击"新闻"，听友即可发现"菠萝妹说两会""winter 新闻""视频直播测试""说话站的新闻台""玉米新闻"等 99 条共 17 页的"菠萝台"链接。

表 9-4　"菠萝蜜"之"非诚勿扰"创建的节目单①

时间	节目名称
00：00	就听好歌不说话（重播）
02：00	中国歌曲榜
03：00	永恒的魅力
04：00	音乐旅途
05：00	一笑堂
06：00	新闻晨报
06：10	新闻热线 65159063
06：30	转播央广新闻与报纸摘要

① 北广菠萝台 www.bolo.rbc.cn，2013 年 5 月 20 日。

时间	节目名称
07：00	空中笑林
08：00	旧单车老情歌
09：00	幽默集装箱
09：30	欢乐正前方
10：00	广播体操 10 点档
10：10	京城帮帮团 10 点档
12：00	带你聆听
13：00	音乐一线牵
14：00	流行经典
16：00	问城时间 16 点档
16：10	1073 法律调解室
17：00	下一站的回味
19：00	新闻直播车
20：00	1039 都市调查组
21：00	蓝调北京
22：00	徐徐道来话北京

　　"菠萝台"内容资源的聚合，体现了"一边破碎一边聚合"①的离散再整合的过程，"破碎"意思是指打破了收听传统广播受到时间顺序、地点限制，以及节目内容不能存留而且无法检索的局限，网络电台的信息资源呈现了内容类别的拆分重组，网络受众关注兴趣点的分散多元化，视听片段的零散和要素的不完整性。另一方面，"聚合"是指存储了任意时间段，任意波段的节目内容，对应不同的"菠萝台"类别，受众可以按照个人喜好定制编排不同内容、不同风格、不同主持人的一系列节目单，创建个性化的专属电台，在新浪微博、腾

---

① 薄莹：《个人网络电台的新媒体传播特性分析——以北京人民广播电台"菠萝台"为例》，《东南传播》2012 年第 2 期。

讯微博、人人网、开心网等多个网络社区转发聚合，实现手机广播、Ipad、车载移动等多个收听终端聚合。

（二）类型理论分析（Genre Theory）

借鉴类型理论，对"菠萝台"用户生成内容现象进行流派、种类、拓扑结构分析，也就是主要从 Who、What、Why、How 四个维度概括分析。"菠萝台"用户（Who）主要是偶尔使用者、潜水者、娱乐社交者、实用功效者，高级用户等几类，用户角色存在多样化以及潜在的转化演变。UGC 的内容类型（What）主要为娱乐、社交、兴趣，UGC 的动因（Why）有感知乐趣、虚拟社区感、社会认同感等各类融合动因。UGC 的模式（How）主要是"累积式"，指"菠萝台"用户虽然可以独立完成创作、发布和共享等任务，但是用户与用户、内容与内容体现较为显著的关联性。

通过对"菠萝台"类型维度的分析，这种交互虚拟性社区实质是个人性与传统广播公共资源相结合的衍生媒体形态，"其精髓在于以个人视角，以整个互联网为视野，精选和记录自己在互联网上看到的精彩内容，推送个人喜好的音视频，使其具有更高的分享价值。"[①]

（三）内容协同创新

UGC 标志"用户中心论"时代到来，把握网络用户的共享意愿、主观规范、预期报酬（虚拟金币）等影响因素，是传者与受众趋同从用户生成内容达到协同创新的重要影响因素，"网络共享平台的感知易用性对共享态度和主观规范都有正向显著作用"，[②] 因而，不断改进网络资源平台的感知易用功能具有重要意义。不难看出"菠萝台"资源平台的感知易用性双重作用都发挥得相当不错，它对共享参与者提供相应激励机制，给予经常共享高质量信息的用户"菠萝大咖"的荣

---

① 薄莹：《个人网络电台的新媒体传播特性分析——以北京人民广播电台"菠萝台"为例》，《东南传播》2012 年第 2 期。

② 肖强等：《用户生成内容共享意愿的影响因素实证性研究》，《情报杂志》2010 年4 月第 4 期。

誉称号，以及"我们都是菠萝蜜"布告栏积极推介。

　　点击"菠萝蜜"定制编排的每一套节目时间表，都会分别显示"收听""介绍""收藏""订阅"的超链接，这种"对话式"媒体的特征非常明显，鼓励用户定制、编辑内容并对它人的内容进行评论。菠萝台首页分门别类列出："最活跃的菠萝台""上升最快的菠萝台""最受欢迎的菠萝台"，受众将喜欢的菠萝台 URL 复制并一键分享到人人网、新浪"微博"和腾讯"微博"，与抱有相同志趣的用户收藏、转发、评论彼此的菠萝台，形成相应的"主题圈子"。此外，菠萝台还为听友提供了为喜爱的主持人"种菠萝"的游戏，边玩边听边互动的趣味形式吸引众多的"菠萝蜜"，在特定时期根据大家偏好开设各样有趣的节目菠萝台，如伦敦奥运菠萝台、菠萝妹说两会等。所以，高交互性也是"用户自制内容"协同创新不可缺少的特性，它是一种强大的选择权和自主性，交互渗透在内容生产和传播的全过程之中，人际交互、人机交互、媒体交互体现了海量的多媒体信息服务与共享，还有信息高效便捷的离散与聚合。

　　理论框架来看，Web2.0 技术环境下，"用户自制内容"体现传播者与受众角色的转变融合，传媒发展的这样一种趋势显露从受众视点出发，阐释大众媒体接触动机——"使用与满足"理论的缺陷，克服"内容生产"从工业时代到信息时代的传媒体制的制约。

　　总之，从上述 UGC 的细分聚合、UGC 的类型维度、传者与受众趋同（Produsage）三个角度出发，为理解数字环境下的"用户自制内容"，实现协同内容创新及其发展提供了一条新的途径。强调"去中心化"的网络环境，将个体被动消极的想法转变成"我要做"，用户个体的自我成就感动机越大，参与网络互动的积极性越高，个体的行为就会越发有热情。对于"菠萝台"UGC 的社会文化价值观的判断建立在用户中心化、内容个性化、手段互动化、规制自由平等的基础上，实质凸显了网络电台类型化发展趋势的核心内涵。

五、多方制约与构想

（一）节目的资源与增值

如何解决网络电台节目的资源与内容增值问题，这是网络电台面临可持续发展的首要问题。信息资源增值活动主要针对信息资源本身具有价值属性的挖掘，如果信息资源本身不具备增值的可能性，无论传播者如何发挥主观创造性，信息增值产品也不可能具备使用者所需要额外的增值价值。

中央人民广播电台、中国国际广播电台以网络为平台，搭建了传统广播、网络广播、网络电台、手机广播等多种形态音视频的良性融合范式，概括地讲，这是一个对已经加工过的信息资源进行再度加工以提高信息资源的共享程度，进而提升传媒收益的传播活动。实质上，这一活动是以"现有的信息产品或服务为基础，再增加一些网络或者手机传播特别的功能与特点来提升原有信息产品或服务的附加值，也就是利用原有的信息资源在当前基础上提供更多元化的产品或服务"。①

当大量的网络电台在尚不具备优质内容资源平台为增值依托的背景下，只能处于无序的"散兵游泳"低质层面之中，节目内容匮乏、质量不高，总体存在着"形式大于内容"症结。有些网络电台播出时间较短，只在晚间播出几个小时，有些节目单的设置异彩纷呈，实际上节目内容单调乏味，可听性并不强，甚至还有不少网络电台的节目内容就是（NJ）与听众的即兴聊天，这些现象都无法避免节目内容的随意粗糙，节目缺乏长期有效的规划与品质的保障。

因而，随着传统广播电视逐渐深入互联网领域，以其主要在音频视频制作方面的优长，以及听众规模、高品质内容和本地公共事务

---

① 蔡雯主编：《新闻整合、展示与增值》，中国人民大学出版社2007年版，第322页。

的影响力方面，都具有绝对性的压倒优势。单一以网络为原地建立的网络电台，尽管不乏特色与活力，缺失多种广播形态的交叉融合与良性互动，受困于音视频资源的供给不足，无法更好地体现网络环境超链接的"互文性"优势，信息增值的渠道空间并不畅达。

（二）版权与竞争问题

美国多数网络音乐电台受到版权的掣肘，"2010 年，版权费占到潘多拉网络电台 1.378 亿美元的一半，持续的版权费负担一直也是潘多拉上市后股价疲软的主要原因"。[①] 网络电台的最大竞争对手依然是传统广播及其"网络版"，尽管美国许多听众都关注了潘多拉网络电台，但是它目前在全美收听市场占有率只有 2%。

时至今日，我国音乐版权问题依然是困扰网络在线音乐发展的最主要的问题。无论是在互联网还是在手机终端，盗版的肆无忌惮使得从业者无法建立清晰的盈利模式。自 2004 年以来在国内掀起的"音乐版权维权风暴"，早已引起业界人士的高度关注，音乐版权纷争可谓是一波未平一波又起。在相关国际国内社会背景下，我国政府于 2006 年出台了《信息网络传播权保护条例》，从制度上强化了对互联网环境下的版权保护，2010 年 9 月 3 日，文化部又公布了《文化部关于加强和改进网络音乐内容审查工作的通知》，进一步明确了网络音乐的定义和范围，改革六方面内容包括：创新审查办法、提高审查效率、加强对进口网络音乐报审主体管理、规范进口网络音乐交易规则、加强对音乐产品搜索服务管理、加强对网络音乐的知识产权保护。

2011 年 4 月，以谷建芬、高晓松组成"华语音乐作者维权联盟"在微博上发表致"百度"公开信，这封由高晓松、张亚东和小柯等人起草的《致音乐界同仁书》中声明，"互联网盗版音乐占据了几乎 100% 的市场，音乐创作人失去了依靠音乐版权收入再生产音乐的最

---

① 王岚岚：《美国网络电台的发展特点及启示》，《中国广播》2012 年第 4 期。

后阵地"。① 呼吁所有音乐权利人行动起来，通过有关法律机构和公证机构收集盗版网站的犯罪证据，采用报案、行政诉讼和法律诉讼等手段，严惩盗版者，这一行动得到了包括韩红、杨坤、阿杜等超过一百名艺人、音乐人以及唱片公司的支持。中国音像协会唱片工作委员会表示，将通过获得政府支持和拿起法律武器两种主要手段，把反盗维权的行动进行到底。

此次音乐版权的维权活动取得一定的成效，标志网络音乐在线多方共赢取得初步成效。"百度"已与中国音乐著作权协会达成合作，双方将共同建立音乐词曲著作权合作渠道，以后词曲权利人将可以通过音著协这个主渠道，获得相关著作权收益。平台正式运行后，百度将通过低成本的渠道向听众分发免费音乐，听众通过点击和下载给百度带来流量，百度再通过流量带来广告及其他收入，这笔收入又可以通过合理分成的方式返回音乐创作人和版权持有人，由中国音乐著作权代收然后分发。

应该说"百度"的版权合作模式，对于网络电台也是完全适用的。我国互联网的在线音乐版权保护要与时俱进不断完善，宜于保证公众得到最广泛多样的信息，同时又要保护权利人信息网络的合法权益。所以，网络电台发展初期，市场的热情度不高之时，要有利于 3G 融合发展战略的推进，促进整个网络电台行业竞争发展。只有这个行业真正发展起来，才可能对内容生产的上游产业链，以及技术输出渠道的中游产业链，还有接收终端的下游产业链均带来可观的获益。

目前在线数字音乐领域，网络电台最大的竞争对手依然是传统广播的网络版，它在音频制作领域的强劲实力令任何对手难以望其项背，在短期发展阶段无法超越，除此之外，可能还有更大的挑战来源于苹果、安卓等其他技术企业，因为它们都提供了数量庞大的在线音

---

① http：//ent.163.com/11/0325/08/6vvrdora00031hoo.html.

乐产品。

（三）盈利的规模途径问题

目前，我国的网络电台多数处于数量多、内容杂、分布散，尽管互联网广告是主要的盈利模式，但是创收渠道过于单一，应对这类行业发展的瓶颈问题，放眼全局从高端层面设计，进而扩大运营规模效应不失为应对之策。

第一，与汽车制造商合作，占领车上电台广告市场。美国潘多拉网络电台已经与福特、奔驰等达成协议，汽车制造商在车上提供潘多拉电台。从潘多拉电台的订阅盈利中分成，从网络电台整个行业发展的全局着眼，如果不能在行业内部优化重组，突破领先顶层设计，就难以产生规模经济效应，势必陷入"只见树木、不见森林"狭隘境地。

第二，改变盈利结构的组合，积极探索"会员费＋网络广告"的营销模式。美国网络电台经营许可费用的增长使得越来越多的网络电台将音乐销售视为增加销售收入的一个途径，潘多拉网络电台已经与美国第三大移动运营商 Sprint 签订音乐销售合同，Sprint 将在其移动终端提供收费流音乐服务。潘多拉引用苹果官方数据称：2011 年 1 月，潘多拉收听软件下载次数位列 Iphone、Ipad 应用软件前两位。这样的广告营销模式值得称道，尽管在中国的推广尚需时日，但是毕竟代表了网络电台盈利模式的世界趋势。

（四）未来构想

与世界网络电台最前沿的"个性化"与"一对一"发展态势对照，目前我国网络电台的类型化形态仍处于的"一对多"的渐进层面。比如，美国最大的网络音乐电台——潘多拉，已经跨越到音乐个性化的更高端层面，潘多拉首先对听众喜欢的歌曲的音乐结构进行分析，然后为他们播放具有类似音乐特征的其他歌曲。它所依靠的是具有 400 项音乐特征，包括旋律、和声、节奏、形式、作品及歌词等在内的"音乐基因组"。基因组计划的技术实质在于对过去一百年间一万名艺术家的音乐进行复杂的人工分析，分析一首 4 分钟的歌曲大约要耗时 20 至 30 分钟。自 2005 年 8 月推出潘多拉在线服务以来，每天都要对新歌进行分析。截至 2006 年 5 月，基因组的曲库中已含有两万名当代艺术家的 40 万首已分析过的歌曲，但目前还没有纳入拉丁音乐和古典音乐。

综观网络电台世界发展现状，远望我国网络电台类型化的发展前景，可以肯定的明确趋势在于：第一，随着网络电台参与主体的多元化，在发展初期的音乐上传、检索和下载的基础上，网络电台的社交、游戏功能将比广播的"网络版"更为开放、自由、丰富与深化，成为广播和音乐爱好者的赏析与交流平台。第二，"体验专属服务"① 的个性化私人电台是网络电台的核心目标，无论美国潘多拉（pandora），还是 Slacker.com，传播理念上都是奉"用户为圭臬"，通过特定软件分析用户对所播放歌曲的反馈信息，推送基于用户偏好的音乐，"一对一"的专属收听体验是它的独特领先优势。第三，网络电台内容与受众群体的将再细分，将会涉及更多非音乐领域，比如新闻、娱乐或谈话等其他类型。

第三节　手机广播的个性化

手机广播主要是传统广播通过移动运营商的 GPRS 或者 CDMA 网络，利用流媒体实现对手机终端用户的音频传输，它也是传统广播与新媒体的一种衍生媒介形态，创造了网络运营商、内容提供主体以及电信运营商的新型产业链条。

用手机收听广播电台节目，目前主要有三种形式：第一，手机上装有 FM 调频接收模块，实质就是现有的收音机加装在手机上；第

---

① 　王岚岚：《美国网络电台的发展特点及启示》，《中国记者》2012 年第 4 期。

二，通过 GPRS 网络，用它来收听广播节目；第三，在普通智能手机上装有专门收听广播节目的解码软件。上述前两种形式是点对面单向广播模式，受到地域限制，只能接收当地几个电台，其中第一种还是模拟制式，接收质量较差；第二种虽然是数字制式，但是用的是国内标准，无法在国际范围传播；第三种是点对点双向互动式，采用数字国际标准，与地域无关，全世界都能收听到。中央人民广播电台从 2004 年 10 月开始探索手机广播项目，合作开发手机广播 IVR、WAP 业务，2005 年 9 月开通手机广播。

一、点对点双向传播

作为新的媒体终端，手机广播正在成为电信运营商、广播电视行业开发的下一个市场目标。对于广播电台来说，手机广播的媒介新形态拓展了内容传播与多方盈利的空间，对于电信部门来说，手机广播不仅是技术的创新，同时也带来了新的发展商机。

手机广播作为一种手机媒体，是广播媒体与手机媒体功能的有机结合，而它所具备手机媒介的特性优势要远远超过广播的线性传播特性，主要体现在以下几个方面：

（一）突破时空的限制

传统广播信号发射受到电台基站的限制，往往不能将同一套节目覆盖到全国，即使在多个省市落地，也要使用不同的调频和波段。手机广播通过数据网络的全网优势，一套内容放在电信服务器即时实现全国各个移动终端的同步接收。运营方只要把播出的内容按照时间、专题放在一个列表中，用户就可以随时收听，不再受到时长的限制。

（二）交互付费性

手机广播可以充分利用数据交换的优势，轻松实现交互，同时彻底改变传统广播主要依靠广告的单一盈利模式，通过 WAP、IVR、短信等各种各样的计费点，将节目内容按照条目、包月对手机用户直接收费。

（三）多媒体信息共享

手机从一种通讯终端变成一种信息终端，这种演变给信息时代提供了一种新的发展方向。首先，信息传受的多媒体特性。手机与网络技术的融合，充分发挥手机自身语音传输能力的同时，集文字、图片、声音、视频于一体，如 3G 手机能够实现在线听广播、看电视、视频点播等多媒体内容。

其次是可检索性。网络广播的技术优势更加有利于广播电台建立自己的专业资源库，广播节目内容成为可查询、可检索的信息资料，为手机广播的听众搜寻检索广播节目资源提供了必要的条件，同时，也为其他媒体共享广播信息资源，特别是高品质丰富的音频资源提供了条件。

（四）多方交互性

手机广播的多方交互性，一是与传统媒体的互动，如用短信或者热线电话参与节目，和主持人或者受众讨论话题，发送下载音频、图片资料给传统媒体。二是与广播网站互动，用手机广播在线收听、点播节目，也可以发电子邮件或者进入聊天室、BBS、网上调查等参与电台的节目讨论。三是与受众的互动，利用手机直接通话交流，连接不同的受众群体，促使不同媒体之间的受众进行多方的沟通和交流，实现更广泛迅捷互动。

（五）传播终端个性化

首先，实现"个人化媒体"，手机轻巧、方便，方便人们随时随地听广播，与手机报纸相比，手机广播不用集中注意力在方寸之间翻阅文字图片。与手机电视相比，手机广播不用眼睛盯住小小的屏幕，受到活动的限制。手机广播延续了声音传播感染力强、生动简洁、通俗易懂的特征，作为"活动声音背景"伴随人们的生活、学习、工作与出行，同时手机广播在传播终端的分散性方面达到了其他大众传媒无法企及的广泛性，大众传媒和个性化传播实现了高度融合，达到了点对点传播。

其次，接收的主动性。用户可以按照自己的选择随时点播节目，随着通讯网络覆盖率的提高和无线通讯技术发展，手机广播将使得受众在全球范围内收听自如。

再次，内容的指向性。手机广播在节目内容上更加具有指向性和针对性。尼葛洛庞帝曾预测，"后信息时代，我们的生存环境越来越数字化，大众化传媒的受众往往只是单独一人，信息变得极端个人化，个人化是窄播的延伸，媒介的受众从大众到较小的和更小的群体，最后只针对个人"，① 手机广播的出现验证了这一说法，广播媒体从大众传播到分众化传播，再到手机广播的终端个性化传播，体现广播媒介形态的不断演化与变异，它突破新旧媒体的产业边界，与广播等其他媒体之间的关系是"并存、互补、融合、创新"。

一言以蔽之，手机广播是对传统广播媒体固有传播内容、传播方式、传播情境的消解与重构，手机广播消除了时空对广播信息传播的局限，实现广播信息传播的随时随地与全媒体融合，消除了大众传播与受众的主从关系，使得信息传播最终演变为个性化行为。

近年来，我国手机广播已经在政治、经济、文化等领域产生了初步影响，它正在悄然改变人们对广播信息传统的接收与娱乐等方式。从传媒产业的角度来看，手机广播创造了"拇指经济"和"新媒体经济"。在北京"奥运"、"汶川地震"等社会重大突发事件中，手机广播逐渐凸显社会影响力，辐射整个社会的影响，手机广播已经跃升成为现代传播体系的一个组成部分，从构建社会公共领域角度来看，手机广播能够有效整合大众传播、人际传播，手机用户创造的海量微内容，源源不断深入社会公共话语空间，内容构成更趋多元化，影响力日渐深入社会公众生活。

---

① 杨利明：《试论电台手机广播业务面临的挑战与机遇》，《中国广播》2009 年第 2 期。

二、发展不力与障碍

（一）发展概览

"截至 2010 年 9 月 15 日，根据有关机构对 2010 年 8 月至 9 月，在杭州市莫干山路 111 号浙江广电集团新楼 13 层，使用中国移动 GPRS 信号，Android2.1 操作系统，客户端软件 Anyradio 在线收测，我国内地的四级广播机构共有 404 套广播节目在网上实时播出，除此之外另有港澳台 78 套广播节目，世界各大广播机构 96 套节目。"①

通过测量手机广播总体情况综合分析，"中央台及北京、上海、天津、重庆一共拥有 59 套节目，中央台和四个直辖市在媒体的资本和技术方面实力强大，手机广播的发展资源相对雄厚。湖南、广东、山东、浙江、安徽、青海、四川、甘肃、陕西、吉林等省自治区广泛开展了手机广播业务，一共拥有 345 套节目。部分广播媒体发展态势不错的城市台，发展手机广播的前瞻意识较强，比如佛山开了 6 套节目、苏州开办了 5 套节目、无锡开办了 6 套节目、常州开办了 11 套节目、大连开办了 8 套节目、厦门开办了 5 套节目，在所属省份中所占的比例较大"。②

尽管近年来，手机广播已经有了一定的发展，但是手机广播在手机媒体的竞争中发展不力，明显处于落后位置。虽然手机广播与手机报、手机电视相比具有自身的一些优势，但是对手机受众的影响却最低。该项调查还显示，广播媒体本身在媒介竞争中的薄弱地位，也是导致手机广播发展缓慢、业务宣传不到位的因素之一。网络电台 APP 的应用优势仍然有待真正显现，喜马拉雅 FM 和蜻蜓 FM 已经对外宣布用户超过 1.5 亿，但并没有第三方数据的确认，考拉 FM 声称也已经超过 1 亿，这三家目前形成网络电台 APP 应用的前三强，规

① 张康敏：《全国广电机构手机广播情况调研》，《电视工程》，2010 年第 4 期。
② 张康敏：《全国广电机构手机广播情况调研》，《电视工程》，2010 年第 4 期。

模相差无几。

（二）制约困境

首先，政策缺位。手机广播需要电信部门、广电部门的合作，目前国内对于手机广播的监管机制不健全，管理细则尚未出台。手机媒体给信息传播产业发展带来新的发展机遇，但也需要现行产业政策与监管范式与时俱进。2015 年的上半年，堪称手机广播 APP 下载的多事之年，先是在 2015 年 4 月荔枝 FM、多听 FM 同时被苹果 APP Store 下架，荔枝 FM 和多听 FM 将矛头共同指向喜马拉雅，称喜马拉雅向苹果进行恶意投诉，指出喜马拉雅在苹果商店拥有大量优先权益。出人意料的是，喜马拉雅竟然也随后被强制下架，手机广播 APP 被强制下架的主要原因是内容侵权和被举报刷榜，多家网络电台手机 APP 下载都围绕各自的"独家版权"内容博弈争斗，目前未有定论到底是谁家侵犯了谁家的权，因为对于明星资源没有哪家网络电台能够拿到真正的独家版权。比如，尽管喜马拉雅强调对于郭德纲的独家版权，但多听 FM 则指出郭德纲在签约喜马拉雅之前，曾把自己的作品授权给十余家分包机构，这些分包商都与多听 FM 签署了版权协议。除此之外草根创作者的版权意识也并不强，一度比较火爆的《凯叔讲故事》，在一开始市场推广阶段就在所有的平台都上传了作品。在传统内容上无法进行差异化竞争，多家电台均选择综合化的网络平台发展战略，虽然在电台 APP 下载有所针对性的分类，但是这些分类都是大同小异，主要以故事段子、脱口秀和搞笑类节目为主，所以亟待在相关政策法规方面有所规约和完善。

其次，高额费用。手机上网流量和信息费居高不下，昂贵的上网资费问题必然会影响到手机广播的收听。因而，政府部门必须制定合理的资费标准，既要考虑运营商的利益，也要兼顾广大受众的接受程度，只有这样才能确保手机广播全产业链的可持续发展。

再次，运营模式。广播媒体在媒介竞争中地位薄弱，网络运营商中国移动和中国联通、中国电信的行业寡头垄断地位，造成市场准入困难。手机广播发展需要网络运营商、电信部门、广电部门多方合作协调，才能形成多方共赢模式，但是各方的利益牵涉复杂，尚未形成融合完善的体系，目前还在探寻与摸索经验的初期发展阶段。

最后，终端有限。国内拥有中高端手机产品的消费者在庞大的人口数量中并不占多数，多媒体手机终端的普及尚需时日，上网听广播的手机价格仍然不低，电池不方便长时间持续使用也是影响手机广播的一个实际因素。

三、协作运营的模式

截至 2015 年，我国手机广播的发展处于市场培育及探索阶段，尚未建立起有效合理化的运营模式，手机广播的发展涉及广电媒体与电信运营商的合作，两者分属不同部门管控而且各具利益争夺，根据世界各国手机媒体开展音视频业务状况，手机广播的运营模式可以大致分为两种，在此进行一个对比参照：

（一）电信运营商主导模式

这种模式是由电信运营商直接负责客户服务、管理，以及市场拓展，内容提供商将内容卖断给电信运营商获得合作利润，该运营模式采用的收费模式是"流量费＋信息费"的模式。

以香港的电讯盈科为例，它的手机音视频业务开展得非常成熟，香港 Now 宽带电视是全球规模最大的商业 IPTV 业务之一，由电讯盈科有限公司的全资附属业务单位——电讯盈科媒体有限公司经营。电讯盈科是香港的主要电讯商，也是世界级的资讯及通讯科技公司之一。香港宽频 Now 电视现达 163 频道，当中包括 15 条纯音乐频道，4 条高清频道和 19 条无线收费电视频道，另有 11 类自选影像服务，提供不同种类的本地、亚洲及国际节目，包括由 2007、2008 年秋季起在香港独家播放英格兰超级联赛三个球季的赛事。"把音频视频业务与电信、网络等业务捆绑销售，截至 2010 年年底电讯盈科的用户已经突破 103.9 万户家庭，以每个客户包月 165 港币计算，该年度业务营业额达到 23.83 亿港币。"①

电讯盈科开通的 Now 宽带电视，成功吸引 ATV、HBO Cinemax、Star Movies、MGM、ESPN 等三十多家内容供应商，开设了包括免费和付费电视在内的上百个频道，涉及娱乐、体育、时尚、财经和教育等领域。而 IPTV 的主要卖点是交互，以及互联网业务的随时补充。目前，电讯盈科已经把触角伸到更广领域，又推出 VOD（视频点播）业务和推出 HDTV（高清电视）、4G 手机服务等。

目前，电讯盈科是香港地区唯一能够为客户提供真正"四网合一"体验的服务商，也是全球少数可提供同类服务的电信运营商之一。换言之，同一项资讯娱乐内容、应用软件及交易服务，能根据不同需要跨越四个平台——固网、宽频互联网、流动通讯及电视——以适当的方式传送到客户。通过"四网合一"平台提供的其他生活消闲服务包括数码音乐串流服务和跨媒体影像分享服务等。

国内比较典型的手机广播案例，当属 CNR 的央广视讯，2010 年11 月 7 日，中央人民广播电台承建的 3G 手机电视集成播控平台正式通过国家广电总局验收，并与国内最大的电信运营商——中国移动的视频运营中心实现了互联互通。该平台呼号为中央银河 3G 手机电视，可承载 100 家手机多媒体内容服务机构。它的建成实现与运营商平台的无缝平滑接入。

央广视讯传媒整合了中央人民广播电台（CNR）雄厚的内容资源，以及强大的内容播控管理平台为中国移动、中国联通、中国电信用户提供丰富的新闻、电影、电视等节目，与此同时并与国内外手机厂商形成了基于手机终端的视频业务的播控合作，如 NOKIA、联想等手机厂商电视等视频节目；并与 NOKIA 的 OVI 平台以及 iphone App Store 平台独家合作手机视频及电视内容。

全国范围的手机广播电视运营中，央广视讯传媒以资源和内容

---

① 陈菲:《融合背景下手机广播的运营模式》,《视听界》2011 年第 6 期。

的整合优势倾力打造与众不同的无线音视频新媒体模式，并利用新技术开发出新的终端应用，实现新媒体与用户之间的互动与沟通。目前，央广视讯传媒的业务范围包括 2.5G、3G 网络音视频内容的运营和广播式手机电视网络音视频内容的运营。央广视讯在运营方面扬长避短，更加注重集成与合作，先后与湖南卫视、浙江卫视、安徽电视台、北京电视台、广东电视台、优酷网、土豆网、酷 6 网、光线传媒、华谊兄弟等一百二十多家内容提供商达成了合作协议，已成为目前国内最大的正版手机广播电视集成运营平台。内容涵盖新闻、经济、娱乐、影视、幽默短片。"在中国移动上发布 20 个点播频道、4 个直播频道，在中国联通和中国电信上各发布 58 个点播频道、11 个直播频道，每天上传视频点播节目超过 600 分钟，拥有上百万的用户群。央广视讯"中央银河 3G 手机电视集成播控平台"，对接的是中国移动设立在上海的视频运营中心。该中心是目前中国最大的运营商视频基地，负责中国移动全网的流媒体视频商用运营，已拥有五百多万成熟用户。"①

总体来看，在广电媒体与电信运营商的合作层面，由于广电媒体不具有控制网络传播渠道和接收终端的支配权，尽管拥有无可置疑的内容竞争力，但是在利润分配、受众市场开发等方面，电信运营商始终占据主导地位，所以，这样的局面显然影响广电媒体内容提供商对于手机广播节目制作的积极性，不利于手机广播广泛的市场培育。

（二）CMMB 协作运营模式

CMMB 是英文 China Mobile Multimedia Broadcasting（中国移动多媒体广播）的简称，是我国自主研发的第一套面向手机、笔记本电脑等多种移动终端的系统，支持 25 套电视和 30 套广播节目，利用 S 波段信号实现"天地"一体覆盖的全国漫游。

2006 年 10 月 24 日，国家广电总局正式颁布中国移动多媒体广

---

① http：//it.sohu.com/20101112/n277577552.shtm。

播（俗称手机电视）行业标准，确定采用我国自主研发的移动多媒体广播行业标准。标准适用于 30MHz 到 3000MHz 频率范围内的广播业务频率，通过卫星或地面无线发射电视、广播、数据信息等多媒体信号的广播系统，可实现全国漫游。中国移动多媒体广播技术体系是利用大功率 S 波段卫星信号覆盖全国，利用地面增补转发器同频同时同内容转发卫星信号补点覆盖卫星信号盲区，利用无线移动通信网络构建回传通道，从而组成单向广播和双向交互相结合的移动多媒体广播网络，标准优势是借助卫星通信，能极好地解决移动终端（手机电视）信号流畅的问题，由国家广电总局管理并负责的电影、电视、广播载体，具有丰富的电视内容资源，曾经是 2008 年奥运会新媒体的直播载体，不仅收费低廉而且兼顾国家媒体信息发布功能。

　　截至 2009 年 1 月 13 日，国家广电总局已经完成了全国 113 个地级市的 CMMB 信号覆盖任务，共计建设了 113 个大功率发射点，移动多媒体广播电视实现全国 118 个地市的网络建设，这是全国广电行业首次统一产业运营、实现全国一盘棋发展战略的具体体现。从现实情况来看，CMMB 全免费才是可行之道，只有提高用户数量之后，盈利指日可待，通过与电信、网络融合提高增值服务费用，CMMB 的协作型运营应该成为手机广播的理想发展模式。

　　建立以 CMMB 为基础的手机广播电视协作运营模式，将是广电行业与电信运营商融合的良好开端，2011 年 6 月 30 日，中央电视台和中国移动通信集团公司宣布设立合资公司，联手打造"中国手机电视台"，中央电视台占 51% 的股份，中国移动占 49% 的股份，这是三网融合背景下具有深远意义的一项重大战略合作。

　　作为"第四大运营商"的中国广播电视网络公司已经于 2011 年年底挂牌，这就意味着广电网承载增值电信业务、互联网接入、数据传播等业务成为可能。另据有关媒体报道的数据，"2010 年，中国移动、中国电信和中国联通三大运营商总收入约为 8763 亿元，而 2010 年全国广播电视行业总收入约为 2238 亿元。广电的总收入仅为三大电信运营商的 1/4，甚至只有中国移动年营收的 1/2，"① 未来中国广播电视网络公司的成立，这种局面将在一定程度上得到改变。

由工信部管理的三大电信运营商，以及新成立的国家新闻出版广播电影电视总局管理的第四大运营商之间，有必要组建统一的政府监管机构，借鉴新加坡、中国香港特区的经验，成立统一部门，集中管制广电及电信机构，或参考美国 FCC 做法，成立由第三方人员组成的三网融合委员会，实行统一监管，有针对性对手机广播电视、IPTV 等融合业务进行监管。

（三）差异化竞争战略

除了考拉 FM 之外，喜马拉雅 FM 和多听 FM 均推出了车载网络电台设备，这种装置是以手机为依托，插入汽车之后就可以实现手机和汽车的无缝接听，并且有了车联网的理念之后，基于位置的服务会让网络电台在 O2O 领域有了潜在的广泛商机，目前各家网络电台均加大与汽车市场的合作力度，这一前景就是网络电台 APP 不同于视频网站的一大应用空间。

四、新兴的文化业态

2009 年 7 月 22 日，国务院常务会议讨论并原则通过了《文化产业振兴规划》，这是 2002 年党的十六大提出文化产业发展战略规划以来的又一重大决策，在中国文化产业发展史上具有划时代的意义，规划明确提出加快发展文化创意、影视制作、出版发行、广告、演艺娱乐、文化会展、数字内容和动漫等重点文化产业，其中第七条提出："积极发展移动多媒体广播电视、网络广播影视、手机广播电视等新兴文化业态，推动文化产业升级。"

《文化产业振兴规划》标志手机广播电视首次被纳入新兴文化业态的范畴，何谓新兴文化业态？对这个概念内涵的把握是从全景意义

---

① http://www.enet.com.cn/article/2011/0815/A20110815897467.shtml。

认识手机广播发展态势的重要前提，否则就会陷入"只见树木、不见森林"就事论事的偏狭探讨。清华大学熊澄宇教授在 2008 年南京举行的文化财富沙龙中提出，新兴文化业态是文化内容、科技和资本的结合产物，关键内容的价值在于原创性、差异性和不可替代性。新兴文化业态区别于"旧"的传统文化产业，是以互联网和数字技术为核心，包括文化产品和文化服务的传统文化产业的衍生形态，从传播载体而言，主要指向宽带互联网和移动媒体两大类。

手机广播归属新兴文化业态的宏观认识前提，从系统科学的角度说明文化产业的渗透、交叉与重组必然导致产业边界的突破重构，产业原结构功能实现优化，从而形成新的业态。从手机广播的产业经济发展来看，有两方面是核心环节，第一个方面，即价值链的重构。广电行业、电信行业必须打破原有生产最终产品或服务过程，对价值增加环节予以重新识别或整合。第二个方面，即产业链的协同。对手机广播产业内部各参与主体的不同价值创造功能，及其分工合作关系按照协同方式整合，产业链产生 $1+1>2$ 的系统经济效应。

手机进入"云"时代的信息网络社会中，分属于不同经营领域的附属市场主体通过手机信息网络异业联手，协同合作并开发新产品，更迅捷地满足不断变动的多方面消费需求，获得更大的经济发展。目前，全球已有多家公司迈进了"云手机"大门，苹果先行一步，日前，基于原有的 MobileMe 功能全新改写而成的苹果 iCloud 服务 iCloud 正式对全球的苹果开发者开放。

国内的手机厂家也不甘落后，阿里巴巴、小米、腾讯纷纷开始发力。"2011 年 8 月，阿里巴巴推出的'阿里云'手机介入智能手机市场。手机系统是自主研发的'云智能 OS'，采用 Cloud App 方式，用户无需在手机端下载应用，只要在网络环境下登陆统一的云账号就可以运行 OS 平台上的各种应用，如阿里浏览器、阿里搜索、手机旺旺等。腾讯已经和华为合作推出了包含 19 款 QQ 应用的手机，与中国电信深度定制的手机 QPhone 操作系统也在加快面世的速度，小米更是发布首台智能手机以攻城略地。2011 年 9 月，百度和戴尔也瞄准了'云端'，共同发力智能手机市场。2011 年百度世界大会上，百度创始人兼 CEO 李彦宏就'百度手机'透露了相关信息，中国搜索引擎巨头百度将携手全球第二大 PC 制造厂商戴尔公司共同开发智能手机以及平板电脑。双方合作的手机产品预计将于 11 月—12 月期间上市销售。与此同时，百度在本次大会上还发布了移动终端操作系统'百度易'，与此同时不少厂商还瞄准了老人手机市场，其中 2012 年 3 月国内首款云老人手机由沃爱思推出，将云服务功能用于老人手机，实现了子女远程即可操作控制父母手机的全新体验。只需轻松通过 web 端，即可实现子女身边的电脑与父母的沃爱思云服务手机之间的连接。"①

网络经济条件下合作型文化经济组织的大量涌现，通过复数市场主体产生联结经济效应，进一步导致"业际化"倾向，形成新型的产业间竞争协同关系。同样，手机广播的这种新型联结不仅比广播媒介的多元化经营范围更加广泛深入，而且比通常的传媒产业兼并更具竞争色彩。"在合作竞争过程中，文化产业组织通过与拥有互补性资源和能力的经济组织建立更为紧密的合作与交易关系，从而获取协作收益，文化产业组织结构日趋网络化，文化产业边界日趋开放化，新型文化业态发展成为必然。"②

五、数字新媒体融合

纵览类型化广播的网络版、类型化网络电台以及手机广播的个性化三种不同的媒介形态，这些纷繁复杂和不断变化的类型化广播发展所衍生的新兴媒介现象，表征各种新技术、新内容、新服务不断推陈出新，映射类型化广播发展所衍生的数字新媒体处于快速增长的现

---

① 　http：//baike.baidu.com/view/4692226.htm。

② 　郭鸿雁：《论新型文化业态的发展机理》，《现代传播》2012 年第 8 期。

实景象。正如国家广电总局发展研究中心庞井君所指出，在媒介融合的总体背景下，"传统广播影视以及各类新兴媒体汇聚指向现代视听传媒的路径和目标已经非常清晰，新技术推动的视听转型与传媒变革已经在广播影视各领域各环节深度展开"。① 媒介融合的进程中，广播的类型化发展要在传播技术、内容、服务与管理等层面推陈出新，更不可能脱离内容融合、网络融合、终端融合所构成的大传媒产业生产格局。

（一）内容的融合

"数字新媒体的内容融合是在数字技术成熟的条件下，从生产到消费的整个产业系统以数字技术形成一个贯通的整体。"② 数字技术的成熟使得原有各种形态的内容都变成了以"0"和"1"来表示的数字，文字、图像、影像、语音、音乐都可以转换成数字形式。数字技术简化了内容生产程序，削减了内容交易费用，这也大大降低了内容生产成本，使内容生产具有更高的效率，让大规模的内容生产成为可能，同时出现了规模化的内容消费。

形成类型化广播内容融合的前提条件：首先，由于数字新媒体技术带来广播收听终端和形态的增多，受众对各类内容的需求具有可能性。其次，广播传播渠道突破时间和空间的限制，原来广播有限的传统内容生产对应有限的渠道，而到了数字新媒体时代，面对无限多的渠道，需要大规模的内容生产，不同内容形态的融合是实现大规模生产的内在逻辑必然。再次，媒体竞争的压力直接推动了广播内容的融合，而广播可能被其他新兴媒体所替代性，则是这种竞争压力的根源所在。传媒多样化竞争格局之中，数量庞大的各类新兴媒体正在逐步消解传统广播的中心地位和不可替代性，广播媒体必须向数字领域进发，形成与其他终端媒体的联结。

---

① 庞井君：《媒介融合背景下我国广播影视发展的基本趋势》，《中国广播》2013 年第 1 期。

② 张文俊：《数字新媒体概论》，复旦大学出版社 2009 年版，第 295 页。

　　广播在数字新媒体融合演进中，将会定位于依托自身资源在传媒产业链中具有内容生产竞争优势的角色，声音的文本形式作为受众接收终端的主要吸引力形式，拥有声音文本的比较优势进行节目内容交易，超大型广播传媒集团拥有越多的内容版权，就会拥有更强的竞争优势。

　　类型化广播的内容融合必须依托统一的联盟平台或者有效的异构系统整合，内容融合的横向动力，必须突破原有的内容管理制度，建立能满足媒体融合与产业融合发展要求新的管理制度。

　　（二）渠道的融合

　　信息传播技术间的渗透，数字技术、网络技术、通信技术、直播卫星技术和云计算等现代信息技术，与传统广播交互融合。

　　不同媒体之间的融合，通过视听网站与广播电影电视、报纸杂志之间的延伸与互补，实现融合发展，形成融合型的视听传媒新形态。比如，央广视频专栏开设：今日推荐、新闻视讯、社会法治、天下财经、劲爆体育、娱乐时尚、网友热推、看广播等专题，由此看出，"传统广播电视数字化、网络化融合以后，彼此界限趋于模糊，而一律指向视听服务与消费体验，呈现出泛视听化的趋势"。[①]

　　广播媒介在技术、竞争、市场的作用下，媒体融合的趋势逐步显现，目前的临界点上原有的规制必然束缚融合发展，当规制的瓶颈和冲突矛盾得到相应的调适和解决之后，就会推动顺应广播的媒介融合进程。类型化渠道的融合将从单一形态向多元形态、从资源垄断向资源共享、从自成体系向开放体系方向转变。"三网融合是一个巨大的工程，只有在所有网络体系结构相同、技术体制相同、运营和管理体制相同之后，统一网络才能出现，三大网络的融合才能真正完成。"[②]

────────────

① 　庞井君：《媒介融合背景下我国广播影视发展的基本趋势》，《中国广播》，2013 年第 1 期。

② 　张文俊：《数字新媒体概论》，复旦大学出版社 2009 年版，第 299 页。

（三）终端融合

终端融合包括两方面的含义，"一是数字终端设备融合，二是指终端设备融合所带来的信息平台和服务平台的融合，而终端融合是由于消费者对信息多样化和一体化的需求，多样化包括内容的多样化与服务的多样化，以及内容、服务组合方式的多样化，由于消费者对价格和便利的综合要求，一体化成了最好的整合方式。因此，在多样化和一体化的受众信息消费的需求下，信息传播的终端融合也就自然而然地成了一种必然的趋势"。[1]

广播的终端融合可以体现在很多方面，主要的方式包括：一是应对各种通信网络的终端融合趋势，比如网络广播、网络电台、车载卫星广播、车载互联网广播和手机广播等。二是把其他领域的新功能增加到收听终端的融合趋势，比如数字音频广播、多媒体广播等，这意味着收听收看终端需要在信息、娱乐等方面实现共享和共通。

数字音频广播可以提供任何形式的多媒体节目服务，这是与传统模拟广播技术最显著的差异。由于数字音频广播是宽频的系统，广播电台可以同时提供多个节目于单一的频道内，因此只要接收机解码芯片速度够快，消费者可以同时接收多个节目，比如，我们可以一边"收听"音乐，一边"收看"与该音乐相关的文字，或者是接收另外一个完全无关的节目。不仅如此，数字广播在传送音乐的同时，还可以传送歌词、节目预告等信息。

数字音频广播基础上发展起来的数字多媒体广播（Digital Multimedia Broadcasting），充分利用了 DAB 数字音频广播技术优势，在音频基础上可以传输数据文字、图形、电视等多种载体信息，发送高质量声音节目的同时提供影视娱乐节目、智能交通导航、电子报纸杂志、金融股市信息、互联网信息、城市综合信息等可视数据业务，被广泛应用在公交车、出租车、轻轨、地铁、火车、轮渡、机场、家

---

① 张文俊：《数字新媒体概论》，复旦大学出版社 2009 年版，第 300 页。

庭、办公室等场所。

这两种趋势最有可能体现于手机一种终端，加载互联网浏览、视频收看、定位等服务功能，赋予智能手机具备通信、信息存储和收听收看等多媒体数字终端功能，随着技术以及应用交叉的增强，各类终端产品的互通整合将成为一种趋势。

统一的数据交换和技术兼容性标准对于广播收听终端的升级换代来讲是一个重中之重、生死攸关的问题，20 世纪 90 年代数字音频收音机就曾因为生产价格、各国的投资力度、相关法规完善、频谱分配等制约因素，已经错过历史上发展的关键时机。如今，尽管多媒体终端融合仍处于发展初期，内容供应商、网络运营商、终端设备生产商，以及各类技术联盟都展开了对标准的争夺，但随着媒介融合的加剧，多个技术标准必然形成趋同，解决问题的途径一方面靠政府的引导支持，另一方面无法避免市场的博弈，只能在两者的平衡之中，才能为广播媒介的终端升级带来"柳暗花明又一村"的乐观前景与历史机遇。

结　语

　　我国共有各级广播电台 227 座，各类频率两千多个，其中按照类型化运营模式的只不过百余个。2002 年 12 月 2 日，中央人民广播电台"音乐之声"在音乐专业化基础上进一步细分为流行音乐内容，采用时钟循环的轮盘播出模式，建立我国第一个典型的类型化广播的播出模式，以此为开端，类型化广播作为舶来品在我国的发展不过十余年。

　　类型化广播的成功范例带来了全新理念，作为传媒产业市场结构中的一个子单元，无论未来新类型层出不穷，抑或现有品牌类型的持续发展，既离不开传媒外部环境的规定，同时也受到其内部理念机制、资源实力等因素的制约。概括地讲，这些因素的影响主要存在于以下几方面：

　　第一，频率资源是推进类型化广播发展的首要外部条件，但是我国广播频率资源的匮乏却是一个不争的事实。

　　我国仅两千多个广播频率的数目，在庞大的国家人口基数中所占的比例极其微小，与国外商业电台体制完全不同，我国广播媒体自 1983 年以来一直实施"四级办台"体制。虽然长期以来这一体制为国内广播的蓬勃发展奠定了"三横四纵"格局，纵向上是中央、省、地、县四级办台，横向上是综合台、系列台、专业台的基本结构。但是目前，在传媒多样化格局激烈竞争背景下，同一区域内诸多电台的同质化竞争，造成了相当程度的广播资源浪费，尚未形成诸如卫视传播的全国大市场平台，除了中央人民广播电台在全国的覆盖率达到94.2%之外，各省市的无线广播都无法在外地接收，广播实质仍然是真正的区域化媒体。

据 CSM 对全国 33 个重点城市整体频率调查显示，"中央级频率市场份额回落，各省级频率不断扩大影响。中央级频率继 2009 年份额收缩之后，2010 年市场份额进一步回落至 10.8%，世界杯、亚运会等重大事件并未助力中央级频率份额增长，省级频率市场份额回升至 54.3%"。① 这种状况一定程度上反映出我国广播市场条块分割、行政壁垒的局限较大，地方台只能局限于本地"精耕细作"，电台创新改革进程的空间狭小，无法体现更大的规模效应，限制了全国性、多样化的品牌类型电台及节目的出现。

第二，广播内容资源整合程度低，整个行业集约化程度较弱。

实践证明，完全靠自制节目显然无法维系一个类型化电台的生存，目前国内的大部分电台由于内外资源、能力、资本和信息获取渠道等各方面条件的限制，难以建立起支撑类型化电台运营的内容资源平台。

广播市场的制播分离体制尚未成熟发展，广播节目交易链条不够完备，专业的广播节目制作机构数量不多而且节目质量也有待提升，凡此种种因素再加之各地电台经营状况差异很大，购买外面制作节目的成本较高，受制于这些因素广播节目的自制量尽管是电视的数倍之多，但是交换购买比例却不及电视的三分之一，节目交易市场的薄弱，某种程度上显露广播媒体粗放型和比较低端化的行业态势。此外，我国很多电台进行节目改版和频率重新定位之际，并不重视借助专业调查公司开展市场调研，不善于科学地分析调查数据，更多的是模仿其他电台的成功做法，这些因素都限制了类型化电台的迅速

---

① 王兰柱主编：《2011 中国广播收听年鉴》，中国传媒大学出版社 2012 年版，第 28 页。

发展。

　　第三，广播行业整体发展滞后，相当多电台创新的空间狭小，反向束缚并导致广播改革意识动力不足。

　　各地受众的传媒消费水平与需求存在一定差异，广播媒介几乎就像一面"镜子"，映射着各地经济文化以及人口规模的大小。类型化广播市场空间细分是否存在可行性，受众目标市场应该如何选择与定位，很多中西部地区遇到的这些困惑都充分说明，决定类型化广播创新的现实对象和操作空间的可行性并不理想。

　　更深入地探究，社会传播资源的配置不合理，致使广播创新主体不具备把握获利的机遇，限制了广播创新主体行使选择与决策权。只有在广播产业外部系统环境合理调整的大背景之下，对类型化广播制约的瓶颈因素才有望克服。广播行业现在普遍存在的新闻综合广播、交通广播、音乐广播的"小综合"专业层面才可能根本变化。所以，推进广播传媒"顶层制度"的设计完善，坚持本土化发展战略，逐步推进类型化发展，增强广播内部机制改革，更新广播传播理念，创造培育和发展市场体系，拓展广播传播新平台，与全媒体融合是类型化广播的必由路径。

　　具体而言，未来新创类型化广播的核心策略，首先由广播媒体的定位标准决定，这必然取决于广播的"核心竞争力"，即传媒聚焦于某一特定领域所积累的能力，与满足某些特定细分市场需求之间的耦合程度。其实就是一个认识自身竞争优势，选择集中竞争优势，优化展现竞争优势的序列过程。

　　类型化广播媒体的"并存定位"模式仍将是一种选择，换句话说，较大的市场空间内同质化的广播类型依然拥有自身独特的利益空间。另一种情况是类型化广播的"填补定位"模式，在传媒市场的领导者、挑战者无意聚集的价值点上提供传播服务，以小而全的集中策略，满足目标市场上的某一点收听诉求，实质是广播媒体创造补缺需求，扩张补缺服务和强化补缺领域。

　　现有类型化广播品牌能否可持续发展，决定了在传媒格局中核心竞争能力的优劣。实施战略的核心是：第一，不断开发、培育、巩固和更新媒体的竞争力，这也是对广播媒体竞争力的物化与价值化。第二，满足听众与广告客户的中心需要，维系和拓展与听众、广告客户的关系。第三，听众与广告客户越来越倾向于消费媒体的公信力和社会影响力等附加要素，而不是媒体产品的直观价值，这是当前广播必须遵守并重视的基本市场游戏规则。第四，增强广播媒体以变应变能力的战略管理，不断提高媒体品牌与市场竞争环境的适应性与匹配性。第五，可持续发展的文化追求，保持广播媒体品牌核心竞争力的源泉。媒介文化伴随广播机构的发展变迁和经营活动的成败考验，日益转变为凝聚力和活力源泉，并且得到不断的延续更新，最终形成自身独特的品牌竞争力。

　　类型化广播传媒格局的发展将向两级分化，由此意味着广播媒体的平台越来越大，面对的市场细分空间越来越小，传媒新技术是最鲜明的风向标，类型化广播势必更加深入转向手机和互联网空间，类型化广播的传播模式并非意味着只能专注于某方面内容的建设，分类的终极目标是为了更好地实现内容的汇聚，以集聚服务满足受众的多元化需求。不同社会背景之下，广播从大众到细分受众市场，坚持分众化和小众化实践创新，在细分受众的基础上再实现聚众的传播理念，这是广播在不同竞争时期的必然选择。

　　总之，广播媒体与新媒体互相融合，草根媒体与商业媒体互相交叠，媒体生产者与媒体消费者互相影响，自上而下的主流文化与自下而上的自发文化，类型化广播的中国发展进程，是一条体现多种力量之间复杂碰撞的媒介融合竞争之路。

参考文献

［美］迈克尔·埃默里:《美国新闻史》,中国人民大学出版社 2004 年版。

［美］阿瑟·阿萨·伯杰:《媒介分析技巧》,中国人民大学出版社 2005 年版。

［法］佛朗西斯·巴勒:《传媒》,中国传媒大学出版社 2007 年版。

［美］斯坦利·巴兰、丹尼斯·戴维斯:《大众传播理论:基础、争鸣与未来》,清华大学出版社 2004 年版。

［英］格雷姆·伯顿:《媒体与社会批判的视角》,清华大学出版社 2007 年版。

［美］约瑟夫·R. 多米尼克:《大众传播动力学》,中国人民大学出版社 2004 年版。

［英］约翰·费斯克:《传播研究导论:过程与符号》,北京大学出版社 2008 年版。

［美］罗杰·菲德勒:《媒介形态变化》,华夏出版社 2000 年版。

［美］特里·K. 甘布尔:《有效传播》,清华大学出版社 2005 年版。

［美］大卫·克罗图、威廉·霍伊尼斯:《媒介·社会——产业、形象与受众》,北京大学出版社 2009 年版。

［美］戴安娜·克兰:《文化生产——媒体与都市艺术》,译林出版社 2001 年版。

［美］利贝卡·鲁宾:《传播研究方法——策略与资料来源》,华夏出版社 2000 年版。

［英］丹尼斯·麦奎尔：《麦奎尔大众传播理论》，清华大学出版社 2010 年版。

［英］丹尼斯·麦奎尔：《受众分析》，中国人民大学出版社 2006 年版。

［加］马歇尔·麦克卢汉：《理解媒介——论人的延伸》，商务印书馆 2000 年版。

［美］乔舒亚·梅罗维茨：《消失的地域：电子媒介对社会行为的影响》，清华大学出版社 2002 年版。

［美］约瑟夫·斯特劳巴斯：《信息时代的传播媒介》，清华大学出版社 2002 年版。

［英］约翰·斯道雷：《文化理论与大众文化导论》，北京大学出版社 2010 年版。

［美］沃纳·赛佛林、小詹姆斯·坦卡德：《传播理论——起源、方法与应用》，华夏出版社 2000 年版。

［美］约瑟夫·塔洛：《今日传媒——大众传播学导论》，华夏出版社 2011 年版。

［英］利萨·泰勒、安德鲁·威利斯：《媒介研究：文本、机构与受众》，北京大学出版社 2005 年版。

［美］詹姆斯·沃克：《美国广播电视产业》，清华大学出版社 2005 年版。

［美］苏珊·泰勒·伊斯特曼、道格拉斯·佛格森：《电子媒介节目设计与运营：战略与实践》，北京大学出版社 2005 年版。

［美］苏珊·泰勒·伊斯特曼、道格拉斯·佛格森著译：《媒介内容策划与运营》，清华大学出版社 2011 年版。

曹璐、吴缦：《广播新闻业务》，北京广播学院出版社 1997 年版。

蔡雯：《新闻整合、展示与增值》，中国人民大学出版社 2007 年版。

陈兵：《媒介品牌论》，中国传媒大学出版社 2008 年版。

陈龙：《传媒文化研究》，中国人民大学出版社 2009 年版。

陈俊良：《传播媒体策略——从品牌传播到精准投放的最短途径》，北京大学出版社 2010 年版。

董璐著:《媒体营销——数字时代的传媒动力学》,北京大学出版社 2009 年版。

邓炘炘、黄京华:《广播频率专业化研究》,中国传媒大学出版社 2006 年版。

丁俊杰、邵军主编:《寻找广播的榜样——北京音乐广播 10 年历程的理论关注》,北京广播学院出版社 2003 年版。

刘建明:《当代新闻学原理》,清华大学出版社 2003 年版。

罗刚、刘象愚:《文化研究读本》,中国社会科学出版社 2000 年版。

李秀磊:《经营广播》,北京大学出版社 2010 年版。

李良荣:《当代西方新闻媒体》,复旦大学出版社 2003 年版。

孟伟:《声音传播——多媒介传播时代的广播听觉文本》,中国传媒大学出版社 2006 年版。

欧阳宏生主编:《广播电视学导论》,四川大学出版社 2010 年版。

邵培仁、陈兵:《媒介战略管理》,复旦大学出版社 2003 年版。

沙莲香:《社会心理学》,中国人民大学出版社 1987 年版。

熊忠辉主编:《广播电视节目形态解析》,化学工业出版社 2010 年版。

王兰柱主编:《2011 中国广播收听年鉴》,中国传媒大学出版社 2012 年版。

张彩:《世界广播发展研究》,中国传媒大学出版社 2007 年版。

周小普:《广播新闻与音响报道》,中国人民大学出版社 2001 年版。

张咏华:《媒介分析:传播技术神话的解读》,复旦大学出版社 2002 年版。

张国良主编:《20 世纪传播学经典文本》,复旦大学出版社 2003 年版。

张文俊:《数字新媒体概论》,复旦大学出版社 2009 年版。

朱春阳:《现代传媒产品创新理论与策略》,山东人民出版社 2005 年版。

后 记

作为历史上最为悠久的传统媒体之一,广播在日新月异的媒介变迁中历经沉浮。进入 20 世纪 90 年代以来,广播遭遇着比以往任何时候都更加强劲的竞争。论及广播的发展态势,我国的学界与业界一直存在两种基本的论争,某些悲观的论调认为广播媒介的经营空间与社会影响力不敌电视、报纸等传统媒体,远逊于近年来崛起的网络等各类新媒体;而另一部分研究者则乐观地看好广播是唯一的非视觉媒体,它的低成本、伴随性特性非常有利于从大众到分众的快速转型,在媒介融合前景中大有可为。

尽管这些争论的出发点不同,但是分别从正反侧面勾勒出中国广播发展现况的真实图景,问题的核心并不在于双方各执一辞之孰优孰劣,纠结于"广播是弱势群体"等问题,当前最急需的是用理性平衡的思路,探索广播在媒介格局中的准确定位,探求其新锐进取、强化传播优势的可行途径。

本书力图以上述理念构建系统化的研究框架,在广播漫长的媒介历史中追溯类型化广播的起源,并观照中国广播媒介发展具体背景,兼顾广播基础理论研究的本体内容,梳理中国类型化广播十余年的实践与研究成果,关于广播频率类型的内容与产业策略的分析并非面面俱到,而是有针对性地选取核心层面,最后把广播与新媒体融合作为重点部分。

从 2012 年 3 月着手写作至今,我的博士生导师欧阳宏生教授给予了了悉心的指导。全文的整体结构与具体内容各个方面，他都提出了非常好的建议，让我深受启发并获益良多，从而具备充分的信心得以顺利完成本书的写作。师恩难忘，永远铭记！

感谢我就职的西北民族大学新闻传播学院，刘俭云教授在工作和学习方面给予的支持！

在本书的撰写过程中，四川大学 2013 级新闻学博士研究生郝飞婷同学帮助我查找一些相关资料，付出了辛勤的努力，在此一并致谢！

家人的长期支持与关爱，让我能够以认真踏实的心态完成学习和工作的繁重任务，日往月来、星移斗换，这本书凝聚着我多年从事广播实践、教学与研究的所思所悟，完稿之日感到些许欣慰，其中或存不妥与疏漏，恳请各位专家、学者不吝指正。

李　欣

2015 年 5 月 25 日于兰州